版权声明

Julie Fisher
Starting from the Child: Teaching and Learning in the Foundation Stage (4th Edition)
ISBN-13: 978 0 33 524651 9
Copyright © Julie Fisher 2013

All rights reserved. No part of this publication may be reproduced or transmitted in any form or by any means, electronic or mechanical, including without limitation photocopying, recording, taping, or any database, information or retrieval system, without the prior written permission of the publisher.

This authorized Chinese translation edition is published by McGraw-Hill Education and China Light Industry Press Ltd. / Beijing Multi-Million New Era Culture and Media Company, Ltd. This edition is authorized for sale in the People's Republic of China only, excluding Hong Kong, Macao SAR and Taiwan.

Translation Copyright © 2023 by McGraw-Hill Education and China Light Industry Press Ltd. / Beijing Multi-Million New Era Culture and Media Company, Ltd.

版权所有。未经出版人事先书面许可，对本出版物的任何部分不得以任何方式或途径复制传播，包括但不限于复印、录制、录音，或通过任何数据库、信息或可检索的系统。

本授权中文简体字翻译版由麦格劳-希尔教育出版公司和中国轻工业出版社"万千教育"合作出版。此版本经授权仅限在中华人民共和国境内（不包括香港特别行政区、澳门特别行政区和台湾）销售。

翻译版权由麦格劳-希尔教育出版公司与中国轻工业出版社"万千教育"所有。

本书封面贴有McGraw-Hill Education公司防伪标签，无标签者不得销售。

Starting from the Child
Teaching and Learning in the Foundation Stage
(Fourth Edition)

从儿童出发

促进幼儿学习的观察、评价与计划

（原著第4版）

［英］朱莉·费希尔（Julie Fisher）／著

张三花　宋　坤　席海燕／译

中国轻工业出版社

图书在版编目（CIP）数据

从儿童出发：促进幼儿学习的观察、评价与计划：原著第4版／（英）朱莉·费希尔（Julie Fisher）著；张三花，宋坤，席海燕译. —北京：中国轻工业出版社，2022.12（2025.2重印）
ISBN 978-7-5184-4124-2

Ⅰ.①从… Ⅱ.①朱… ②张… ③宋… ④席… Ⅲ.①学前教育–教学参考资料 Ⅳ.①G613

中国版本图书馆CIP数据核字（2022）第161035号

保留所有权利。非经中国轻工业出版社"万千教育"书面授权，任何人不得以任何方式（包括但不限于电子、机械、手工或其他尚未被发明或应用的技术手段）复印、拍照、扫描、录音、朗读、存储、发表本书中任何部分或本书全部内容，以及其他附带的所有资料（包括但不限于光盘、音频、视频等）。中国轻工业出版社"万千教育"未授权任何机构提供源自本书内容的电子文件阅览、收听或下载服务。如有此类非法行为，查实必究。

责任编辑：张天怡　　责任终审：张乃柬
策划编辑：高　君　　责任校对：刘志颖　　责任监印：吴维斌

出版发行：中国轻工业出版社（北京鲁谷东街5号，邮编：100040）
印　　刷：三河市鑫金马印装有限公司
经　　销：各地新华书店
版　　次：2025年2月第1版第4次印刷
开　　本：710×1000　1/16　印张：18.75
字　　数：155千字
书　　号：ISBN 978-7-5184-4124-2　定价：68.00元
读者热线：010-65181109
发行电话：010-85119832　　010-85119912
网　　址：http://www.chlip.com.cn　http://www.wqedu.com
电子信箱：1012305542@qq.com
版权所有　侵权必究
如发现图书残缺请拨打读者热线联系调换
242708Y1C104ZYW

译 者 序

当"万千教育"编辑部的高君老师发来邮件,询问我是否愿意翻译本书时,我被书名深深地吸引,并欣然应允。"从儿童出发"表面看来是一件非常容易的事情,实际上却十分困难!症结在于教师的"成人立场",教师习惯于"以成人之心,度儿童之腹"[①]。

伴随着我国学前教育发展的进程,幼儿教育实践中正发生着前所未有的变革,"儿童视角""儿童本位""儿童中心""儿童立场"等已成为挂在幼儿教师嘴边的词语,并渐渐成为教师们的"常识"。然而,有些学者却质疑部分教师在坚持幼儿教育实践立于儿童基础之上、从儿童出发的同时,不经意间拓展、泛化了"儿童为本"的价值取向,造成实践中儿童的中心地位随意地被提升和拔高,或者陷入"形式主义的泥潭"[②③]。那么,当今的幼儿教育实践究竟应该如何真正地践行"从儿童出发"的理念呢?教师究竟应该如何开展"观察、评价与计划"才能更好地促进儿童有效地学习,以保证每一个儿童都享有高质量的教育呢?所谓"他山之石,可以攻玉",期望书中英国幼教同行的思想和实践能给我国幼儿教育工作者带来一些启发。

本书作者朱莉·费希尔(Julie Fisher),身兼大学教授、儿童早期教育顾问与校长三种角色,拥有得天独厚的观察事物、思考问题的视域,巧妙地将理论研究与循证实践相结合,激发读者思考当代学前教育议题

---

① 李政涛. 今天,如何做好"儿童研究"[J]. 中国教育学刊,2018(05).
② 高敬. 学前教育实践应坚守怎样的儿童立场[J]. 教育发展研究,2020(12).
③ 吴永军. 我们需要正确对待"儿童立场"[J]. 教育发展研究,2018(22).

和困境；同时，她通过与幼儿教师广泛合作而凝练成的实践理念，手把手地告诉读者如何去看、去听儿童，去给儿童充分的关注和尊重，去发现童年固有的自我价值。因此，本书成为英国早期教育领域经久不衰的著作，封面标注的"原著第4版"足以说明这一点。

在翻译本书的过程中，我时常有醍醐灌顶之感，在斟酌翻译细节的同时也总想着可以如何链接我国的学前教育实践。本书的正文部分共10章，从不同侧面阐述如何"从儿童出发"实施幼儿教育。

第1章描述了"儿童作为有能力的、胜任的、有求知欲的学习者"形象，并介绍了有关大脑发育的新近研究，引导读者进一步了解儿童学什么以及如何学习的最新科学观念；同时，建议幼儿教育工作者重视成功的早期学习的特点，以便改进课堂实践，使儿童在整个受教育阶段持续有效地学习。作者在书中写道："当前，英国政府的口号是，处于早期基础阶段的儿童应该'为小学做好准备'，恰恰相反，教育研究应该把这一口号颠倒过来，即要求所有小学应该'为儿童做好准备'。"

第2章探讨了教师如何确定儿童已经知道什么和能够做什么，以及他们如何介入儿童的学习过程，以推动儿童的学习向前发展。同时，本章主要提出了两个策略。第一个策略是观察儿童作为学习者的行为，教师应该在儿童所参加的各种各样的活动以及多样化的学习情境中观察他们，依靠眼睛和耳朵收集所需要的证据；第二个策略是与儿童以及其他人就儿童的学习进行对话，与儿童对话为教师提供了有关儿童发展的有力证据。当儿童把他们所经历和所学的东西用语言表达出来时，他们就会传递给教师明确的信息，即儿童已知和理解的内容以及未来需要计划的内容。在观察或记录了对话后，教师需要将这些记录转化为适宜的行动。

第3章探讨了教师如何利用初步评估儿童时获得的信息，为每个儿童计划适宜的课程。作者指出，英国的《早期基础阶段》（Early Years

Foundation Stage，EYFS）和《发展很重要》（Development Matters）两份政策文件中相矛盾的地方，即"每个儿童均以不同的方式和速度学习与发展""发展情况及其顺序不是儿童个体的必经阶段，不可以将它们作为评估发展的指标"；然而，事实上几乎所有的幼儿园都将它们当作评估儿童发展的指标。承认儿童是有能力的学习者，意味着教师在为儿童计划适宜的课程时，需要以儿童正在发展的兴趣、技能和认识为起点。

第 4 章阐述了教师应该如何在成人主导的活动、成人发起的活动和儿童发起的活动之间达成一种平衡，并探讨了教师在儿童学习与发展中的作用。作者强调，教师的观察至关重要，如果没有在儿童学习的过程中重点观察他们，就无法收集足够多的信息，那么，制订计划时也就无法依据儿童的所知、所能以及他们的兴趣。此外，教师还需要创设有效的自主学习环境，激发、强化、质疑和挑战儿童的思维。

第 5 章重点阐述了鼓励儿童成为自主学习者的多种方法，并探讨如何创设学习环境来促进这一目标的实现。儿童在自主学习时学什么以及如何学，与他们直接从成人那里获取学习在本质上有所不同。比如，"教室里自主学习有效进行的一个标志是：当教师在开展一项成人主导的活动时，不会有儿童排着长队问'我接下来该做什么'或者告诉教师'我已经做完'。自主学习者知道下一步要做什么，知道如何继续自己的学习，知道完成任务后要把东西放在哪里，以及发生事故或意外时该怎么办。"

第 6 章阐述了儿童与他人共同学习的重要性，探讨了交谈在幼儿教育中的地位，并对一些关于小组合作的既定观念提出质疑。有经验的教师倾听、回应儿童，并在恰当的时机拓展儿童的思维。选择何时（以及是否）介入儿童的学习，决定了教师的介入是互动还是干扰。

第 7 章探讨了幼儿园中游戏的重要性与复杂性，游戏为什么对幼儿教师具有挑战性，以及成人在支持儿童游戏中的角色，即成人作为促进者、观察者、回应者、支持者以及共同建构者等。同时，作者提出的

"贯穿整个《早期基础阶段》的游戏为什么仍未能成为所有幼儿园中高质量实践的基石"这一疑问，值得我们深思。

第 8 章专门探讨了认可儿童的能力、尊重儿童的个人权利，并将教育视为成人与儿童之间合作的事业。当幼儿教师致力于与儿童建立学习伙伴关系时，儿童就会有很多种方式协商学习。协商所赋予儿童的权利可以给儿童强大的学习动力，并让他们以积极的终身学习态度面对学习和成就。作者强调，课程应从儿童出发，不能反过来期待儿童从课程出发。

第 9 章重点介绍如何基于学习评价来理解儿童及其学习成就。作者指出，"评价应该在教与学的循环开始及结束时进行。它更像一块三明治，其中观察是第一片面包，计划和实施构成馅料，评价和评估是最后一片面包"。无论是"学习前评价"还是"学习后评价"，评价的质量都取决于观察的质量。

第 10 章着重阐明教师需要反思自我以及自己的实践，以满足儿童的发展需求并拓展儿童的学习。有些教师会观察幼儿园是否充分利用了空间和资源，以及是否以最适宜和最有效的方式支持儿童的学习；有些教师选择以更系统的方式反思他们的实践，比如，在课堂上开展行动研究或进行自我评价。总而言之，那些不断质疑自我并反思实践的教师能够使儿童的活动更加富有趣味性、吸引力和启发性。

本书的翻译工作由张三花、宋坤和席海燕共同完成，具体分工如下：第 1、2、5、6、10 章由张三花、宋坤翻译，第 3、4 章由席海燕、宋坤翻译，第 7、8、9 章由张三花、席海燕翻译，全书由张三花统稿并审校。感谢中国轻工业出版社万千教育编辑部的高君老师在书稿翻译与出版过程中进行了大量联络及统筹工作，感谢江苏省丹阳市胡桥中心幼儿园吴玉娟园长为本书提供了精彩照片，感谢四川省成都市温江区海科幼儿园吴金桃园长、周春梅老师、胡雪梅老师启发孩子们绘制了富有童心与灵气的插画作品，真正体现了儿童视角，同时增加了本书的可读性！此外，本书还得到浙江省哲学社会科学规划课题（立项编号：19NDJC059YB）的支持，且是课题成果之一。

由于译者水平有限，译文疏漏之处，诚祈读者和同行批评指正！

张三花
2022 年 9 月于杭州

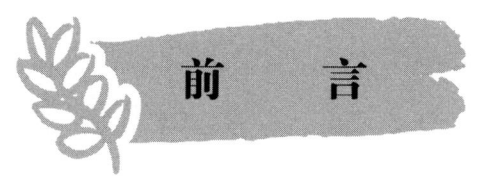

前 言

　　自从本书的第一版出版到现在已经有 16 年了。这期间发生了很多变化，但也有更多的地方没变。虽然我们在对大脑及其功能的理解方面取得了前所未有的进步，但是在对儿童及其学习方式的认识方面并没有非常显著的变化。诸多研究者的成果或许加深和拓展了我们的理念，但从根本上，我们知道儿童通过积极探索世界来学习，也在他们成长的社会文化场域中与身边的人一起学习，这一社会文化场域决定了他们的人生际遇。我们知道，优秀的教师总是鼓励儿童通过游戏来学习，同时为他们提供成人主导的学习经验以拓展和丰富其能力与认识；我们也知道，成人对儿童个人、社会性和情绪情感发展的关心是儿童拥有发展、学习及成长机会的关键保障。

　　伴随着这些知识的增长，英国政府出台了一些举措，这些举措在某些情况下挑战、损害并且操控了关于儿童如何学习的研究成果。多年来，本书一直是针对这些举措的一种矫正。幼儿教师要充分了解儿童，以抵制政府的某些片面引导；要具有一种根植于阅读、研究和观察证据的理论素养，以抵御变幻莫测的、错误的外部期待；还要为了儿童、为了儿童的需求、为了儿童的学习方式坚定立场。以上这些对教师来说一直是一种挑战。

　　每天与我互动的那些教师和儿童已经并将继续充实我的专业学习之路。我希望本书将继续激励、慰藉和鼓舞那些与我走在同一条道路上的人。

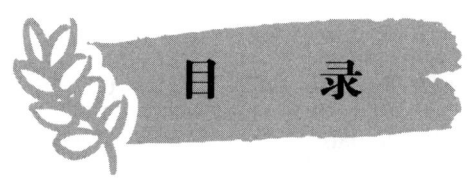

目　录

第1章　有能力的学习者：儿童的所知所为　/ 001
　　经验对遗传的影响　/ 003
　　关于大脑发育的最新认识　/ 006
　　儿童学习什么　/ 014
　　学习准备　/ 016
　　成功的早期学习的特点　/ 018
　　儿童第一任教育者的专业素养　/ 019
　　儿童如何学习　/ 021
　　对课堂实践的影响　/ 026
　　结语　/ 031

第2章　观察与对话：了解儿童个体　/ 033
　　作为学习者的教师　/ 035
　　观察　/ 036
　　对话　/ 049
　　观察与对话的目的　/ 060
　　结语　/ 061

第3章　学习计划：选择适宜性经验巩固和拓展学习　/ 063
　　以儿童为中心的理念　/ 068

先驱和现代理论家的比较 / 073

如何与外部计划一起满足儿童的需求 / 077

制订计划的阶段 / 080

观察与评价作为制订计划的依据 / 092

结语 / 093

第 4 章　成人的角色：优化教师与儿童相处的时间 / 095

教师作为观察者 / 096

成人陪同学习与儿童自主学习 / 098

有效的自主学习环境 / 101

课堂活动的平衡 / 104

差异化教学 / 113

教师的时间利用 / 114

鼓励自主学习 / 117

练习题 / 119

三类活动的地位和质量 / 120

结语 / 121

第 5 章　鼓励自主：创设有利于儿童自主学习的环境 / 123

自主学习环境 / 125

复制儿童的早期经历 / 126

户外学习 / 128

室内学习 / 137

消除琐事 / 145

让儿童参与决策 / 146

审视空间和资源的使用情况 / 147

培养自主性 / 149

结语 / 150

第 6 章　协作与合作：与他人交谈和共同学习的重要性 / 153

与成人交谈 / 155

与其他儿童交谈 / 170

儿童分组 / 173

结语 / 177

第 7 章　游戏的重要性：儿童发起的活动的地位 / 179

有关游戏的理论 / 180

不同类型的游戏 / 182

不同社会情境中的游戏 / 184

不同文化对游戏的影响 / 184

游戏性环境 / 190

在幼儿园中创设游戏性环境 / 192

"有计划的"和"结构化的"游戏 / 195

游戏为什么对幼儿教师具有挑战性 / 196

成人在支持儿童游戏中的角色 / 202

提高游戏的地位 / 204

结语 / 205

第 8 章　协商性学习环境：关于主体、权利和控制权的问题 / 207

儿童第一任教师的有效性 / 208

幼儿园或教室里的协商学习 / 209

成为一名"学生" / 213

把儿童变成"学生" / 215

取悦成人 / 216

不满的学习者 / 218

协商性教室 / 221

协商学习与学习环境 / 223

结语 / 232

第 9 章 学习评价：理解儿童及其学习成就 / 235

学习前评价与学习后评价 / 236

评价的不同用途 / 237

记录形成性评价与总结性评价 / 240

早期基础阶段儿童成长档案 / 243

谁有助于观察与评价 / 245

为评价留出时间 / 250

建立儿童作为学习者的档案 / 254

利用评价来指导计划 / 258

结语 / 260

第 10 章 反思与评价：了解教师的实践、资源和自我 / 263

反思性教学 / 264

行动研究 / 268

自我评价 / 272

他人评价 / 277

结语 / 282

参考文献 / 284

第 1 章

有能力的学习者：儿童的所知所为

侯凯文 5 岁
成都市温江区海科幼儿园

儿童在进入小学之前，已经具备一系列的技能、知识和理解能力，其飞快的习得速度在一生中仅此一次。正如约翰·布赖尔利（John Brierley，1994）所说，0—7岁是个体发展阶段中学习能力的"全面爆发期"。所有研究证据表明，儿童在早年已经表现出各种各样的技能和能力，这些足以使他们成为天生的、成功的学习者。然而，当儿童接受更加正规的教育之后，情况开始变得不同。那些已经有了动力和坚定信念的儿童开始变得对现实失望与不满（Barrett，1989；Smith，1995；Entwistle & Alexander，1998）；那些试图理解事物并且已经建构对世界的认知的儿童开始变得困惑和迷茫（Donaldson，1978；1992）；那些提出"十万个为什么"的儿童开始变得安静和沉默寡言（Tizard & Hughes，1984；Cousins，1999；Siraj-Blatchford et al.，2002）。教育似乎能够抑制有能力的学习者所具有的某些重要品质。

那么，为什么有些儿童的学习在入学前后存在如此大的差距？这仅仅是师幼比过低——儿童太多且教师数量不足的问题吗？抑或是因为教师在儿童如何学习以及如何支持他们的学习方面缺乏足够的知识和经验？还是因为教师由于其他事务性工作的压力太大而无法追随儿童的兴趣以及他们所专注的事情？事实上，将教与学一分为二存在着根本性问题，原因在于很多教师没有向那些在学前儿童家庭教育中的教与学方面比较成功的人学习。如果在儿童接受正轨教育之前，学校和其他早期教育机构花更多的时间观察儿童作为学习者的策略，关注家庭和社区中陪伴儿童学习的重要他人的教育方式，它们就可能有更多的机会印证儿童早期学习环境的有效性。

经验对遗传的影响

每个儿童的发展都是经验与遗传相互作用的结果。虽然基因组合决定了人类的行为共性，但各种环境因素会共同影响大脑的发育，进而影响个体的发展（Shaffer，1999）。这两个关键因素之间的平衡点在每个儿童身上各不相同，但"后天"对"先天"的影响将决定儿童的个性，使得儿童的发展独一无二。遗传因素的影响意味着，在同样的环境条件下，儿童的能力各不相同。同样，对在特定环境条件下长大的儿童来说，其遗传因素的影响可能会消失，遗传优势也可能会减弱（Meadows，1993）。

近些年来，教育的重点一直是弥补遗传方面的不足（Anning，1991）。在20世纪60年代至70年代，曾经存在一种天真的信念，即"补偿性教育将有助于减弱社会不利因素对儿童教育成就的影响"（Anning，1991，p. 5）。虽然现在许多研究否定了这种假设，但还有其他证据表明，一系列不良环境因素会对儿童的发展产生负面影响（例如，Smith，1995）。英国国家儿童局①第一任局长米娅·凯尔默·普林格尔（Mia Kellmer Pringle，1992，p. 34）提出，人类"从生命伊始就必须得到满足，并在整个成年时期需要或多或少地得到满足"的四种基本需求。她指出了这四种基本需求：

- ◆ 对爱和安全感的需求
- ◆ 对新经验的需求
- ◆ 对表扬和认可的需求
- ◆ 对责任的需求

珍妮·林登（Jennie Lindon，1993，pp. 11-12）在关于儿童发展的

---

① 英文全称为 National Children's Bureau。——译者注

书籍中也明确了儿童的一些基本需求：

◇ 对身体照顾的需求
◇ 对安全的需求
◇ 对情绪情感健康的需求

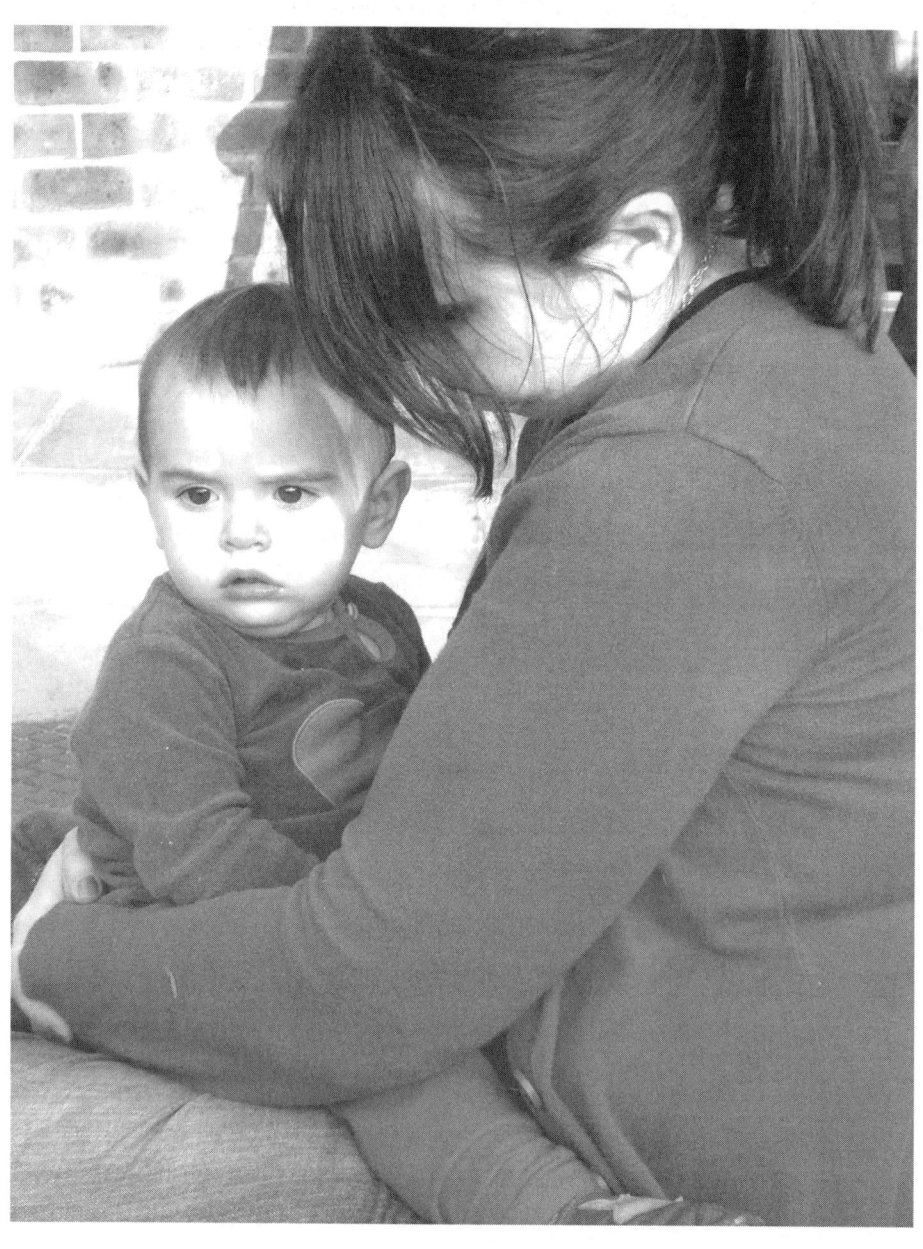

目前，有关这些普遍的个体需求的很多思考都源于美国心理学家亚伯拉罕·马斯洛（Abraham Maslow）在1943年提出的"需求层次理论"。当以金字塔形（他的理论最常见的表现方式）呈现其需求层次时，最重要的和最基本的需求被放在最底层，以支持其他所有需求（见图1.1）。

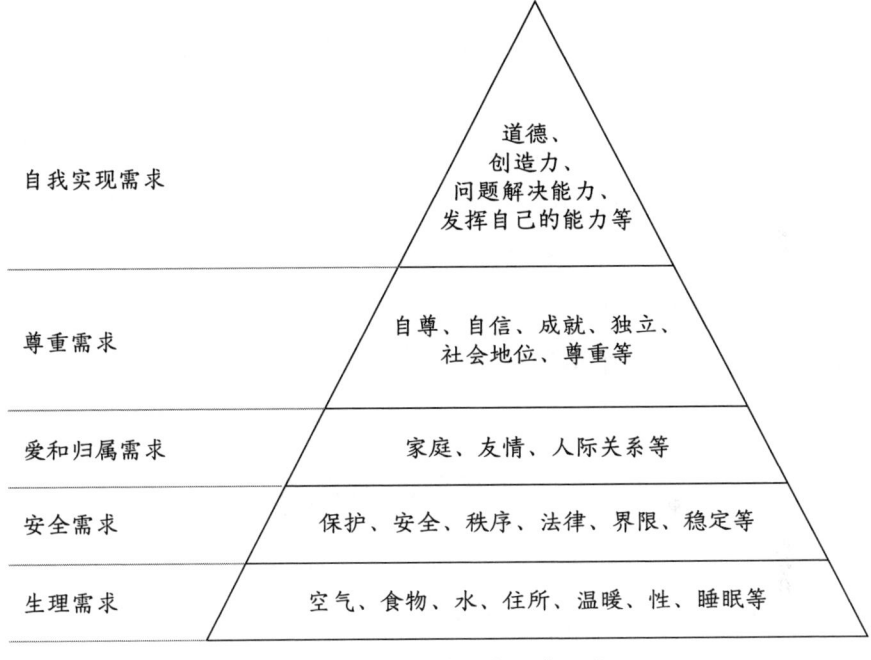

图 1.1 马斯洛的需求层次理论

美国纽约卡耐基公司（Carnegie Corporation，1994）引用的研究中有大量的证据表明：基本个体需求得不到充分满足，以及学前教育阶段中不适宜或匮乏的环境，都可能对儿童的发展产生长期的不利影响。这份报告（1994，pp. 7–9）借鉴了有关神经系统活动的研究，强调了生命最初3年的关键性，并呈现了对所有关心儿童发展与教育的人具有深远意义的5个重要发现：

◇ 1岁之前的大脑发育比之前所认识到的更快、更广泛
◇ 大脑发育比以往人们所猜测的更容易受到环境的影响

◇ 早期环境对大脑发育的影响是持久的
◇ 环境不仅影响脑细胞的数量以及它们之间的连接数量，而且影响脑细胞的"连接"方式
◇ 有科学证据表明，早期压力对大脑功能有负面影响

这些发现为创设学习环境提供了明确的理论依据，基于此所创设的学习环境要能够为儿童提供满足其需求且适宜其发展的经验，这些经验的结果——无论好或坏——都会伴随儿童一生。早期经验的影响是不断累积的，这一事实促使成人需要更加维护影响所有儿童发展的环境。

不利的环境会损害儿童的大脑功能和整体发展，使儿童面临认知、行为和身体方面更大的发展问题。在某些情况下，这些影响可能是不可逆转的。（Carnegie Corporation，1994，p. xiii）

关于大脑发育的最新认识

我们对大脑及其功能的日益了解，让我们对儿童发展的理解迅速增加。事实上，关于大脑的知识增长如此之快，以至于信息在被记录下来之前就已经过时。目前我们知道，在出生时，婴儿的大脑包含大约1000亿个神经元，每个神经元都有能力促进个体对技能和概念的认识与理解，这些技能和概念将决定他们独特的成长与发展（Pinker，1977；Bruer，1999）。事实上，到怀孕 9 个月时，人类大脑中的大部分神经元（神经末梢）都可能已经存在（Greenfield，1997）。有证据表明，对那些接受早期教育的婴幼儿来说，重要的不是脑细胞的数量，而是脑细胞如何相互连接，才能使它们发挥作用（Greenfield，1997；Diamond & Hopson，1998；Geake，2009）。正是神经元连接在一起所产生的作用，决定了大脑功能的发展（Calvin，1996；Geake，2009）。生长中的神经元能够敏锐地适应不断变化的环境，以便充分利用环境（Greenfield，

1997；Howard-Jones，2010），但生长的关键是神经元是否受到充分的刺激，与其他神经元接触，并建立牢固的连接（Cohen，1997；Diamond & Hopson，1998；Geake，2009）。大脑活动与大脑发育密切相关。正如苏珊·格林菲尔德（Susan Greenfield，1997，p. 115）所说，这不仅仅是一个"用进废退"的问题，还要"尽可能多地使用它"。

在生命的头3年，神经元之间的连接以惊人的速度建立起来，到儿童5岁左右开始减弱，到10岁时基本完成（Gammage，1999；Howard-Jones，2010）。然而，这并不意味着3岁以后就不可能进行有价值的学习，或者如果在3岁之前没有建立连接，那么个体就会失去发展与成长的机会。有些学者为了急于强调早期学习的价值，认为如果一个孩子在3岁前没有受到充分的刺激，那么他们学习与发展的机会就会消失。幸运的是，对我们大多数人来说，情况并非如此！大脑可能不会"生长"更多的神经元，但它确实能继续建立连接，这些连接可以在任何年龄阶段受到刺激（Bruer，1999；Geake，2009）。神经科学家过去把学习的最佳时期称为"关键期"，但现在大多数人将这一时期称为"敏感期"。在生命中的这段"敏感期"里，我们最容易学习某些特定的内容。

掌握与人体系统相关的技能的最佳时机是某一系统在大脑中开始运作时（Sylwester，1995；Pinker，1997；Bruer，1999）。语言就是一个很好的例子。对一个两三岁的儿童来说，学习任何语言都很容易，但如果等到18岁或50岁再去学习一门新的语言就会很困难，因为负责处理语言区域的神经系统可能已经被用来做其他事情了。然而，并非所有的"敏感期"都发生在生命的头3年，也不是所有的认知系统都能发挥如此好的作用（Bruer，1999）。神经突触增长期（突触的生长促成神经元之间的连接）和突触修剪期（去除未使用的突触）似乎可以完美地解释这些"敏感期"，它们是人类大脑处于最佳学习状态的时期（Howard-Jones，2010）。

大脑学习主要与神经元的形成和神经元之间连接的变化有关。这种变化的能力被神经科学家称为"自适应可塑性",即大脑在神经生理水平上对认知环境变化的适应能力（Geake, 2009; Howard-Jones, 2010）。约翰·吉克（John Geake, 2009）借鉴了加拿大神经科学家唐纳德·赫布（Donald Hebb）的研究成果,启发性地阐述了神经科学在课堂中的应用。唐纳德·赫布提出,为了回应某一刺激,特定的神经突触重复放电,从而导致大脑产生永久性的生理变化。唐纳德·赫布的论点是,重复可以提高学习效率,因为通过突触传递信息的生化过程会强化突触的功能。在学前教育中,年幼的学习者需要有机会不断强化经验、技能和认识,以便在大脑中重复建构较为稳固的学习路径。这就是为什么幼儿教育者必须理解螺旋式课程的力量（Bruner, 1960）。这类课程能够为儿童提供重复的机会,让儿童在面对全新且日益复杂的情境时能够反复回顾并练习新的技能和知识。

唐纳德·赫布的神经可塑性模型也解释了为什么儿童很难抵消或者消除误解。如果重复会深化误解和认识,那么儿童在努力独立理解世界时必然会导致神经通路在错误的前提或者半对半错的情况下建立。所以,大脑必须要撤销已经学到的错误知识,才能重新学习正确的知识。如果我们催促儿童完成教育活动,忙于"教授"课程而非像美国儿童教育专家丽莲·凯兹（Lilian Katz）所提倡的"发现"课程,过于关心"下一步"而不是当前阶段,儿童的错误观念就可能不会被质疑——来自他们自己的反复探索过程或成人——他们未来的学习基础将不会牢固。

作为教育工作者,重要的是,我们不要过分夸大神经科学与早期学习之间的任何联系。然而,关于神经连接对个体成长与发展的重要性的认识应该时刻警醒教育工作者,以确保所创设的学习环境和成人在儿童学习时所给予的支持,能够最大限度地推动儿童与他们已经知道和理解的知识之间建立尽可能多的联系。

男孩和女孩的大脑差异

关于男孩和女孩的大脑差异已经被很多文章提及。虽然有些学者试图简化差异，尝试总结一些针对男孩和女孩的"教育方案"以适应他们不同的大脑发育特点，但事实上，随着大多数神经科学的探索，现实似乎远比这复杂得多。男性大脑和女性大脑在结构与功能上肯定存在许多差异。女性比男性有更发达的胼胝体。这是厚厚的白质束，是两个大脑半球之间的主要连接纽带。女性大脑中有更多的纤维，促使每个大脑半球都有更多的接触点。

约翰·吉克认为，"这种结构优势符合社会对于女性的一些刻板印象，包括在多重任务处理方面具有认知优势，以及在将感受表达为言语时具有优势"（2009，p. 86）。相对而言，男性的顶叶结构差异较大，且比女性的顶叶更密集或者更厚。顶叶皮层的主要功能似乎是空间处理，特别是导航和跟踪移动的物体。吉克再次声称，这种结构上的优势"与社会对男性擅长打球等运动项目的刻板印象相符，顶叶皮层的空间处理与数学思维的所有领域之间有着一致的神经关联"（2009，p. 87）。另外，这虽然并不意味着女孩在数学方面不能像男孩那样取得好成绩，但它确实提出了一个有趣的问题，即男孩和女孩的数学思维方式是否不同。

产前接触睾丸激素似乎也对大脑发育有重大影响。通过查阅互联网、教科书和期刊论文，我们发现有一篇重要的文献表明，子宫内的性激素能够促进大脑的自然发育，根据胎儿的性别，使大脑以不同的速度（Kotulak，1997）和不同的轨迹（NIH[①]/NIHM[②]，2007）发育。在妊娠后的3个月内，子宫里充满激素，包括睾丸激素。这些激素不仅改变大脑发育，还促进身体发育，与此同时，男孩会长出相对更重的骨头、

[①] 英文全称为 National Institutes of Health，即美国国立卫生研究院。——译者注
[②] 英文全称为 Nigerian Institute of Healthcare Management，即尼日利亚医疗管理研究所。——译者注

更大的肌肉、更多的红细胞和男性生殖器。能量能够被转移到身体变化中，而在女孩的大脑中，能量被赋予促进左侧大脑皮质的发育——与语言、情绪情感和细节有关。因此，正如费瑟斯通和贝利（Featherstone & Bayley，2009）所说，"当男孩长肌肉时，女孩在长大脑"。对女孩而言，右脑的发育先于左脑，因此，当左脑开始发育时，女孩的大脑已经准备建立左右脑的连接，从而利用两边的大脑皮质来提高熟练度。对男孩而言，当右脑的脑细胞要与左脑连接时，左脑却并没有做好准备。因此，所建立的连接往往在大脑的同一侧，而不是与另一侧脑半球，这些连接主要发生在大脑的右半部分，因此男孩在数学、解决问题、机器和技术方面有特殊的潜能（Biddulph，1997；Kotulak，1997）。

埃利奥特（Eliot，2009）对这一领域的贡献是，发现男孩的大脑比女孩的大（尽管这并不一定能带来更高的"效率"）以及女孩的大脑比男孩的大脑早一两年发育完成。埃利奥特还提到了大脑的可塑性，以及我们实际上认识到的男性和女性之间的许多差异源于经验而非遗传。男孩和女孩之间的差异可能源于激素与基因构成，但是，她断言，通过接触不同的行为习惯、榜样和强化，男孩和女孩之间的差异会被"明显放大"。

的确，有逸事和研究证据表明，一般来说，女孩比男孩更早达到公认的"发展里程碑"。学步儿时期的女孩通常比男孩先说话，所以在使用语言方面有先天的优势；女孩的听觉、触觉和嗅觉比男孩更发达，往往比男孩更擅长倾听（Newberger，1999；Smith et al.，2010；Goddard Blythe，2011）。但是，这些可能是文化差异，也可能是遗传差异。史蒂文·平克（Steven Pinker，1997）甚至认为，文化是大脑发育的第三个条件，天赋和养育是另外两个条件。当然，从文化的角度来看，我们只需要看看在日常生活中，人们对待以及描述女孩和男孩的不同方式。但是，对教育者来说，男孩和女孩在学校或幼儿园中如何被对待具有特别重要的意义。

我们已经发现，女孩比男孩更早、更自信地完成语言和社交技能的发展。然而，正是这些技能——善于读写、沟通和社交——在英语教育环境中最受重视，并成为制定外部目标的标准。同时，越来越多的人以此为标准对学校、幼儿园以及地方当局进行评判。因此，从童年早期开始，男孩就在学习方面被评判，而由于许多男孩在这些方面并没有做好发育上的准备，因此往往会导致他们在发展历程中的这一阶段学习失败（Palmer，2006；House，2011）。可悲的是，许多男孩因早期失败经历而表现出成绩不佳的趋势困扰着英国历届政府部门。如果学校重视许多男孩所擅长的空间意识、技术理解和模型制作能力，那么他们的自信心也许会被激发出来，他们也会在一开始上学时被认为是有能力的学习者。另外，课堂中的早期阅读与写作环境常常缺少能够激发男孩的兴趣及参与意愿的主题和话题也许是一部分原因。

作为教育者，我们需要认识到，无论出于什么原因，大多数男孩和女孩的学习方式是不同的。尽管男孩和女孩之间有非常多的共同之处，而且所有幼儿教师都能够列举出一些非"典型"的男孩或者女孩的例子，但是支持男孩茁壮成长的环境需要具有以下特点：允许他们发泄旺盛的精力，表现出喧闹的行为；接受和认可他们的超级英雄、玩枪和玩剑的游戏；允许他们吵闹和嬉戏。教师的作用是充分了解儿童，以帮助儿童个体发现他们所擅长的学习方式，并且不断优化所有儿童的能力，不论其性别。

2 岁以下儿童的大脑发育

虽然本书主要涉及 3—5 岁儿童的教育,但与这一年龄段儿童相处的教师也有责任了解儿童从出生到 3 岁的发展情况。心理学专家高普尼克(Gopnik)等学者在其有影响力的著作《孩子如何思考》(*How Babies Think: The Science of Childhood*,1999)中提到,研究婴儿可以让我们以新的方式思考大脑。神经成像技术的日益成熟使研究人员有机会研究婴儿惊人的技能和能力,尤其是婴儿能与其出生时所在的群体进行交流并融入其中。他们可以通过扮鬼脸和伸舌头来模仿母亲,也可以通过其他景象和声音分辨人脸与人声,不仅可以分辨自己的声音,还可以分辨每一种语言,包括他们从未听过的语言。在出生后的前 9 个月,在学会走路、讲话甚至爬行之前,婴儿就能区分快乐、悲伤以及愤怒的表情。越来越多的研究者，特别是特里瓦森（Trevarthan），记录了这种敏感性，使我们能够理解为什么早期的几个月经历对婴儿的幸福感、自信心和抗逆力具有如此深远的影响。

另外两本著作也提醒我们，生命的第一年在情绪情感与社会性方面具有奠基作用，特别是在婴儿与成人之间的互动方面。在《从出生到1岁：机遇之年》(*From Birth to One: The Year of Opportunity*，2003）一书中，玛丽亚·鲁滨孙（Maria Robinson）论述了对成人来说，理解自己对婴儿的互动、反应和行为的影响这一点很重要，反过来，理解婴儿对成人的影响也很重要。她认为，所有婴儿都需要安全感，情绪上的安全感是从与照料者持续的关系中习得的，而这种关系基于婴儿从出生到1岁时的行为模式。当婴儿有基本需求时，如要换尿布或感到饥饿，如果主要照料者能迅速做出恰当的反映，婴儿就会和主要照料者建立安全的依恋关系（Bowlby，1969，1975，1981）。当正常依恋关系建立时，婴儿在面临压力或痛苦时表现出的情绪会得到照料者的安抚和应对，并且随着时间的推移，婴儿能根据照料者所赋予的行为意义与反应调节自己的反应。婴儿与主要照料者分离或被主要照料者忽视时，这种调节体系会被打乱，婴儿最终会感到极度沮丧、孤独和恐慌。在《母爱的力量：母爱如何塑造和促进婴儿的大脑发育》①（*Why Love Matters: How Affection Shapes A Baby's Brain*，2004）一书中，作者休·格哈特（Sue Gerhardt）解释说，这些最早的情绪反过来又会塑造婴儿的神经系统，同时早期经历形成的神经通路将影响我们一生应对压力以及处理人际关系的方式。格哈特也强调了婴儿与其主要依恋对象之间早期互动的重要影响，强调情绪是通过与他人接触而非在孤立的状态下形成的。她提供的证据表明，"在婴儿期，他人的期望以及行为方式被印刻在婴儿大脑之中而在自我意识之外，它们支持着人们一生当中处理人际关系的行为"

---

① 该书的简体中文版已由华东师范大学出版社于2008年出版。——译者注

（p. 24）。显然，非常重要的一点是，负责照顾 2 岁以下婴幼儿的教师必须意识到，他们肩负着巨大的责任，为所有婴幼儿提供他们所需要的持续、可靠、充满爱的照料；如果教师不这样做，婴幼儿就需要承担相应的后果。我们需要深刻地意识到，如果想要婴幼儿健康成长，不会遭受情感剥夺或者压力，那么照料就不仅仅是回应婴幼儿的身体需要——换尿布或肚子饿了——更涉及照料者对亲密关系的开放程度，以及愿意与婴幼儿及其家庭建立充满关爱的情感关系。

儿童学习什么

如果提供一个适合儿童成长的环境，儿童会学习什么？谢弗（Shaffer，1999，p. 5）认为，"我们会根据所生活的环境做出改变"。意大利北部瑞吉欧·艾米莉亚小镇以高质量的学前教育闻名世界，那里的教师把环境视为"第三位教师"，并创设丰富的教育环境，"帮助孩子们成为学习过程的主体和建构者"（Spaggiari，1997，p. 10）。但是，儿童的改变和成长植根于对周围人的行为及反应的回应。基于对生活中重要他人的观察以及与他们的互动，儿童以新的方式行事，并且受到共同经历事件的影响。儿童通过观察、模仿、调查和探索来理解世界；他们学到的态度、策略、技巧和概念支持他们理解这个世界以及被他人理解。

积极的学习倾向源于儿童的学习动力、应对许多困难而取得成功的经验，以及对周围令人兴奋和有趣的世界的掌控。提出自己的问题，让儿童在成功习得知识和磨炼技能的过程中认识到专注与毅力的价值。成功的经验会激发儿童想要继续取得成功的动力和决心，增强他们作为有能力的学习者的自信心和自尊心。发现与探索无数令人兴奋的新事物会激发儿童的好奇心，以及他们对成功和胜任的渴望。

重要的技能是通过建立行为模式而习得的，这些行为模式最终会成为自动行为。为了变得更加娴熟，为了成功完成自己设定的目标，儿童将不断地重复动作或活动。技能通常在儿童认为有价值的活动中得到发展，这些活动给了他们坚持下去、争取成功的动力，有时哪怕需要通过一次又一次的失败才能获得成功。儿童通常会被其他人的回应激励，尤其是父母或者照料者。同时，他们的回应能够支撑儿童学会应对在学习站立、抛球、与他人交流以争取他人的理解过程中遇到的挫折。

在学习技能的过程中，儿童发展出自己的一套独特策略，以尝试、练习或重复所做的一切。有些儿童喜欢在行动之前观察和思考，有些儿童喜欢一次次尝试，直到事情做对为止。有些儿童喜欢模仿，有些儿童喜欢怂恿他人。有些儿童喜欢问问题，有些儿童喜欢等待答案。无论发展出什么样的策略，它们都是为每个儿童量身定制的。选择这些策略是因为它们被用于满足儿童的个别化目标且奏效。个别化策略将成为儿童作为有能力的学习者的一部分特征，当儿童独自学习时，这会成为他们采取所有策略的基础。

儿童所习得的认识或概念通常是他们对各种不同经验所依据的原理进行抽象而得来的。儿童通过一系列的第一手经验，学会认识大小、形状、过去或季节，从而发现和理解一种经验与另一种经验之间的概念性联系。通过这种方式，儿童可以从具体经验中概括抽象的原理。从具体思维过渡到抽象思维是几乎不可能加速进行的，因为，正如前文所述，如果儿童被迫建立连接，他们就很可能建立不适宜的连接（Brierley, 1994; Robinson & Beck, 2000）。

我们知道，儿童确实会建立错误的"连接"，而这些错误或者非常规的认识一旦形成，就需要花费大量的时间才能被遗忘。温·哈伦（Wynne Harlen）、罗杰·奥斯本（Roger Osborne）和其他学者的研究都揭示出，儿童对各种话题都有自己的看法，这些看法往往与"专家的"不同。然而，对儿童来说，这些看法仍然是"合理的、有用的"（Harlen, 1985, p.76），并且可以保持不被影响，但也可能以意想不到的方式受到教学的影响。儿童所持有的观点源于他们自己努力构建关于已有经验的意义和理解（Postlethwaite，1993）。正如我们之前所说，这些重复的行为模式会导致大脑发生永久性的生理变化。儿童之所以坚持发展某种神经通路——即使是基于误解——是因为儿童看到了一些有意义的东西，并且是与他们"连接"的东西。由于这些错误的认识很奏效且很好地服务于儿童的目标，因此它们非常不容易被别人的解释取代，正如波斯尔思韦特（Postlethwaite）所说，这些解释往往比儿童自己的理解更复杂。

学 习 准 备

关于儿童能力的固有信念，也反映了对"学习准备"这一概念的一种态度。如果儿童被视为有能力的学习者，他们就会具备从小开始学习的倾向，也就是说，他们从出生就已经做好了学习准备（许多人甚至认为在出生前就开始了）。从这种观点得出的结论是，儿童一直做好了学习准备，以及儿童自然而然地"开始"识字（Hall，1987）、识数（Hughes，1986）等。过去，读写等被认为不适宜幼儿。然而，唐纳森（Donaldson，1978）、布鲁纳（Bruner，1986）、休斯（Hughes，1986）等学者的研究阐明了这样一种观点，即只要学习内容能够适应儿童的心智倾向，儿童就做好了学习准备（Watson，1998）。当前，英国政府的口号是，处于早期基础阶段的儿童应该"为小学做好准备"（例如，DfE[①]，2012，p.4，para.1.1），恰恰相反，教育研究应该把这一口号颠倒过来，即要求所有小学应该"为儿童做好准备"。

我们再一次被父母和照料者的行为吸引，他们似乎本能地适应儿童。大多数父母似乎从婴儿一出生就自然而然地适应了他们的心智倾向，关注他们行为背后的意识和意图（Trevarthen，1980，1992；Stern，1985）。早在婴儿有能力回应父母之前，父母就开始与婴儿交谈，他们

---

① 英文全称为 Department For Education，即英国教育部。——译者注

这样做就好像在期待得到婴儿的回应。这样一来，儿童的早期学习就得到了周围年长的、经验更丰富的成员的自发性支持，他们会在儿童早期犹豫不决地探索世界时提供帮助（Rogoff，1990；Watson，1998）。

当儿童的认知倾向与成人教授的内容相匹配时，他们就会做好学习的准备。事实上，当成人了解很多有关儿童在学习情景中的信念、期望和猜想时，他们可能会本能地将其与教学进行匹配。教师无法了解每个儿童完整的学习历程，然而，教学中极其复杂的挑战之一就是尽可能地了解任何一个群体中儿童的认知倾向，以便根据每个儿童的个体需求制订适宜的教学计划。

瑞士心理学家让·皮亚杰（Jean Piaget）的影响力很大程度上源于他的观点，即儿童在不同的发展阶段取得进步，这些阶段决定了他们当前的技能和能力水平。他认为，学习准备取决于儿童的发展阶段，而从一个阶段发展到下一个阶段是不能仓促完成的。这种发展观使得许多教师在儿童进步过程中扮演着相对被动的角色（Darling，1994）。教师设计"前阅读""前运算"等活动，以此反映"准备"的理念。教师的作用是把儿童带到有准备的状态中，让他们充分沉浸于对重要技能或者概念的学习中；在为进入下一个发展阶段做准备时，儿童需要熟悉并经历一系列的早期学习阶段。皮亚杰的准备观最终受到了许多研究人员的质疑，尤其是玛格丽特·唐纳森（Margaret Donaldson，1978），她认为，应该积极鼓励儿童发展小学阶段学习所特有的"非嵌入式思维"①。列夫·维果茨基（Lev Vygotsky，1978）的研究成果也有助于丰富这场关于"学习准备"的辩论。维果茨基认为，教学必须先于而不能匹配儿童的发展，以挑战和扩展儿童日益成熟的心理机能。他认为，当进步过程受到他人的专门知识的刺激和指导时，学习是先于发展的。这种准

---

① 非嵌入式思维（disembedded thinking），是指非直接经验的学习思维，即思考未嵌入直接的经验情境中的事物的能力，或者如唐纳森所言，从最古老的原始母体中所获得的思维能力，我们所有的思维都被包含在这个原始的母体中。——译者注

备观更强调"何时教",而非简单的"如何教"以及"教什么"。如果教师采纳这一原则,那么可以再次明白,学校的任务是为儿童"做好准备"——提供经验、机会、环境和期望,而不是反过来。

成功的早期学习的特点

儿童可能是缺乏经验的学习者,但他们的能力不应被低估。洛里斯·马拉古齐(Loris Malaguzzi,1993)曾引领瑞吉欧·艾米莉亚幼儿教育的发展,他说,"我们脑海中的儿童充满潜力、强大且能干,最重要的是,儿童与成人和其他同伴紧密相连"。现代技术使得研究人类思维的开端成为可能,研究人员已经记录了儿童在出生前和出生后几个月的关键发展特点。从一开始,人类就表现出目的导向的行为(Trevarthan,1992)。他们在心智和人际交往方面的行为表现或者倾向性都比先前理论所描述的要早得多(Watson,1998)。儿童显然正在自然而然地经历认知、语言、身体、社会性和情绪情感的发展,最重要的是,这种关键的发展通常发生在儿童没有接受正规教育的时候。即便儿童尚未接受正规的知识教育,他们也已经有能力形成自己关于世界的认识。

在一个适宜成长的养育环境中,儿童可以茁壮成长并能够表现出一系列能力,使他们的早期学习取得巨大成功。

◇ 儿童表现出积极的学习态度和倾向。掌控环境的决心促使他们坚持不懈——通常是在面对困难和最初的失败时——以成功地实现自己设定的目标。

◇ 儿童发展出个人技能和策略,帮助他们探索世界。这些策略是儿童本能地选择的,它们能够帮助儿童达到完成当前特定任务的目的。

◇ 儿童已经形成了认识,有时甚至是误解。获得的每一条知识,每一点见识,都会构成每个儿童的个人认知拼图。

个人认知拼图的拼法与传统木质拼图的拼法有许多相似之处。首先，认知拼图的拼块似乎是被随机挑选的。有时某个拼块刚巧合适，有时在最终拼完之前，某个拼块需要被极其耐心地反复调整方向。有时，拼块被转来转去放到一个位置，但拼下一个拼块时儿童才发现上一个拼错了。有时，某个拼块被转来转去却找不到合适的位置，于是就被随机放到一个地方，因为找到一个解决办法总比重新再来要更令人满意。

教师的技能是了解儿童已经拥有的认知拼图的拼块以及它们是否被恰当地拼接在一起。如果它们没有，那么支持儿童重新思考自己的认知拼图结构，就像说服儿童选择另一个木质拼图一样，既微妙又困难。教师需要决定告诉儿童一些事实是否有助于增进他们的理解，比如，"你可以在后备厢里放一个车轮以备不时之需"，或者告诉儿童一些事实是否会消除"建立联系和思考关系的积极作用"（Stewart，2011，p. 89）。这种强加的联系可能会导致学习者变得困惑和不满，"就好像把儿童从垫脚石上抱起来，把他放在远离溪流的地方，导致他感到无能为力，不知道自己在哪里、如何到达的那里，或者他要如何重走这条路"（Stewart，2011，p. 89）。然而，澄清现有的理解和新的理解之间的联系，可以使有些儿童在特定情境下更快地实现他们的个人学习目标。教育者在工作的每天每时都必须立即做出这样的决定——这个孩子现在需要我做什么？充分了解儿童，使教育者能够在正确的时间选用正确的策略。

儿童第一任教育者的专业素养

众所周知，儿童的早期学习不仅是他们自己已具备的学习倾向的结果，也是他们与家庭和整个社区中的重要他人互动的结果（Rogoff，1990）。重要的是，我们要重视父母使用的策略，这些策略让他们成为优秀的教育者，虽然他们往往没有意识到这一点。20世纪80年代，一系列有影响力的研究项目（例如，Bruner，1980；Tizard & Hughes，1984；

Wells，1985）调查了家庭中儿童的谈话，并将其与各种学前教育机构中儿童的谈话进行比较。这些研究一致发现，儿童在家庭中比在各种托儿所和幼儿园中说得更多、扩展得更多、回应得更多。由此，研究者得出了一些共同的结论，这些结论促使幼儿教育者思考：从那些让儿童在家庭中参与对话的成功案例中我们可以学到什么。我总结了一些关键的发现，以反映这些项目的影响。

1. 家庭对话源自"当下这一刻"。它们植根于真实的生活情境、孩子的直接兴趣和其他相关事件。
2. 在家里，孩子主动发起与父母的谈话，父母给予回应，而不是反过来。父母更有可能继续从孩子之前的话语中引出一个话题，并在与孩子的对话中扩展这个话题（而不是改变它）。
3. 父母通常是孩子正在探索或思考的情境中的一部分。因此，父母处于独特的地位，能够恰当而真诚地回应孩子，分享当下这一时刻、经验或活动。
4. 在家里，父母——尤其是母亲——会本能地根据孩子的语言能力调整自己的话语，引入新的、更具挑战性的词汇和句子结构，但始终保持在孩子的理解范围内。
5. 父母的回应"取决于"孩子的能力。父母基于对孩子在特定情况下的信心和能力的了解，增加或减少他们的帮助。
6. 在家里，儿童问问题，成人负责提供答案。

戈登·韦尔斯（Gordon Wells，1985）的研究表明，在父母和其他照料者的行为中，最重要的是敏感性，即对孩子当前状态（沟通能力和兴趣）的敏感性以及对孩子正在努力想要表达的意义的敏感性。

研究儿童和他们的父母可以为我们这些教育工作者提供许多关于早期学习的有效经验。尤为重要的是，教师要利用父母的专长，促使他们提供意见，并且能够持续为学校等教育机构提供关于他们的孩子的意见与建议。与父母建立伙伴关系，口头上说说可能很容易，但幼儿教师不应该忘记，他们是后加入父母和孩子之间已经建立的学习伙伴关系中的。

儿童如何学习

英国《早期基础阶段实施纲要》（Statutory Framework for the Early Years Foundation Stage，DfE，2012）提醒教师，虽然儿童的学习与发展有时被人为地划分为不同的学习领域，但儿童如何学习决定了他们作为学习者一生的态度和最终的成就。因此，虽然教师需要精通基本和特定的学习领域，但是他们应该同样擅长鼓励有效学习的特点，这些特点是早期基础阶段各方面学习的基石。

- 游戏与探索：儿童探究和体验事物，并"试一试"。
- 主动学习：儿童在遇到困难时能够集中精力继续尝试，并享受成功（大多数早期教育专家称之为"学习品质"）。
- 创造性与批判性思维：儿童提出和发展自己的想法，联系不同的想法并形成做事的策略（DfE，2012，p. 7）。

这些特点来自许多理论研究者，他们多年来一直试图用越来越成熟的证据解释儿童是如何学习的。以下是一些颇有影响力的理论。

儿童通过主动建构进行学习

任何对儿童所做的个人研究都揭示了儿童在寻求技能、策略和认识方面总是不间断地活动。然而，让·皮亚杰和其他当代儿童发展心理学家的研究成果强调，"主动建构"不一定意味着"跑来跑去"，而是指儿童积极地参与体验。主动是指儿童积极地（而不是被动地）将自己现有的知识和理解运用到目前正在探索的事情上。这种自我能动性引导儿童在身体和认知方面建构自己的世界观,使他们的经验个性化,并通过对个体有意义的方式锻炼他们日益增长的各种技能和能力(Piaget,1929;Bruce,2004)。

儿童通过探索和调查进行学习

当儿童努力理解世界时,他们会利用自己所有的感官。他们通过触摸、嗅闻、倾听和观察来积累关于世界如何运作的认识,以及关于他们和他们的行动对世界的影响的认识(Pound,2005)。这些探索和调查有助于满足儿童对知识与认识的无尽渴求。他们不断寻求解决问题的办法和答案。在这一过程中,他们会犯错并从中吸取教训,将尝试和试误作为一种有效的策略,在当前的认识和新事物之间建立联系。他们努力成为现实世界——"成人"的世界——的一部分,并渴望学习他们认为需

要的技能，以便融入他们所处的文化和社会中（Rogoff，1990）。

儿童通过游戏进行学习

游戏是全世界儿童最自然，往往也是最有效的学习方式（Moyles，2010）。游戏是由内在动机引起（Hughes，2010），同时由儿童自由选择，较少成人干预（虽然可能有成人的支持）的活动。游戏可以让儿童掌握并控制他们新学的技能和能力。通过游戏，儿童可以让一切成为可能——他们可以成为另一个人，改变一个情境或故事——所有这些体验都能增强他们的自信心和能动性。高质量的游戏能鼓励儿童发展想象力、创造力和解决问题的能力，另外，游戏不只是让儿童忙碌，用蒂娜·布鲁斯（Tina Bruce，1991，p. 11）的话说，还让"儿童的身体机能

达到最高水平"。

儿童通过使用语言进行学习

儿童的语言发展堪称是一个惊人的现象。儿童词汇量的增加以及他们出于各种目的使用语言能力的日益增强，都有力地证明了他们与生俱来的表达和交流能力。戈登·韦尔斯和他的团队在对英国布里斯托尔的儿童的语言进行研究后得出结论，在早期阶段，儿童的语言系统或多或少已经形成，并且他们已经习得几千个基本词汇。然而，从那时开始，学习的内容和学习的顺序变得"越来越依赖经验——依赖有机会听到人们正确使用相关语言的功能、意义和结构，并且自己使用它们"（Wells，1986，p. 32）。

哈特和里斯利（Hart & Risley，1995）在美国的研究发现，中产阶层家庭的儿童口语词汇量大于"贫困家庭"的儿童。他们的研究还表明，3岁时，那些在家庭中积极参与聊天的孩子与那些在家庭中很少交流的孩子听到的词汇量有高达2000万个单词的差距。更可悲的是，家长对儿童说的话越少，负面词汇所占的比例就越高，如"不要""停""不"。

全国交流年（2010）的"你好"（Hello）运动强烈地提醒人们，从小缺乏有助于对话的有利条件和交流技巧会对儿童造成负面影响。

- ◇ 行为：在有严重行为问题的7—14岁儿童中，2/3的儿童有语言障碍。
- ◇ 心理健康：在被转诊到儿童精神病医疗服务机构的7—14岁儿童中，40%的儿童患有从未被发现的语言障碍。
- ◇ 犯罪：在青少年罪犯收容所中，65%的青少年存在交流障碍。

语言不仅提供了一种作用于世界的方式，而且提供了一种反思这种行为以试图理解这种行为的方式（Harlen，1985）。皮亚杰认为，语言是一种媒介，一种表达思想的方法。维果茨基认为，言语会改变儿童学习、思考和理解的方式，因此它是一种思维工具（Wood，1998）。美国心理学家杰罗姆·布鲁纳（Jerome Bruner）的理论借鉴并建立在皮亚杰和维果茨基的研究之上。他认为，语言的内化是一种思维工具，年幼的儿童使用语言"作为指向动作的延伸"。所有这些理论都基于这样一种认识，即思维、行动和语言在儿童的发展过程中是密不可分的。这三者的顺利发展取决于将经验嵌入到对儿童有意义的事物中。

儿童通过与他人互动进行学习

从高度个人主义的角度讲，儿童可能是积极的学习者，但他们在特定的社会和文化背景的框架内构建自己的个人意义（Vygotsky，1978；Wood，1998）。儿童是一个社会人，与他人一起游戏、交谈和生活，观察他人的所作所为并模仿他人，质疑所见所闻并对质疑做出回应，利用他人的知识和专长来解释并理解经验的意义（Bandura，1977；Richards & Light，1986；Wells，1986；Dunn，1988；Rogoff，1990）。儿童所学的一切都受到他们的文化环境和他们所生活的社区的影响。维果茨基的著作强调了社会环境对于学习的重要性，即成人帮助儿童获得他们可能无法单独习得或习得较慢的技能和认识。维果茨基将儿童能够独立完成的事情和他们在他人的帮助下能够完成的事情之间的差距，称为"最近发展区"，换句话说：

儿童能够独立解决问题时的实际发展水平与他们在成人的指导下或者和更有能力的同伴合作解决问题的潜在发展水平之间的距离（Vygotsky，1978，p. 86）。

杰罗姆·布鲁纳（1968，1985，1990）和伍德等学者（Wood et al.，1976）拓展了这一概念，采用了"鹰架"这个隐喻来描述成人或专家提供的指导和交互式支持，直到儿童能够自己完成任务。在这种学习模式中，儿童不是被动地采用成人的策略，而是扮演一个积极的、创造性的角色（Smith，1993），通过自己的理解重新建构任务，而成人或教师提供了布鲁纳所描述的"意识的替代形式"①。

对课堂实践的影响

那么，本章提出的问题对教育实践有哪些影响？如果教师想要进一步了解儿童如何学习以及在接受正规教育之前如何成功地学习，那么他们需要考虑哪些策略？

---

① 布鲁纳认为，如果一个儿童能够在成人或者更有能力的同伴的帮助下取得进步，那么这个成人或者同伴就充当了一个"意识的替代形式"，直到学习者能够通过自己的意识和控制掌握自己的行动（Bruner，1985，pp. 24–25）。——译者注

儿童通过主动建构进行学习

如果儿童通过主动参与一系列探索性活动自然而然地学习,那么学校或幼儿园的主要责任是创造机会,以促进和支持儿童的这一本能的学习策略。儿童需要机会接触各种各样的材料和刺激物。他们需要时间去探索、调查和质疑,需要一系列游戏体验和高质量的适宜性资源,需要空间四处走动,进行实验、创造和游戏。换句话说,他们需要一个有价值的、有意义的、值得积极卷入的学习环境。如果儿童想要继续努力去理解这个世界,那么这个世界就必须是值得他们努力的。显然,在儿童开始上学,或进入幼儿园之前,学习的积极性和动机已经足够。要让新的学习环境对儿童同样有价值、有意义,教师具有决定性作用。

儿童通过探索和调查进行学习

儿童特别喜欢沉浸于探索和调查真实的世界。尽管有成千上万的人造资源可供购买,但儿童所迷恋的事物往往集中在羽毛、蠕虫、石头和木头等自然材料上。这些自然材料不仅本身很美、触感明显,而且具有可变性——可以变成儿童想象中的任何东西。在幼儿园或教室里,儿童应该有机会在室内外进行探索和调查。在户外,自然界正在等待儿童的探索,只要有适当的景观和资源,户外区域就会提供无尽的活动机会,能够延伸出无数的问题和挑战。但真实世界需要更频繁地被带入到室内,否则儿童在课堂上的经验将是虚假的,对他们现实生活中的学习毫无意义。教师提供的所有材料以及他们发起的学习活动都应该充分激励儿童参与有价值的探索和学习。教师应该给儿童提供机会去尝试、实验和试误,儿童应该全身心地投入到这样的经历中,把它作为日常学习的一部分。

儿童通过游戏进行学习

幼儿教育环境中游戏的地位,对于儿童成功地学习具有至关重要的作用(见第7章)。没有任何其他活动可以提供如此丰富和广泛的发展机会,这些机会只有精心计划和有目的的游戏可以提供。但计划和目的必须是儿童自己决定的。当一个成人介入儿童的游戏计划、目标、目的时,儿童就会被剥夺控制权,而这种控制权本可以使游戏变得具有创造力,富于想象力,并能够使儿童乐在其中。游戏给儿童提供了掌控自己学习的机会,就像他们自出生以来所做的那样。在一个经常由成人计划并被成人主导的环境中,儿童往往无法追求自己的兴趣和关注点。游戏不仅对儿童至关重要,对教师也同样重要。在游戏中,教师可以看到儿童的长处,而这些长处在成人主导的情境下可能永远都不会被看到。教师可能会发现,当儿童自发地学习时,他们变得非常出色,但当他们不得不遵守成人制订的学习计划时，就会变得非常痛苦。教师会看到，儿童将使用那些在成人主导的情境下绝不可能生成的一些技能和策略。因此，虽然成人主导的学习有其优势和地位，但它是远远不够的。幼儿教育环境中游戏的缺失，会使儿童和教师都变得失去力量。

儿童通过使用语言进行学习

玛格丽特·唐纳森（1978）的研究论证了将儿童的经验嵌入到对他们有意义的环境中的重要性。她的成果，以及其他研究者关于家庭和学校中儿童的语言发展之间关系的研究，都强调了成人与儿童共享经验并一起寻找这一共享经验的意义非常重要（Anning，1991）。爱德华兹和默瑟（Edwards & Mercer，1987）认为，相互理解和共享意义也是教师必须关心的问题。他们指出，教育失败的一点通常体现在教师"对共享的知识、意义和解释做出错误的假设"（1987，p. 60）。教师和儿童需要共享关于谈话的"常识"，这些谈话构成教育机构环境中交流的基础，以便从互动中生成最有效的学习。

儿童通过使用语言来学习，因此学习环境必须给他们提供机会以各种方式使用语言。正是语言使儿童能够理解自己的经历，并将自己的行为内化。为了充分利用语言对思维和行动的影响，成人必须鼓励儿童交流，将其作为儿童学习的关键过程。令人欣慰的是，英国政府颁发的文件重新肯定了口语与听力的重要性，把它们作为提高阅读和写作能力、理解所有课程领域以及发展良好的社交关系的先决条件（DfES[①]，2005；DfE，2012）。无论是独自谈论某事还是与他人交谈，都是掌握新想法、理解新概念或澄清情感和认知的重要途径。儿童需要有机会讨论、解释、描述、叙述和猜测。在学习环境中，对话被认为是一种强有力且自然的学习媒介，儿童能够用熟悉的东西表达新的意思。通过对话，他们

[①] 英文全称为 Department for Education and Skills，即英国教育与技能部。——译者注

可以创造一个与他们个人和他们自己的经历相关的情境。他们需要的是贴心、感兴趣的成人，这样的成人会随时准备好成为对话伙伴，并示范分享想法、观点和愉快的经历是多么令人开心的事情。

儿童通过与他人互动进行学习

如果学习是社会建构的过程，那么教师显然扮演着关键的角色，这个角色一度因人们误解了"以儿童为中心"和"发现学习"的本质而被贬低（Blenkin & Kelly, 1987）。正是教师非常恰当的干预，才将儿童的潜能真正地激发出来。阿西（Athey, 2007）指出，教师与儿童的互动必须通过维果茨基提出的"最近发展区"来促进儿童进步。因此，知识是主动建构的，而不是简单地复制。教师需要定期与儿童进行对话，但这些对话不能干扰儿童的思考。当儿童忙于思考自己正在做的事情时，他们就没有时间或意愿与教师对话。

在儿童主导的情况下，成人的任何谈话都应该阐明而不是质问儿童的想法。然而，在成人主导的情况下，有时也会通过对话来明确儿童的已有认知（见第2章），或者通过提问或回答问题来支持儿童当前的想法。在这两种情况下，儿童和成人都将自己视为知识的共同建构者，双方都在努力交换意见、观点和问题，以便获得新的见解和新的认识。

科拉姆家庭研究团队（Coram Family Research Unit）最近在"倾听儿童的声音"这一研究中倡导：成人与儿童的关系应该保障儿童被倾听的权利。儿童作为有能力的个体，他们的观点、关注点和愿望应该得到重视，且应该参与对他们来说很重要的决策。这项有影响力的研究成果强化了"儿童有能力表达自己的想法"这一观点，并支持成人提高倾听能力，以便倾听儿童的声音。

其他儿童也是社会建构的一部分，教师必须关注"学校中学习发生的情境以及具体学习任务的特点"（Pollard & Tann, 1993）。有关儿童一起工作和一起学习的话题在第6章中得到了充分的讨论，但是有越来越

多的证据表明,课堂环境中同伴辅导的重要性,无论它是计划的还是非计划的(例如,Forman & Cazden,1985;Galton & Williamson,1992;Rogoff & Toma,1997;Rogoff et al.,2003)。有效的教学需要承认所有知识渊博的人在促进个体学习者发展方面的作用。

结　语

当儿童开始接受教育时,他们已经是有能力的学习者。这些能力是从儿童天生的学习倾向与出生时就得到的学习支持的相互融合中逐渐发展起来的。本章建议,负责儿童教育的工作者要重视成功的早期学习环境的特点,以便改进教学模式,使儿童在整个受教育阶段持续有效地学习。在下一章中,我们将探讨幼儿教育者如何支持儿童具备从家庭和更广阔的世界中获得的一系列能力,以及如何发现儿童的已有经验和能力水平。

思 考 题

1. 你自身有关儿童发展方面的知识和认识是可靠的吗？有什么方法可以用来加强这点？
2. 你以及你所在的幼儿园如何紧跟脑科学及其对早期学习影响的最新研究进展？
3. 就所有学习领域而言，如何促进"游戏与探索、主动学习、创造性与批判性思维"等早期学习特点？

第 2 章

观察与对话：了解儿童个体

侯琦泉 5 岁
成都市温江区海科幼儿园

如果我们承认儿童会把很多技能、知识以及认识带到幼儿园中，那么教育者的一项关键任务就是准确地确定这些技能、知识和认识是什么，以便在每个儿童现有能力的基础上，为他们未来的学习进行规划。确认儿童现有的能力，有助于迅速明确成人与儿童未来的学习经验。如果儿童已经懂得并能够完成许多事情，那么教师就会和儿童一起成为学习者。为了确保所创设的学习环境以及所计划的课程适宜特定的儿童，教师必须准确了解儿童已经知道什么并且能够做什么。由此，针对每个儿童都会有一个量身定制的学习计划，因为每个儿童的学习基础都是独一无二的（Fisher，2000）。每个儿童都有自己的个人经历和机遇，这不仅决定了他们目前的已有认知，而且决定了他们接下来需要学习的内容以及如何才能最有效地学习。

从儿童的视角看，被视为有能力的学习者意味着教师尊重他们目前已有的成就。教师应该对儿童如何看待世界以及儿童如何理解自身的经验感兴趣。这意味着儿童的观点和想法能够被倾听以及得到应有的尊重。这也意味着儿童的兴趣和爱好在学习过程中占有重要地位，儿童能够被给予充分的时间和空间钻研他们所关注的事情。

确定教育经历的起点不应该只是发生在儿童开始进入幼儿园时。教师应将确定儿童学习的起点贯穿在幼儿在园学习的全过程，并将其作为持续的教与学循环的一部分。在幼儿园中，教师在规划课程时往往从书面文件中的学习目标出发，并认为儿童的"先前经验"就是之前教学中所"涵盖"的内容。然而，儿童也一直在与幼儿园无关的其他各种情境中学习，因此，为了提供符合他们当前学习需求的课程，教师尤其需要了解儿童从其他生活经验中习得的知识和理解。

作为学习者的教师

有经验的教师将自己定位为（关于儿童的）学习者，在最终确定适宜的课程计划之前，对儿童习得的知识、技能和认识进行评价。通常，评价被视为教学过程的最后环节，旨在确定儿童是否学到了计划和教授的内容。然而，评价在教与学的循环开始阶段同样非常重要，只有当教师了解儿童的已有经验和能力水平时，他们计划的课程才是对儿童有意义的和适宜的。评价是在儿童学习之前和之后都需要用到的工具。学习之前，它可以被用来确定儿童已经习得的知识；学习之后，它可以被用来确定儿童新习得的学习内容。本章关注的是教师如何确定儿童已经知道什么和能够做什么，以及他们如何干预学习过程，以推动儿童的学习向前发展。第一个策略是观察儿童作为学习者的行为；第二个策略是与儿童以及其他人就儿童的学习进行对话。

观　　察

儿童天生就是主动的学习者（Bruce，1987；EYCG[①]，1992；McNaughton & Williams，2009），因此，为了了解儿童，教师必须观察他们的实际行动。当儿童处于早期学习阶段时，这一点尤为重要，因为没有其他策略可以为教师提供儿童发展和进步的充分证据。虽然，对于年龄较大的儿童，教师可以采用收集书面证据或布置作业这一方式，但教师们很清楚，与年龄较大的儿童所知道和理解的内容相比，低年龄段的儿童可以书写和记录的东西很少或根本没有。因此，教师不能也不应该依赖书面证据，而一定要依靠他们的眼睛和耳朵来收集所需要的证据。

教师应该在儿童所参加的各种各样的活动中以及在多样化的学习情境中观察他们。儿童的学习应该包括并涉及以下方面：

- ✧ 熟悉的学习环境
- ✧ 鼓励自信和建立自尊的环境
- ✧ 与一群同伴一起学习
- ✧ 与成人一起学习
- ✧ 自主学习
- ✧ 成人发起的活动
- ✧ 儿童发起的活动
- ✧ 一天中的不同时段
- ✧ 在室内和户外

[①] 英文全称为 Early Years Curriculum Group，即早期教育课程小组。——译者注

熟悉的学习环境

教师如果想要观察儿童,并在他们处于最佳状态时与他们对话,那么有必要确保儿童对所处的环境感到熟悉且舒适(Fisher,2012a)。在新环境里面对陌生人时,我们如果感到不安,就不可能表现得很好,或者至少不会很自然。儿童需要在环境中感到自在,面对周围的人时可以自信地展示他们所知道、喜欢和能做的事情。当儿童刚刚从一种环境过渡到另一种环境时,记住这一点很重要(Brooker,2002;2008;Fabian & Dunlop,2002;Dunlop & Fabian,2007;Fisher,2010)。即使是在操场对面的班级,或者走廊那边的班级,也会有许多陌生的事物吸引儿童的注意,以至于他们无法集中精力展示自己的学习能力。当儿童的注意飘忽不定时,他们很容易忘记自己之前在聚精会神地做什么。在英国的牛津郡，我们询问4岁儿童对上小学学前班①的感受（OCC②，2005），然后询问每个学前班的儿童，他们对于即将上一年级有什么感受（OCC，2006）。他们的回答使我们强烈意识到，比起课程安排、计划和评估程序，他们更关心学校的厕所、蜘蛛（主要是厕所里的蜘蛛）、应该把外套和餐盒放在哪里、在操场上被撞倒怎么办、新老师以及与朋友相处等问题。儿童需要成人的支持来获得安全感，成人需要帮助儿童感受到安全感，倾听儿童的担忧、愿望和观点，并且明白在儿童进行任何有效的学习之前必须充分关注这些问题。另外，还需要注意的是，在计划如何帮助儿童过渡时必须要考虑到儿童及其父母和照料者的声音，以及参与其中的教师的声音（Fisher，2006；2010）。

对有些儿童来说，不熟悉的事物是一个巨大的挑战。这些儿童因其生活经历和处境而变得非常脆弱或受过心理创伤。对他们而言，环境过渡会激起他们曾经的恐惧并让他们更惧怕当下的不确定性。他们对于变化的适应能力非常弱，还没有形成能够使他们快速适应新环境的保护机制（Pugh，2002）。正如我在第1章中所阐述的，几乎在每所幼儿园中，都有一些儿童无法适应环境的改变，因为他们在生命的头2年里没有和照料他们的成人建立起安全的依恋关系（Robinson，2003；Gerhardt，2004；2010）。有些儿童的父母因病重、太忙或者疏忽儿童，以至于无法给予儿童充分的安全感和抚慰；有些儿童无法适应幼儿园或学前班的过渡，因为变化是他们家庭生活中一个痛苦而不变的因素。比如，这些儿童可能会遭遇到这样的"剧变"：受到悉心照顾后又被送回原生家庭；逃到庇护所后被遣送回家；因为父母生病而被突然送去亲戚家，之后又在父母康复后毫无征兆地被送回家。这些儿童不知道自己住在哪里，不知道自己属于谁，也不知道谁会在天黑时等待他们，这些经历促使儿童

---

① 英国小学附设的学前班（reception class），招收4—5岁儿童。——译者注
② 英文全称为 Oxfordshire County Council，即牛津郡议会。——译者注

不断地调整和保持警觉。这导致他们从适应环境到情绪崩溃，往往只有一步之遥，又或者为了保护自己不受伤害，在心底筑起一堵难以冲破的高墙（Karen，1994；Smith，1995；Cairns，2002）。家庭生活的多重变化会损害儿童与陌生人交往及处理新情况的能力，导致儿童更加难以应对不同教育阶段之间的过渡（O'Connor，2012）。另外，还有一些儿童虽然通常处于稳定状态，但一次悲痛的经历可能会瞬间摧毁他们，让他们变得脆弱和不安。各种各样的失去、分离或丧亲之痛能让坚强的儿童无法承受环境的过渡。对心理脆弱的儿童而言，拥有一个安全、有吸引力且有趣的学习环境至关重要（Read，2010）。教师必须得到儿童的信赖，并且对儿童抱有合理的期待。教师必须保持敏感，清楚同一件事情对心态稳定的儿童可能没有影响但却可能对另一个儿童造成严重的创伤。童年早期的幼儿园生活经历可能会阻碍一个脆弱的孩子学习，给他造成不必要的伤害和焦虑。比如：让他带来婴儿期的照片，但忽视了他是被收养的并且没有任何婴儿照；让他带来最珍贵的物品，但忽视了他是难民，在和家人逃难时不得不抛弃一切；让他制作母亲节贺卡，但忽视了他的妈妈在几个月前就已经去世。

鼓励自信和建立自尊的环境

儿童的态度和情感对于他们在生活的各方面取得成功至关重要。幼儿教育工作者必须努力保留课程中的情感领域，并维系儿童在社会性和情绪情感领域的发展。个人、社会性和情绪情感发展继续被置于幼儿教育课程的核心是有重要原因的。《早期基础阶段实施纲要》（DfE，2012）提醒我们，与交流、语言和身体发展一起，个人、社会性和情绪情感发展"对于激发儿童的好奇心和学习热情，以及培养他们的学习能力、与人建立友好关系及茁壮成长，尤其重要"（DfE，2012，p. 4）。罗斯玛丽·罗伯茨（Rosemary Roberts，1995a）研究了儿童的情绪情感如何影响他们对学校的态度，并阐明自尊如何成为有效的教与学的关键。作为教师，我们可以通过回应儿童以及回应他们的想法、意见和努力来帮助他们建立自尊。这并非意味着给他们空洞的赞美，而是要帮助他们对自己的成就进行自我评估，鼓励他们发展自己的能力（见案例2.1）。

案例2.1　回应儿童的工作

一位教一、二年级的教师希望培养孩子评价自己工作的能力。她希望他们不再依赖她来判断自己所做的是否"好"或"足够好"。她怀疑这种信赖源于这样一个事实：当她布置任务时，孩子们认为只有她才能评价任务完成的质量。所以，她决定彻底改变她在课堂上介绍活动的方式。在最初的讨论和介绍完活动之后，她问孩子们，在完成任务过程中最重要的是什么。她支持孩子们思考在活动中可能需要展示的过程、技能、知识和理解，以及可能的结果。然后，他们需要决定哪些是最重要的，并将其记录在一张大纸上，然后钉在墙上。活动结束时，孩子们带着他们的工作聚集在一起，根据班级共同制定的标准回顾自己的努力。通过这种方式，孩子们对自己的工作做出自我反馈，在这个过程中，他们发挥自己的主动性，并对自己的学习及其结果负责。这位教师报告说，当孩子们以这种方式参与制定自己的成就评价标准时，他们的自信和自尊就会有所增强。

为了拥有积极的自尊，儿童需要自信，当鼓励儿童充分发挥主动性，自己做决定，自己负责制订工作计划和评价自己的工作时，他们的自信就会得到强有力的发展。我们如果想要培养儿童积极的自尊，就必须让他们知道，尽管他们年龄还小，但他们有能力做出对他们的学习和生活有影响力的决定。联合国《儿童权利公约》（1989）提到，所有儿童由于年龄小和脆弱性，都需要受到特别保护。但是，它也提出，儿童的能力以及他们的观点有被倾听和尊重的权利（第 12 条和第 13 条）。被倾听的儿童会在自信和自尊中成长（Lancaster & Kirby，2010）。有时，教师必须仔细倾听那些不会明确表明自己意愿的儿童。莉兹·布鲁克（Liz Brooker）为撰写《开始上学：儿童的学习文化》（*Starting School: Young Children Learning Cultures*，2002）一书而进行的研究表明，当家庭和学校之间产生文化冲突时，儿童会多么无能为力。她描述了孟加拉国的儿童从家庭文化向学校文化过渡的经历，以及父母的育儿实践、儿童观及对游戏和工作的信念如何影响儿童适应新的学习环境。作为教育者，我们必须了解儿童的过去、文化和生活经历。那些为自己的文化传统、性别、家庭和自己感到自豪的儿童受到了周围人态度的深刻影响，而幼儿教师是这一影响网络中的关键部分（Siraj-Blatchford，1994；Lane，2008）。如果我们想要对儿童进行观察，让他们展现自己的最佳能力，并让他们自信地与我们分享他们所知道的一切，那么我们就必须为他们提供鼓励自信和建立自尊的环境。

与有一群同伴一起学习

幼儿教师也应关注儿童的社会性发展。就像其他方面的发展一样，不同的儿童在开始上幼儿园之前的社会经历有巨大的差异。有些儿童来自大家庭，家里有兄弟姐妹、叔叔阿姨和爷爷奶奶。有些儿童来自小家庭。有些儿童长时间与保育员待在一起或者在日托中心待过很长一段时间，已经习惯了与同龄人一起玩耍。然而，对有些儿童来说，幼儿园将是他们第一次接触到竞争、合作和协作的地方，而作为众多儿童中的一员，他们必须争夺空间、资源和他人的关注。和所有其他技能一样，社交是一项通过实践才能进步的技能。你遇到的人越多，就越能学会调整和适应不同人的态度与行为。有的成人在这方面比其他成人做得好，有的儿童在这方面比其他儿童做得好。家庭环境、生活经历和个性决定了有的儿童已经准备好应对各种社交场合，而另一些儿童需要通过帮助来提高社交技能（Dowling，2010）。儿童在小组或班级里与其他儿童一起学习的机会越多，他们就越有更多的机会学习社交技能，这些技能将使他们在幼儿园和生活中拥有更多积极、愉快的体验。我们应该支持儿童与各种各样的人交流和合作，而不论其性别、种族、身体素质或能力如何。对儿童社会性发展状况的描述最好建立在观察儿童与一群同伴相处的基础上，这样才会展现出儿童一系列的性格特征、态度和行为特点。

与成人一起学习

当与儿童一起工作和游戏时，教师将有很多机会观察他们。通过支持儿童或促进他们的活动，教师能够观察并在恰当的时机记录儿童所说的话和所做的事情，以此作为他们日益增长的概念意识或技能发展的证

据。教师还可以观察儿童如何应对任务，使用什么策略解决问题，以及他们的毅力、动机和个性。需要牢记的是，教师的在场会或多或少地改变儿童的行为，而改变的程度取决于任务本身以及教师的敏感性。如果儿童正在参与一项成人发起的活动，而成人陪伴在他们身边，儿童就可能频繁地向成人寻求肯定，以确认自己所做的是"正确的"。在学前班开展的一些研究（Fisher，1996）表明，任务会影响儿童对教师的依赖（见案例 2.2）。

案例 2.2　培养独立性

作为一名研究者，我持续两年在同一个学前班每周花一天时间观察教师和班级幼儿之间的互动。有非常明确的证据表明，任务要求越具有导向性，儿童就会越频繁地寻求教师的帮助，尤其是寻求肯定。由于教师的目标是让儿童更独立，同时让自己有更多的时间专注于计划好的活动，因此我的这一观察为她提供了能够立即实现这两个目标的策略。如果她不想被频繁地打扰，并有时间与个别儿童一起工作或做观察，那么班上其他人员就必须从事一些不那么拘泥于规定的任务，而且他们要对这些任务拥有更多的自主权。于是，教师调整了她所计划的活动。成人在场的活动往往更具导向性，而儿童独立开展的活动更具开放性。教师汇报说，这种新的计划方式一旦形成，儿童在进行独立活动时就会越来越少地打扰她。

当教师给儿童一项任务，并且坐在儿童身边看他们应对时，或者当教师在任务或游戏进行到一半的时候加入时，儿童会因为教师的在场而毫无疑问地改变他们活动的方式和寻求帮助的次数。这并不是说，教师在儿童工作和游戏时要远离他们。无论在任何情境下，教师在支持、激励、引导和拓展儿童学习方面的作用都至关重要（见第 1 章和第 4 章），但我仍需注意教师的在场对活动过程以及结果的影响。

自主学习

当儿童自主游戏或工作时，他们会表现出不同的行为，而且往往与在教师主导下所使用的策略和技能不同。通过观察独自工作或游戏的儿童，教师通常可以发现他们作为学习者的新见解。不管任务是什么，儿童在独立工作时的对话通常比教师在场的情况下所表达的见解要多得多。一群儿童或一个儿童可能正在进行自发性学习，也有可能正在对教师发起的活动进行回应，但是，当儿童对活动有更多的控制权时，他们看待这个世界的独特方式、他们与先前的认识和学习经验之间的联系都会影响活动的过程与结果。对于儿童自主学习的观察为教师提供了另一种观点，即把儿童视为学习者——他们有自己的优势和学习方法，这种观察也为如何在成人主导的情境中计划儿童的活动提供了宝贵的建议。

成人发起的活动和儿童发起的活动

对儿童的观察需要包括儿童发起的活动和成人发起的活动。儿童发起的活动让儿童有机会做出选择和决定，能够让儿童在选择与他人合作时展现他们的自主性和社交技能。儿童发起的活动让儿童能够掌控情境，有时甚至能控制同伴，并且让他们的学习力到达顶峰（Warham，1993；Claxton，2002）。如果能够得到适当的资源和支持，儿童发起的活动就可以给课堂带来一些极具创造性和创新性的学习（Whitehead，1993）。

在成人发起的活动中，儿童有机会根据不同的目的独自或与同伴一起工作。成人发起的学习会比儿童发起的学习更有重点，并且教师会针对特定的课程内容或特定技能设计活动。然而，即便是成人发起的活动，儿童也会有一段没有成人陪伴的工作时间，这仍然可以让儿童展现他们自己的思考、自主性和自我管理能力，并展示他们在没有成人持续监督的情况下是否能坚持不懈和保持专注。这在很大程度上取决于所计划的活动的质量（见第4章）。这两种活动——成人发起的活动和儿童发起的活动——都很重要，缺少任何一种，儿童都无法得到足够广泛而又均衡的学习机会。

不同的儿童会在不同的学习环境中脱颖而出，而教师会在不同的情境中看到他们的不同优势。无论是成人主导的学习，还是儿童主导的学习，其本身都是不够的。儿童具有自主学习和自我发现的自然动力，这在任何早期学习环境中都必须被加以利用和优化。但是，经验丰富的教师总是有必要向儿童介绍新事物和需要解释的事物，并描述、命名和示范，以及支持、促进和拓展儿童的学习（见第4章）。成人主导的学习情境和儿童主导的学习情境，二者缺一不可，否则教师将无法全面了解儿童作为学习者的情况。

一天中的不同时段

儿童和成人没有什么不同：有些儿童似"百灵鸟"——一起床就神清气爽、精神抖擞并且兴高采烈；有些儿童似"猫头鹰"——早晨起床慢慢吞吞，但在接下来的一天里，状态会逐渐改善。在一天中不同时段对儿童的观察表明，有些儿童在早上需要花很长时间才能安静下来，而有些儿童几乎可以立刻集中精力。有些儿童在学习期间容易被一些间歇性活动打断而受到影响，如集合等，而其他儿童似乎能泰然处之。很多儿童受到游戏时间和午餐时间的影响，之后需要很长时间才能平静下来。就我对学前班儿童的研究表明，他们从课间休息到午餐这段时间可能最容易受到干扰。午饭后，儿童会很累，但是他们能很快地静下心来完成各种任务。相反，课间休息过后，儿童处在更加紧张兴奋的状态中，需要成人干预才能参与活动（Fisher，1996）。重新审视幼儿园的一日活动安排，看看儿童在学习过程中经历了多少次打断和影响，这对所有幼儿园来说都特别有意义（Fisher，2010）。

在高质量的幼儿园中，课程计划最大的优势在于儿童有很长一段时间可以持续体验和活动，不受集合等事情的干扰。儿童需要时间拓展自己的思维，探索当下感兴趣和专注的事情。教师很清楚，如果儿童的注意力被意外事件或课堂外的事情吸引，那么他们将不会专注于任何计划好的活动，直到他们对意外事件的好奇心和兴趣减弱。同样，当学习活动变得有趣并且儿童已经完全投入其中时，被突然"打断"，会令人沮丧，起到消极作用。年幼的儿童通常需要更长的时间才能专注于某件事情，因为他们需要一段时间才能理解新的资源、经验和情境。对儿童而言，当世界上的很多东西仍是陌生的，而且可能令人困惑时，那么找到认知拼图中正确的部分就需要一定的时间。聪明的教师会给儿童足够的时间去质疑、调查、探究和游戏，以便他们在探索发现过程中的最重要时刻不受干扰，从而得出令自己满意的结论（无论是否有成人干预）。

儿童的最佳状态会出现在一天中的不同时间以及不同的学习情境中，所以当我们观察他们时需要考虑到这一点。英国在读写和算术方面的传统问题之一就是许多小学保留了课程表：从一早到课间休息这段时间安排学习读写，在课间休息到午餐时间安排学习算术（或反过来）。事实上，尽管学前班应该遵循《早期基础阶段》（DfE，2012）的原则，但太多学校仍然像对待小学一年级的学生一样组织管理年幼的儿童。首先，如前所述，儿童需要持续的、不被打扰的学习时间，以便巩固、发现知识或在新经验和已有经验之间建立必要的连接。如果被打断，儿童的思路就可能迷失，他们可能会感到沮丧和困惑。其次，儿童的学习领域不应该被割裂。当儿童进行探索发现时，他们会跨越数学和科学、身体技能和创造性发展的边界。将学习分成不同的科目有时会让儿童感到困惑，有时还会因为成人的错误描述而导致儿童看不到学习之间的自然重叠和关联。最后，对儿童来说，和班上其他儿童做同样的事情并不总是有帮助的。例如，读写在这个年龄阶段是一个非常依赖成人的学习领域。它不像其他领域（如创造性发展或科学探究）那样，儿童自然而然就可以学会，相反，它通常依靠教师的介绍、解释和教授。如果教师与

一组儿童正在进行成人主导的读写活动,如发音练习,那么其他儿童通常最好从事一些不太依赖成人、可以自己轻松完成的活动。

　　儿童一天的学习安排应该松弛有度、有起有伏、随机进行,例如教师要求儿童做的事情与儿童想做的事情,需要集中精力处理的棘手的新任务与简单、熟悉的任务,巩固已知的、体验过的事情与新的、引人深思的事情,依靠成人引导的活动与适合儿童独立完成的活动。如果儿童的学习由时间表决定,而不是自然而然地在不同的活动之间转换,那么就会给儿童一种错误的印象,即所有的学习都被分割和切碎了。这也意味着那些没有完成数学活动的儿童会被期望去做其他任务,无法体验到完成数学活动的满足感,或者其他儿童会被分配越来越多的"拓展练习"(大多数情况是做练习题),以便"让他们继续学习和练习"直到活动结束。

时间表经常会阻碍儿童的学习（Fisher，2010）。它让儿童按照规定时间停下来，整齐划一，再让他们"列队前进"，之后又让他们解散，不到4岁的儿童需要应对这些干扰。难怪许多儿童，特别是学前班和关键阶段1的儿童，发现学习很困难，令人感到痛苦。他们需要每天过着那种时光自然流淌而不是会被突然打断的生活。他们需要自然地从一种学习体验过渡到另一种学习体验，在这个过程中，他们被鼓励而不是被阻止看到学习之间的联系。最重要的是，他们需要对他们的发展有足够了解的教师，以清楚地知道时间表造成的干扰，并计划一天的学习，以促进而不是阻碍儿童的学习。

在室内和户外

最后，教师需要观察儿童在室内和户外的学习情况。正如成人主导的学习和儿童主导的学习之间的区别一样，室内外发生的学习可以为儿童提供非常不同的体验（参见 Bilton，2002；Wellhousen，2002；White，2008），并且可以为教师提供非常不一样的儿童视角。为了全面了解每个儿童，幼儿教师应该花时间观察儿童如何在一个提供了更多空间、不同的体能配置以及与自然世界联系更紧密的环境中学习的，以及观察他们在隐蔽的户外环境中如何学习，如洞穴、凉亭、灌木丛和隧道。

这意味着，成人需要待在儿童所在的地方。当配班教师被派往户外时，主班教师不应该继续留在室内。没有什么比教师的分工更能清晰地表明不同区域的供给情况。所有教师，尤其是直接负责的教师，应该看到所有儿童在不同环境中的学习情况。在户外，如果规划适宜、资源充足，儿童就会得到室内永远无法获得的体验，教师则需要在那里观察他们。只有通过对不同环境的密切观察，教师才能有计划地提供资源，促进或拓展儿童的学习。缺少教师或主班教师观察的户外环境常常具有以下特点：设备相同，机会相同，每天都重复同样的活动，儿童逐渐感到

沮丧和无聊。在优质的幼儿园中，和儿童一起工作并为儿童着想的教师都会定期观察、评估和改善环境，不放过任何一个角落。

对　　话

为了更好地了解儿童，为了有一个坚实的起点为儿童的学习做好计划和准备，以及为了了解儿童需要和想要什么样的支持，幼儿教师需要与每一个儿童进行个别对话。此外，与许多同样将儿童视为学习者的人员进行对话也是很有价值的，他们会提供不同的视角。

与儿童对话

与儿童有效对话建立在教师尊重和倾听儿童的想法的基础上（Cousins，1999；Chilvers，2006；Fisher，2012a）。与儿童对话的过程以儿童表达为主，会为幼儿教师了解儿童对学习和体验的反应提供相关证据。它们将呈现儿童视角的经历——不是预期的学习成果，而是实际的学习成果；揭示儿童参与一项活动的过程、他们认为有趣的事情、他们理解世界的策略，以及可能存在的误解；还会揭示出儿童正在思考什么，而不是他们正在做什么，并表明：对儿童来说，学习是一个不断理解先前经验的过程——他们的讨论和问题往往与刚刚发生的事情无关，而是与很久以前发生的经历或事件有关。

与儿童对话为教师提供了有关儿童发展的有力证据。当儿童把他们所经历和所学的东西用语言表达出来时，他们就会传递给教师明确的信息，即他们已知和理解的内容以及未来需要计划的内容。如前所述，在这个年龄阶段，儿童所说的内容比他们所记录的内容更能提供详细、可靠的信息。事实上，在这个年龄阶段，书面证据只能呈现儿童知识和理解力匮乏的一面；儿童可能会受限于没有能力很好地记录、书写或绘画出他们所做或所理解的事情。他们可能受限于对任务或练习题的理解；也可能受到页面或表格的限制，这些页面或表格只需要填写空格，而没有为他们的原始想法或解释留出空间。自从基础阶段①的幼儿教育机构和学校的学前班需要接受英国教育标准局②的检查以来，教师们就非常重视用书面形式证明儿童的学习成就。人们通常认为，儿童的绘画、手工作品或话语不如一份书面作品重要，以书面练习作业作为评价依据的情况越来越多。这简直荒谬至极！儿童是非常鲜活、复杂的

---

① 英文为 foundation stage，一般指 3—5 岁儿童。——译者注
② 英文全称为 Office for Standards in Education，缩写为 Ofsted。——译者注

学习者，远远不能通过一份练习册来证明。如果教师想要证明儿童的知识和理解力，那么他们必须收集最齐全、有力的证据——儿童的行为和话语。与儿童对话为教师提供了一个极好的评估机会，因为对话内容可以揭示儿童的需求和兴趣，因此它也成为教与学循环中的关键时刻。

尤为重要的是，对话对儿童来说是有意义的，并且教师应该真的很想了解向儿童询问的内容。提问应该导向教师不知道的答案，否则提问技巧只是一种用来检验儿童的注意力是否集中的手段（Fisher，2012d）。儿童很清楚成人的问题是否真诚。5岁男孩桑尼就是一个鲜明的例子。他用自己的问题回答教师毫无意义的提问："你既然知道所有的答案，为什么还要一直问小孩儿？就像……比如说……它是什么颜

色的？你明明自己能看到它是红色的……为什么还要问呢？"（Cousins，1990，p. 30）

巧妙的、开放式的提问可以引导儿童与教师分享自己的想法、观点和看法，并让教师更加了解儿童。但有效的提问不是检查儿童是否理解了教师的教学要点，而是意味着教师正在参与儿童自己对知识和理解的探寻过程。有效提问能够：

◇ 激发儿童的好奇心和思维
◇ 促使儿童完善他们的想法
◇ 激发儿童产生新的观点
◇ 促进儿童的学习
◇ 确保更重视过程而非结果

然而，即使是开放式问题也有其局限性。有时，即使是最好的问题也会打断儿童的思考。杰罗姆·布鲁纳认为，"当一名儿童认真思考他的游戏时，他不会谈论它，而是会做它"（1980，p. 63）。我目前参与的研究项目（Fisher & Wood，2012）表明，当教师与儿童对话时，儿童通常更需要的其实是思考的时间。当他们需要用一段安静的时间独立解决问题时，教师往往却在不断地讲话。教师这么做其实是为了让自己内心感到踏实，因为只有这样他们才觉得自己是在做一件"有价值的事情"；教师这么做也是为了引导儿童实现早期学习目标，而儿童的兴趣可能在其他地方。决定是否以及何时干预是有效支持儿童学习的关键，而在错误的时机提问只会干扰而不是促进儿童的思考。

这项研究还表明，为了让儿童参与到能够启发和挑战他们的思维的对话中，有些策略比提问更有效。当儿童正在参与讨论时，提问往往会导致儿童给出非常简短的回答。

教师：（与一组孩子正在观察灌木丛中的鸟巢）你们怎么知道里面有什么？
男孩1：因为它是用羽毛和树枝做的。
教师：羽毛和树枝……鸟巢就是用这个做的吗？
男孩1：是的。
女孩1：只有树枝。
教师：你认为只有树枝？你觉得它们把羽毛放进去了吗？
女孩2：不是，羽毛是从它们身上掉下来的。

尽管这些孩子对发现鸟巢很兴奋，但他们也在关注并回答教师的问题，然而这些问题只不过是在"检查"孩子们已经知道的知识。当教师的问题与孩子们当时真正关注的内容无关时，这些问题会打扰孩子们的学习。

教师：（同一群正在寻找她埋在沙坑里的"宝藏"的孩子们交谈）

你们用这些东西做什么？（拿起一把镊子）

男孩 1：嗯……（继续寻找宝藏）……我想……

教师：这把镊子能帮你们做什么？（孩子没有回答）

教师：它帮助你们做什么？它帮你们做什么，威廉？

男孩 1：嗯……

女孩 1：我找到了，我找到了，我找到了好多"宝藏"！

孩子们对"找宝藏"太感兴趣了，根本不想谈论镊子，那不是他们所关注的"重点"。教师需要确保自己的问题与孩子们所想的内容达成一致，而不仅仅关注他们正在做的事情。当教师只是陈述观点或给孩子们提供信息，而不是直接提问时，孩子们的思维似乎更自由，他们的回答也更丰富、更有内容。

教师：（讨论孩子们正在制作的一辆公共汽车模型）我爸爸的车顶上有一个备用轮胎。

孩子：我爸爸的没有。我有两个爸爸。我有个继父叫菲尔，他会接我上下学。我还有个爸爸住在我奶奶布伦达家，那是他妈妈家，那是我的奶奶。

* * *

教师：（评论一个孩子在角色扮演中用一块木头给婴儿换尿布）有些人喜欢用隔尿垫，因为宝宝的背部会感觉更柔软。

孩子：（仍然在用木头）我妈妈用木头，她把宝宝放在地板垫子上，还挠宝宝的脚趾。

在上述两种情境中，儿童已经选择是否回应。他们接受了成人说的话，并与自己的生活建立了联系，而不是觉得成人在等待一个"答案"。这些回应本身可能与教师所说的话有明显联系，或者可能触发儿童的思考过程，需要教师予以承认并做出相应的回应。回答问题有时候可能会使儿童陷入困境，比如，"老师想要什么答案？老师问这个问题是什么意思？我该如何表达我的想法以便他能理解？"所有这些有时会阻碍儿童回答问题，相反，对陈述或评论的回应是由儿童自己决定的，他们的压力更小，并且他们觉得没有必要尝试和找出所谓的"正确答案"。

当然，在很多情况下，问题会启发儿童思考，并有效地维持对话，而不会让儿童觉得他们在寻找一个"正确"的答案。这类问题通常被教师用来了解儿童的真正意思，以便与儿童的想法保持同频。像下面这样的交流是有效的，因为它建立在亲密、相互尊重的关系之上，并且教师对儿童所说的话、他们的想法和他们正在建立的联系真正感兴趣。

教师：那么，罗弗真的是只狗吗？

儿童：嗯……

教师：它像这样"嗯哼""嗯哼"地叫——为什么它要那样做，而不是"汪汪汪"（伴随狗的喘气声）？

儿童：因为它不是——因为它不是真的——它是人造的。它被创造成"嗯哼嗯哼"这样叫，而不是"汪汪汪"。

教师：是谁创造了罗弗？

儿童：里布尔……因为它们都有说明书。里布尔创造了罗弗和特德。因为她——她有说明书，这样万一它们坏了，里布尔就可以按照说明书再做一次。

教师：所以罗弗这只狗是一只机器狗，对吗？

儿童：是的。还有特德，特德是机器狗——机器。但它跟我们一样说话，它没有防毒面具，它不呼吸气体。

教师：也许它根本不呼吸？

儿童：嗯，它必须呼吸点东西。

教师：也许机器人没有肺，不需要空气，不需要氧气？

这段对话摘自我的同事休·弗米斯（Sue Vermes，2008）的硕士论文，展示了有效的问题是如何促进儿童思考的，比如，"也许它根本不呼吸"，并扩展他们对世界的理解，比如，"也许机器人没有肺，不需要空气，不需要氧气"。教师的问题既没有打乱儿童的计划，也没有干扰他们的思考过程。

与儿童有效对话通常源于儿童个体的兴趣和观察，并由细心的成人通过真诚、自然地回应来维持。当对话以这种轻松的方式进行，而不是由教师支配并试图与学习计划保持一致时，教师能够了解更多关于儿童的信息。

与他人对话

除了与儿童对话，教师还可以和那些与儿童一起生活和学习的成人对话，以启发并拓展儿童的学习，如父母或照料者以及支持儿童学习的其他成人。不断进行对话能够让教师从不同的视角看待每个儿童，进而对儿童建构全面而平衡的学习者形象。每一种观点都是合理的，有价值的，都有助于教师重新认识儿童，了解儿童的需求。教师在这一过程中更像在进行一场侦探调查，收集他们需要的证据碎片，以便在后续的工作中做出假设和判断。与其他成人的对话能够提供以下信息：

- ◇ 儿童感兴趣的是什么
- ◇ 儿童学习的动机是什么
- ◇ 作为学习者，儿童如何看待自己
- ◇ 儿童是如何学习的
- ◇ 儿童已知什么和能做什么
- ◇ 儿童想知道什么或者想做什么

与父母对话

父母和照料者能提供有关孩子在各种情境下的表现，而这是教师绝对无法知晓的。一次好的家访应该是这样的：教师详细描述他们所看到的孩子在家里的表现并从中了解了什么，以及家长在自己的地盘见到教师后家园关系发生了良好的变化。可以参见爱德华兹和雷德芬（Edwards & Redfern）1988年的著作，里面有关于教师与父母建立伙伴关系的实用论述，以及莉兹·布鲁克2002年的著作，她通过儿童和家长的视角追溯了居住在英国伦敦的孟加拉国家庭的学习经验。

教师与父母的对话应该在儿童进入幼儿园之前就开始，在上幼儿园之后定期进行。对话时，教师需要了解父母对自己孩子的详细认识，以及对孩子当前需求和兴趣的理解（Hutchin，2007）。教师应该尊重父母的观点，而不是试图重塑父母的观点去迎合幼儿园。如果教师想要了解儿童，以培养儿童的某种能力，那么他们需要从家长那里获得信息，并通过提供一系列的机会来聆听并记录父母的知识、态度和观念。父母对儿童的发展水平、学习态度以及不断提升的技能和能力有着全新、独特、重要的观点。我们都知道，儿童在家和在幼儿园里可以表现得判若两人——无论是态度还是行为方式。如果只参考儿童在幼儿园的情况，那么我们只能获得一个片面、匮乏的学习者形象。

如果不考虑孩子环境中最重要的他人，也不努力与他们合作就试图教育孩子，这是没有意义的。正是通过了解家庭环境，幼儿园对一个家庭来说才变得有意义。（Bruce，1991，p. 15）

在儿童上幼儿园之前

从家庭第一次与幼儿园接触，或者幼儿园第一次与家庭联系开始，二者就有机会建立一种动态的合作关系。为了实现这一点，幼儿园可以：

- ◇ 邀请家长和儿童使用幼儿园的资源、玩具图书馆或从幼儿园借书
- ◇ 邀请家长和儿童参加幼儿园的特别活动，如演出或庆典
- ◇ 邀请家长和儿童共享幼儿园的便利设施，如大厅或家庭娱乐室

这些非正式的联络对于建立父母、儿童和教师之间的信任关系极其重要。从这里开始，我们就可以更自然地推进正式的合作过程。

父母的权利

在儿童的幼儿园生活一开始时，每所幼儿园都需要再三思考如何让所有父母及儿童感到自己受到重视和欢迎。在园所中，教师要考虑家长在一定程度上拥有以下权利：

- 在孩子进入幼儿园之前以及在幼儿园的所有时间里，能够分享他们对孩子的认识和了解
- 与重视文化、语言和风格差异的幼儿园建立伙伴关系
- 有充足的时间和机会与教师定期进行正式或非正式的沟通
- 与教师对话，且教师倾听、重视并接受他们的观点和想法
- 表达他们对孩子的期望
- 评论并且努力记录孩子在各个领域中的发展成就

与父母的伙伴关系

为了促进教师与父母的伙伴关系，幼儿园可能需要采用以下多个或全部策略：

- 家访（记住有些家长可能更喜欢在幼儿园会面）
- 设计一份入学情况表，供家长和孩子填写
- 使用照片或视频记录日常活动和特别的活动
- 用视觉材料呈现学习目标及常规活动
- 通过制作一系列小册子来分享在幼儿园中进行的活动
- 通过录音或文字记录家庭/幼儿园日志，必要时可使用幼儿家庭的语言
- 在白天和晚上安排一定的时间开会或者面谈
- 为年幼的孩子安排托班
- 安排能讲幼儿家庭语言的人参加会议

- ◆ 如果需要帮助，允许幼儿园外联工作人员/朋友与家长一起参加活动
- ◆ 对家庭和社区的需求给予灵活且具有创造性的回应
- ◆ 认识到更广泛的社区内价值观的多样性
- ◆ 让父母有机会表达对幼儿园的期望
- ◆ 让父母有机会表达他们对孩子在幼儿园中以及幼儿园外的期望
- ◆ 让父母有机会表达他们的担忧与疑虑
- ◆ 请父母描述：
  - ▲ 孩子的兴趣爱好
  - ▲ 孩子能做什么
  - ▲ 孩子的健康状况
  - ▲ 孩子有什么特别之处
  - ▲ 孩子在幼儿园中想做什么
  - ▲ 孩子的好恶
  - ▲ 孩子的生活史
  - ▲ 孩子的朋友
  - ▲ 对孩子很重要的人
  - ▲ 孩子在幼儿园中害怕什么
- ◆ 分享孩子在幼儿园中的优势和成就
- ◆ 讨论父母和幼儿园如何合作以支持孩子的学习

与父母对话可以使所有相关方受益。它让教师对儿童有更多的了解，使父母成为儿童真正的学习伙伴，让儿童感觉到家庭和幼儿园都对他的教育很关心。

与其他成人对话

幼儿教师需要与之对话的第三类人，是在儿童进入幼儿园学习之前或期间与作为学习者的儿童打过交道的其他成人。个别儿童可能会出于

不同的原因，接受语言治疗师或社会工作者的帮助，这些专业人员的经验可以帮助教师更好地理解儿童可能遭遇的困难，或者提出对儿童更好的教育策略。有些儿童可能被诊断为在幼儿园期间需要额外的帮助。至关重要的是，教师在把儿童送去接受额外帮助之前，必须与相关人员交流他们对儿童的了解。

教师与提供这种额外帮助的成人交谈尤为重要，因为儿童需要持续的、有意义的学习，但是由于要接受额外的帮助，他们会在活动中间被拉出来，不能完成活动，然后又被突然塞回到另一个活动中，错过了这个活动的开始环节，不可能再赶上进度。幼儿园需要特别关注许多儿童学习经验的不连续性，而这些儿童往往非常需要感受到学习的秩序感，在学习内容之间建立明确的联系。与陪伴儿童学习的其他成人对话，可以为关键教师的评估提供证据，并确保学习的连贯性与衔接性。

观察与对话的目的

想要了解儿童的教师会选择最能反映儿童个体情况的策略。这些策略要能让教师从中学到东西，否则它们将不会提供任何有用的信息。当教师了解儿童已经知道什么后，教学就要植根于对儿童接下来需要知道什么的假设。

在观察了儿童或记录了对话的重要内容后，教师需要将这些记录转化为适宜的行动。幼儿教师的专业技能是知道他们的所见所闻与每个儿童的发展之间的联系，以及下一步要做什么。他们必须决定他们的所见所闻是否意味着需要制订某些特别的计划，以及某个儿童是否有之前没有被发现的需求。许多已经计划好的内容仍将保持不变，但对儿童的持续评估有助于轻微调整短期计划（见第3章），并让教师确保将时间花在从儿童的需求和兴趣出发的活动上。

结　语

　　与儿童对话并观察他们的行动，能够使教师了解儿童的能力，这不仅是在开始制订课程计划时需要做的，而且要贯穿于儿童的整个教育经历中。观察和对话是评估的工具，教师根据儿童的个人能力确定其未来的学习。这种评估实践将教师的角色定义为与儿童一起学习的学习者，发现儿童已经知道和能做的事情，然后在此基础上促进儿童的发展。本章描述的评估实践是计划的起点而不是终点。下一章将探讨教师如何利用初步评估儿童时获得的信息为每个儿童计划适宜的课程。

思 考 题

1. 你的观察是否为你所在班级中每个儿童的学习需求提供了有力的证据？
2. 你所在的幼儿园能让你有足够的时间很好地了解每个儿童吗？
3. 当儿童像参与成人主导的活动一样投入到自主学习活动中时，你是否观察他们，并与他们对话？
4. 在与儿童对话时，你如何鼓励他们分享自己的想法和观点，而不仅仅是回答成人的问题？

第 3 章

学习计划：选择适宜性经验巩固和拓展学习

李桢妤 5 岁
成都市温江区海科幼儿园

承认儿童是有能力的学习者，意味着教师在为儿童计划适宜性课程时，需要以儿童正在发展的兴趣、技能和认识为起点。这些是通过前一章所述的对儿童的初步评价确定的。儿童的所知和所能应成为教师为其发展而计划各种各样活动的指南（Bruce，1987；DES，1990；EYCG，1992；Ball，1994；Fisher，2002）。然而，在英国，《国家课程》（National Curriculum）的强制实施、《期望的儿童学习结果》（Desirable Learning Outcomes，DfEE①/QCA②，1998）以及随后《早期学习目标》（Early Learning Goals，DfES，2000）的颁布挑战了这一信念的可信度。许多教师纠结于应该遵循以儿童为中心的幼儿教育原则，还是应该遵守法定义务以完成教学计划。《早期基础阶段实施纲要》（DfE，2012）的出台并不能减轻教师的这种担忧。虽然，政策文件倡导教师"考虑儿童的个别需求、兴趣和发展阶段……用相关信息为每一个儿童在所有领域的学习与发展设计具有挑战性的、有趣的活动"（DfE，2012，p.6），然而这一"倡导"与政府文件中"在儿童5岁那年的最后一个学期……必须为每一个儿童建立'早期基础阶段儿童成长档案'③"的要求相左。

在学前班结束时，无论儿童是5岁10个月还是没满5周岁，不管儿童是70月龄还是58月龄（这两个月龄之间的儿童存在巨大的发展差距），教师都需要通过"早期基础阶段儿童成长档案"评估儿童所取得的发展成就是否达标。

那么，教师可以为此做些什么？我一直都坚信，只有当所教的东西

---

① 英文全称为 Department for Education and Employment，即英国教育与就业部。——译者注
② 英文全称为 Qualifications and Curriculum Authority，即英国与课程管理局。——译者注
③ 在英国，在儿童升入小学前最后一个学期，教师需要根据 EYFS 框架中的早期学习目标等资料来评价儿童是否达成了目标。——译者注

与儿童的经验有关联，以及能让儿童感受到实实在在的意义时，儿童才能为学习做好准备并且学习得最好。这通常也意味着新经验必须和儿童的已有经验相联系（Geake，2009；Howard-Jones，2010）。因此，从儿童的兴趣和专注点出发，比从学习结果出发，对我以及对儿童来说都更有意义。但英国的政界人士错误地认为，儿童越早开始练习，在11岁时就越能容易地取得学习成果（参见House，2011）。

在很多方面，《早期基础阶段》都违背了自己原有的原则。"每个儿童都是独特的""每个儿童均以不同的方式和速度学习与发展"（DfE，2012，p.3），这些观点很明显与不顾儿童的月龄差异而让所有儿童都在入学年龄（5岁）的同一时间接受评估的要求相悖。难怪这么多夏天出生的儿童在学前班结束的时候被登记为有特殊需要的儿童，仅仅因为比照"早期基础阶段儿童成长档案"时，他们看起来更缺乏能力，然而事实上，他们也许足足小了11个月。

《早期基础阶段》所规定的"每个儿童均以不同的方式学习与发展"（2012，p.3）的原则逐渐被英国政府的倡议打破，即"从儿童进学前班伊始，英国的每一所学校都应该教儿童自然拼读法"。英国政府所有涉及读写能力和语音学习的倡议其实都是"指导性的"而非强制性的，但它们常常因受到教育要求和督导的期待而被强化。最新出台的不少政策已经不太关心"儿童的独特性"以及"儿童以不同的方式进行学习"，这些政策在缺乏有效证据的基础上推荐"一刀切"的模式（Wyse & Style，2007；Ellis，2009）。在班级的阅读教学中，如何使用一种策略来满足所有儿童广泛的能力、倾向、学习风格和学习方式？有些5岁的儿童已经不需要借助自然拼读法就能进行独立阅读，大多数儿童在了解书面语言的意义时需要借助更为复杂的策略，还有一些儿童（可能4岁、5岁或6岁）因口语表达能力和听觉辨别能力有限，妨碍了他们学习书面语言的态度和能力。罔顾这些事实，政府鼓励"一刀切"的模式会对个别化学习或个性化学习毫无助益。

也许最矛盾的地方是，最新版的《早期基础阶段》的补充性文件《发展很重要》中的每一页都在陈述："发展情况及其顺序不是儿童个体的必经阶段，不可以将它们作为评估发展的指标。"然而，经验表明，几乎所有的幼儿园都将它们当作评估发展的指标。《发展很重要》这一文件的意图在于为教育计划提供参考大纲，但在缺乏国家评估工具以证明儿童能够通过《早期基础阶段》取得进步的情况下，幼儿园普遍使用《发展很重要》文件来满足量化儿童进步的要求（参见Edgington，2012）。大量以个人成长档案形式记录的儿童学习与工作的过程性材料被认为不够充分。因此，顾问、督导和校长要求教师提供便于进行数据分析的图表，不仅包含反映儿童个体进步的数据，而且包含反映儿童群体进步的数据，例如，将英语作为第二语言的儿童群体或者有特殊教育需要的儿童群体。以上任何一个群体中的儿童，都有着非常广泛的多样化需求，但是成人在评价这些被划分的儿童群体时，往往忽略上述事实而简单地认为某一群体中的儿童是同质的。无论是评估儿童个体还是儿童群体，教师都被强制要求提供量化的发展证据而不是能够反映每个儿童独一无二的学习经历的复杂的学习故事。因为有太多缺乏儿童发展和学前教育专业知识的工作者对儿童学习的质量进行评估，所以，儿童的早期发展（尽管它非常复杂）被简化为一堆被绘制成图表的数据。

在目前的教育大环境中，幼儿教师需要对这些冲突性的信息有所觉察，并且对于如何应对这些冲突做出专业的抉择。首先，区分哪些是强制性要求和哪些是指导性建议很重要。对于一线工作者，《早期基础阶段实施纲要》（DfE，2012）是强制性要求，而《发展很重要》（Early Education，2012）、《字母与拼音》（Letters and Sounds，DfES，2007a）以及《早期阅读教学独立报告》（Independent Review of the Teaching of Early

Reading，the Rose Review[①]，DfES，2006）都只是指导性建议。其次，教师要对自己基于儿童的发展和需求开展的教育实践有足够的自信，这样才能抵制那些缺乏相关经验和专业素养的工作者提出的过于简单的、过分的或者不适宜的要求。最后，教师有必要牢记这一点，监督和检查一直是高度主观的过程。所有参与这类工作的人员，无论他们是否使用通用的工具或评价表来完成评价，其评价过程都会掺杂他们个人的经验、专长、偏见与期待。对于什么是有价值的、有意义的、有目的的学前教育这一问题，只有儿童能够给予教师持续的、精准的反馈。"儿童立场"绝不是一句空话。如果教师从儿童的兴趣、需求和认识出发，那么他们将确信坚持儿童立场的教学更容易带领儿童通往高质量的学习。如果教师认真地观察和评价儿童，他们就可以获得关于教室里什么对儿童有效以及什么对儿童无效的证据。通过这种方式，教师们就可以合作创建证据充足的证据库来抵制外部的不合理要求。

近些年，随着英国政府连续出台诸多举措，儿童作为学习者的利益与教师的利益之间产生了明显的矛盾。就像其他教师一样，幼儿教师需要完成规定的目标，达成规定的指标，满足规定的标准。这些目标、指标和标准是检查和评价教师的依据。一些教师往往担心，偏离原定教学计划，鼓励儿童转移注意力或偏离主题，将意味着无法完成教学目标，在某种程度上这几乎等同于失败。

为英国政府所钟爱的标准在一些狭窄的科目范围内被当作课程有效性的标志，这存在很大的问题。越是把学习结果限定在很小的范围，往往越容易取得好成绩。在20世纪六七十年代，很多儿童在阅读指定读物时都取得了优异的成绩，但回过头来看，这些儿童并没有将一般的阅读技能迁移到其他文本中。同样，让儿童一味努力地实现规定的目标，

[①] 即《罗斯评论》，旨在为儿童阅读障碍相关问题提出建议，管理者是吉姆·罗斯（Jim Rose）。——译者注

可能意味着让儿童匆忙地经历重要的学习过程，且不再花时间重新审视各种学习体验和机会——这是满足儿童发展需求的一个必要且关键的因素（Bruner，1960）。然而，基础阶段和现在的《早期基础阶段》顾名思义都关注儿童学习基础的打造。学习基础就像建筑物的地基一样，在高质量的建筑建成之前，地基必须打得既宽又深。另外，它也必须既坚固又灵活，巧妙地连接已有的建筑，并且可以在地基情况较差时进行加固。如果想让学习基础变得足够牢固，那么在任何可测量的结果出现之前都需要一段夯实基础的时间。一旦建成，这个"知识架构"会比用狭窄的、不安全的"学习基础"建造的"知识架构"水平更高，且具有更强的适应性（Fisher，2002）。

以儿童为中心的理念

要理解当前学前教育中儿童的活动计划与成人的活动计划之间的紧张关系，重要的是了解本国学前教育的悠久传统及依据的原则。原则化已经成为学前教育的一大持久性特征，而且从未像现在这样如此有必要提醒大家关注"为何幼儿教师要持有并坚定地支持这些原则"。

学前教育根植于一个信念，即儿童应该接受能满足其个体需求的教育。以儿童为中心的观点，起源于法国思想家卢梭（Rousseau）、美国教育家杜威（Dewey）等人的哲学思想。它也起源于"对传统做法的彻底不满"，约翰·达林（John Darling，1994）在评论以儿童为中心的教育时如此描述道。传统做法重内容轻过程，强调对事实的记忆而非对概念的理解。教师把整个班级当作一个个体来教授，几乎不考虑儿童个体之间在前期经验、当前认识或进步快慢等方面的差异。儿童是"待填充的容器"这一由来已久的比喻形象地阐明了课堂上儿童和教师的角色。教师的职责在于用知识填满"容器"，儿童的职责是学习所教的知识，如果他们不这样做，那么责任完全在儿童身上。

在这种传统的实践模式形成之前，有一些开明的思想家致力于宣扬儿童作为个体学习者的理念。早在1762年，卢梭就在其著作《爱弥儿》[①]（*Emile*）中宣称，"大自然拥有增强孩子的身体和使之成长的方法，我们不能违反它"。卢梭看待儿童与儿童发展的理论视角被瑞士教育家裴斯泰洛齐（Pestalozzi）、德国教育家福禄贝尔（Froebel）和杜威发扬光大，三人都发展并修正了前人的理论，直至形成一门强有力的儿童教育哲学体系。然而，直到20世纪60年代，这一理念才真正开始对英国的实践产生影响。发生改变的主要原因是官方报告公开认可了儿童友好的教育取向，其中最引人注目的是《儿童及其小学》（*Children and Their Primary Schools*，The Plowden Report[②]，CACE[③]，1967）。《普洛登报告》提倡一种更自由的教育观点，其概括为：

教育过程的中心是儿童。除非能与儿童的天性相协调，除非从根本上为儿童所接受，否则任何政策上的进步和任何新设备的购置都不会产生预期的效果。（1967，para. 9）

以儿童为中心的教育关注儿童的发展。儿童的发展被认为是一种自然的发展过程，最好得到成人的支持，用达林的话来说，就是成人要"理解和尊重儿童的发展方式"（1994，p. 3）。成人的支持是一个重要因素。对以儿童为中心的教育的批判性观点是，儿童能够选择和控制自己的行为，教师由于害怕被指责"干涉"儿童的自然发展而减弱自己作为教师的作用（参见 Blenkin & Kelly，1987；Darling，1994）。

有趣的是，正是皮亚杰（1896—1980）的理论加深了这种误解。皮亚杰认为，儿童的发展要经过一系列特定的发展阶段，在没有完成前一

---

① 该书的简体中文版已由中国轻工业出版社于2016年出版。——译者注
② 即《普洛登报告》。——译者注
③ 英文全称为 Central Advisory Council for Education，即英国中央教育咨询委员会。——译者注

阶段的发展之前，儿童不能跳到下一个发展阶段。这一理论认为，儿童不需要成人的支持就能经历这些阶段，成人总是会干扰儿童！其中，显而易见的假设是，如果儿童可以自然而然地经历这些发展阶段，那么最危险的事情就是催促他们加速完成这些发展阶段。

这一理论衍生了"学习准备"的概念（见第1章），教师认为他们必须等待儿童为学习做好了准备，而不能超越儿童所处的阶段让他们继续前进或有所拓展。这样的理念让教师有些无能为力。如果教师认为促进儿童的学习是有害的，这样的观点就会妨碍教师了解儿童的下一个发展阶段以及觉察儿童的学习需求。皮亚杰的理论显然削弱了教师的作用，他的理论强调儿童作为独立的世界探索者，通过行动和自主地解决问题来发现并理解新情境（Piaget，1953）。皮亚杰在20世纪六七十年代对学前教育思想和实践的影响导致许多教师和批评者认为，儿童被鼓励做他们喜欢做的事情，相应地，成人的角色被边缘化了。这些理念的影响力在1969年至1977年发表的一系列黑皮书（*Black Papers*）中体现得非常清楚（参见 Cox & Dyson，1969a，1969b，1970；Cox & Boyson，1975，1977）。现如今，我们依然可以感受到保守派强烈反对意见的影响。

即使是那些承认皮亚杰对儿童的思维发展与学习有巨大贡献的人，也对他的大部分工作提出了质疑。其中，他的同行玛格丽特·唐纳森的质疑声最大。在《儿童的思维》（*Children's Minds*，1978）一书中，她基于自己的研究，使用截然不同的方法重复皮亚杰的一些实验，进而重新阐释了皮亚杰的观点。在实验中，她和同事们把皮亚杰的实验活动安排在儿童熟悉的环境中，并使用清晰的、与任务相关的语言。研究结果发现，能够成功完成任务的儿童明显多于在皮亚杰的初始测试中成功的儿童（Piaget & Inhelder，1956）。唐纳森的实验有力地证明了儿童是有能力的学习者，以及成人在拓展儿童能力方面的关键作用：

正常的儿童来到学校时，已经是娴熟的思考者。但是，儿童的思维是向外的，直接指向真实的、有意义的、不断变化的、眼花缭乱的世界。在我们的教育体系中，儿童想要取得成功就需要学会内化语言和思维。儿童必须能够以深思熟虑的方式指导自己的思维过程。他必须不仅能够说话，而且能够权衡说什么；不仅能够解释，而且能够权衡各种不同的解释。他的概念系统必须朝着表征能力日渐增强的方向扩展。他必须有能力使用符号系统。（Donaldson, 1978, pp. 88-89）

正是维果茨基（1896—1934）的理论坚定地恢复了教师在儿童发展过程中的核心地位。维果茨基认为，儿童的认知发展在两个层面上运作，即当前水平和潜在水平。他认为，见识更丰富的他人可以把儿童从当前的理解水平提升到潜在的理解水平。成人的任务是，鼓励儿童挑战他们目前需要帮助才能完成的事情（Anning, 1991）。换句话说，儿童的学习可以通过在适当的时间进行适当的干预而得到拓展。"在维果茨基学派的理论体系中，教师扮演着具有高度互动性的角色。除非儿童能够在最近发展区工作，否则他们的发展就会停滞不前。教学不是等待发展，而是要推动发展。"（Smith, 1993, p. 56）

这种对儿童学习的支持被伍德等学者（1976）称为"鹰架"，它为肯定成人支持作用的、以儿童为中心的理念提供了一个恰当的隐喻，其目的是提供经验、机会和互动，以匹配并挑战儿童的能力水平和成熟度。杰罗姆·布鲁纳的理论与幼儿教师的关系非常密切，因为他对儿童的学习、课堂教学模式以及课程框架都进行了分析。事实上，英国的《国家课程》的目标和《早期学习目标》在具体的实施方式上，与以儿童为中心以及关注独特的儿童个体的理念相矛盾。

先驱和现代理论家的比较

我们在福禄贝尔（1782—1852）、蒙台梭利（Montessori，1870—1952）和斯坦纳（Steiner，1861—1925）等学前教育家的教育理论与实践中可以清楚地看到早期卢梭、杜威、裴斯泰洛齐等人以儿童为中心的理念。蒂娜·布鲁斯在《儿童早期教育》（*Early Childhood Education*，1987）一书中将学前教育先驱的理念与现代理论家的理论进行了比较，如皮亚杰、维果茨基、布鲁纳和英国国家儿童局的负责人米娅·凯尔默·普林格尔，从而进一步分析这些理论的影响。对于当前幼儿园中优质教育实践的发展，"先驱者主张的十项共同原则"（Bruce，1987）是重要的参考依据。与学前教育的许多方面一样，这些原则历经了时间的检验，因为它们关注儿童的需求而非某些外部目标的要求。后续的许多文件都采纳并发展了这些原则（例如，EYCG，1992；Roberts，1995b）。英国牛津郡早期教育小组（The Oxfordshire Early Years Team，1996）对这些原则进行了调整，以反映他们对0—8岁儿童的研究，专栏3.1呈现了调整后的学前教育原则实践指标。

专栏 3.1　学前教育原则

1. 童年本身是有价值的。它是人生的一个阶段，并非只是未来的准备阶段。

   - 经验和环境要与儿童的年龄、发展阶段相适应；
   - 经验应与儿童当前的需求相关；
   - 每个儿童都应该因其自身，因其所知与所能而受到重视；
   - 这个阶段的学习可能会改善后期的表现，但首先也最重要的是，学习能使儿童实现他们当前的潜能，并丰富和满足他们当前的生活（Moss & Penn，1996）。

2. 儿童的整体发展非常重要，社会性、身体、认知、道德和精神方面的发展彼此关联。

- 在准备学习资源和活动时应考虑儿童各方面的发展情况；
- 即使儿童开始接受法定教育，也要继续保持各领域间的平衡；
- 应观察和评价所有的发展领域，以便为未来的计划提供参考。

3. 所有儿童都有潜力，这些潜力在适宜的条件下会充分地展现出来。每个儿童都是独一无二的，都有其个性化的学习方式。

- 每个儿童都应该至少被一个成人熟悉；
- 儿童的性别、种族和能力应该得到重视；
- 环境应具有足够的灵活性和回应性，以满足儿童多样化的学习方式与学习策略；
- 儿童需要时间和空间完成高质量、有深度的学习（EYCG，1992）。

4. 父母是儿童的第一任教师，也是儿童的终身教师。幼儿园应重视并利用家长的专业知识。

- 幼儿园需要制定一些制度，允许家长向工作人员讲述儿童的情况；
- 幼儿园应在相互尊重和共同关心儿童的基础上与家长、照料者建立伙伴关系；
- 父母应参与幼儿园的评价过程，并为儿童的未来学习计划出谋划策。

5. 学习是整体的、相互联系的，儿童不会把经验分割成不同的部分。

- 短期计划应具有足够的灵活性，以便为儿童的自发兴趣留出空间/时间；
- 教师应在了解儿童的理解力、技能和态度的基础上制订活动计划，这对发展中的学习者来说很重要；活动和主题应支持而非决定儿童的学习目标；
- 在参考《国家课程》时，宜选择依据广泛、具有整合性的课程活动。

6. 儿童通过探索、游戏和交谈来学习。
   - 儿童最有效的学习方式是做中学而非说教（EYCG，1992）；
   - 游戏应该贯穿在每一天中，并且贯穿在成人主导的活动中；
   - 当游戏被重视、评价和用于拓展学习时，游戏就被赋予了重要地位；
   - 应鼓励儿童主动对话并提出问题。

7. 儿童能做什么和他们即将能做什么是我们支持儿童学习的出发点。
   - 应帮助儿童识别自己的目标和成就；
   - 基于观察的评价是制订计划的基础；
   - 成人应敏感地支持和拓展儿童的学习，以接近儿童最近发展区的上限。

8. 内在动机是一种强大的学习力量。
   - 强调自主性（身体的、社会的和认知的）和自律性；
   - 儿童应该有足够多不受干扰的时间来持续进行自发性活动；
   - 儿童应该有大量的机会做选择和决定。

9. 儿童与成人及同伴建立的关系对他们的发展具有核心意义。
   - 儿童教育应该由训练有素、具有儿童发展知识、有经验的教师负责；
   - 儿童需要教师为其计划一些学习经验，这些经验可以鼓励他们发展合作与协作能力所需的人际和认知技能；
   - 教师需要意识到自己就是榜样。

> 10. 儿童的教育被视为他们对环境的所有体验，以及与环境的互动。
>   - 应利用儿童个人的家庭、文化和社区背景对儿童实施教育；
>   - 应提供和创设同等质量的室内外教育环境；
>   - 儿童在园的所有时间里，教师与儿童谈话和回应的方式应营造一种能够滋养自尊的氛围。

盖瓦·布伦金（Geva Blenkin，1987）的著作推进了学前教育原则向实践的转化过程，他坚信教育的发展观，并有力地论证了这样一种教育理念：

教育不是灌输某些约定俗成的知识和价值观的工具，也不是按照模具把人塑造成某种特定形状的过程，而是增强每个人的能力，拓宽每个人欣赏和理解事物的范围，最大限度地发挥每个人的潜能，发展每个人的自我指导、自主、理解和批判能力。

在《国家课程与早期学习》（The National Curriculum and Early Learning）的第二章中，布伦金等人（1994，p. 29）立足于发展性课程理念，归纳了学前教育所特有的四大主题。

1. 儿童依赖成人，是集体生活的新成员，因此学习成为一名学生的过程是非常重要的。
2. 在学前教育阶段，儿童的发展与学习速度最快，并且他们非常容易受到环境的影响。因此，儿童需要得到广泛的经验刺激，不能局限于狭窄的、规定性的课程。
3. 尽管社会互动在学习的每个阶段都很重要，但在学前教育阶段尤其重要，因为年幼的学习者还不能理解通过正式的或抽象的方式进行表征的经验。
4. 学前教育不仅必须为儿童提供丰富的实践经验，还必须支持儿童的游戏天性。儿童对技能或知识的熟练掌握取决于游戏，因为正是通过游戏，儿童能够非正式地亲身体验新学到的知识。

所有重视儿童及其能力和个性的学前教育先驱者都会赞同布伦金等人所说的"儿童在童年早期的学习是多么复杂和微妙的事情啊"（1994，p. 197）。

如何与外部计划一起满足儿童的需求

对21世纪的幼儿教师来说，必须对以儿童为中心这一理念采取新的方法。毫无疑问，儿童在这个年龄阶段通过追随自己的兴趣以及关注世界如何运转来进行有效的学习，但是，由有专业素养的、具有支持性的成人帮助巩固和拓展这些学习也十分必要。幼儿教师面临的挑战是如何引入法定的外部目标和计划——国家认为儿童需要学习和要做的事情——而这很可能并非是儿童正在思考或要做的事情。

我的观点是，如果可以根据儿童的发展阶段特点合理地应对，那么关于外部目标和计划的问题并不像有些人所担心的那么严重。从婴儿出生的那一刻起，关心儿童的成人就会向婴儿介绍一些事物，这些事物是婴儿在没有帮助的情况下可能不会看见或体验到的，如公园里的松鼠、新的拨浪鼓、一首歌或一个故事。婴儿生来就有探索、发现和理解周围世界的内在动力，与此同时，婴儿在最初几天和几个月里学会做的或理解的许多事情都是那些给予他们支持的成人介入的结果。如第1章所述，幸运的儿童在家里与父母互动的经验有很多共同特点，这些经验可以非常有效地刺激儿童的交流和发展。课堂也应如此。虽然儿童需要大量的时间和机会进行探索、发现和获得意义，但也需要关心他们且细心的成人引导他们学习新技能或概念，而这些是他们在缺乏帮助的情况下可能学不到的。

南希·斯图尔特（Nancy Stewart，2012）在她关于有效的早期学习特征的书中描述了儿童探究之旅的重要性，儿童积极地探索资源和材料，逐步理解事物的本质以及事物运行的机制。成人如果总是打断或试图控制、操纵儿童的思考过程，就会"使儿童无法体验到建立联系和思考关系的积极作用"。这一观点支持皮亚杰的立场，即儿童是其自身发展的主要决定因素，他们积极构建关于世界的个人观点，"同化"新事物并试图将其整合到已有经验中。如果同化过程造成了"不平衡"——儿童不得不"重新思考"，因为新经验与他们现有的图式不匹配——那么接下来就是一个"顺应"的过程，儿童会调整他们现有的图式，为新的认识腾出空间。

众所周知，皮亚杰学派将儿童视为一个独立的探索者，但是除此之外，还有另一种观点，即强调学习是一种社会性活动。芭芭拉·罗戈夫（Barbara Rogoff，1990）解释了儿童的许多技能是如何在持续的群体活动中发展的，儿童模仿并试图赶上群体中更年长和更有能力的成员，"作为学徒，努力通过观察和参与群体中同龄人或更熟练的成员的活动来学习"。与此同时，苏联心理学家维果茨基坚持认为，成人（以及更有学识的其他人）在促进儿童的学习方面至关重要，成人将儿童带到他们当前思维的极限，并将推动他们到达下一个潜在的理解水平。

因此，儿童主导的学习和成人主导的学习都有价值、有意义、有好处。儿童需要有机会按照自己的节奏和方式探索、发现世界。他们可以独自或与同伴一起，或者在细心的成人的支持下追随自己的兴趣。同样，儿童也需要时间观察他人的工作和学习，与持有不同观点和想法的人交谈，并通过模仿和观察技能娴熟、富有知识的成人来学习。这是由经验和机会组合成的复杂体系，它构成早期学习环境的典型特征。幼儿教师的专业能力在于，使用多样化的策略和方法引入适合儿童及其发展阶段的活动计划或措施。最近，许多由英国政府出台的举措并没有考虑年幼儿童的需求，而是以一种不适合 4、5、6 岁学习者的形式在他们身上"逐步"实施。这些举措本身不适宜，与人们对儿童的发展和最佳学习方式的认识不一致，而且对幼儿园一日生活中的其他学习活动也可能有负面影响。例如，如果期望儿童"在一段不连续的时间内——每天大约 20 分钟"（DfES，2007c，p. 10）进行语音学习，那么没有经验的教师可能会将其理解为所有儿童都坐在地毯上进行 20 分钟的集体教学。这可能不是最好的策略，也可能打断儿童正在进行的其他有价值的学习活动。优秀的教师会计划进行系统的日常拼读教学，但他们将发现，在字母和声音自然而然出现的其他活动中或在差异化教学更容易进行的小组活动中，拼读教学会更加有效。因此，问题不在于实施日常拼读教学（或任何其他举措），而在于我们让儿童学习拼读的方式。教学应该始终与班级中的儿童相关且适宜，而且必须采取对儿童友好的措施，以便让学习对儿童有意义，并取决于儿童当前的能力。

在儿童学习期间，同时为成人主导和儿童主导的学习制订适宜的计划,是幼儿教师的一项专业能力。第 4 章探讨了成人的角色以及如何优化儿童主导和成人主导的学习时间。接下来,本章将要探讨在成人主导和儿童主导的情境中,如何通过观察儿童以及与儿童对话来有效制订计划以满足儿童的需求。

制订计划的阶段

在计划过程的最后阶段,教师才能评判成人主导或儿童主导的活动是否将富有成效。做出判定之前,教师需要充分了解儿童。事实上,使计划过程具有关联性且有意义的一种方法是,判定哪些内容在了解儿童之前就可以计划,哪些内容必须等到教师对某个儿童或小组或班级有充分了解之后再计划。广义而言,长期计划和中期计划可以在教师了解班级之前进行,而短期计划不能。将长期计划和中期计划看作关于课程的计划,将短期计划看作关于儿童的计划,这将有助于教师制订计划。

总而言之,长期计划与儿童享有的全面而均衡的课程学习权利有关。制订长期计划时,教师需要将时间合理分配给《早期基础阶段》(Early Years Foundation Stage,EYFS)中学习与发展的各个领域、《国家课程》(如适用)和其他必要的课程。

中期计划涉及从每个学习领域/科目[①]的一个阶段到下一个阶段,从一个年级到另一个年级,以及从一个机构到下一个机构儿童学习的连续性和渐进性。它借鉴教学大纲和长期计划,确定了在特定时间内儿童需要掌握的概念、技能、知识和态度。在这个阶段,教师通过主题或话题串联不同的学习领域/科目,从而有效地组织课程。中期计划还应该包

---

① 英国的早期教育包含七大学习领域,分别是交流和语言,身体发展,个人、社会性和情绪情感发展(前三个是基本的发展领域),读写能力,数学,对世界的理解力以及艺术表达与设计(后四个是特定的发展领域)。"科目"在本书中是指小学阶段《国家课程》中的数学、科学或历史等。——译者注

括那些在预设的主题或话题之外发生的持续性学习，这类学习不会只聚焦在某一个主题上，比如"那些帮助我们的人"或者"旅程"，它们会涉及数学或者身体发展等领域中的特定内容。

短期计划与儿童的具体需求有关，但与规定性课程无关。它涉及差异化教育原则以及制订满足特定小组和个人需求的计划。短期计划包括活动、经验、资源、小组、成人支持和教学策略等详细信息，这些都是通过对活动中的儿童进行持续观察与评价来确定的。

长期计划

通常，在新学年开始之前教师就制订好了长期计划。在许多幼儿园中，这一阶段的计划是指在总的计划周期中确定不同学期和不同学年的学习领域或者学科的内容。我了解的许多幼儿园都会使用一份与儿童的年龄和发展阶段相适宜的计划表，表上有《发展很重要》中的各个领域内容，并用不同颜色的笔突出每学期的重点。长期计划应将规定性课程的要求落实于儿童的学习进程中。这一阶段的计划关系到儿童的课程权利，因此教师需要展现计划内容所覆盖的课程广度，以及在不同的学习与发展领域之间保持适当的平衡。

虽然长期计划具有总体"效力"（Ofsted，1994），但它难以关注儿童个体的发展需求，因为在制订计划前教师通常没有见过计划所涉及的儿童。即便教师认识这些儿童，但在计划制订期间，儿童的需求也会发生很多变化。因此，长期计划应该作为规定课程范围的框架体系，但不包含指定的活动或经验。

中期计划

我认为最困难的在于制订中期计划。中期计划通常在学期初或学期中期制订，或在一个主题或话题开始时制订。虽然教师了解当下的儿童，但教师可能并不了解儿童未来的发展需求。在学前教育阶段，儿童的需求变化非常快,即使提前几周也难以准确预测。因此,教师制订中期计划时要重点考虑各个科目或学习领域,而非儿童。中期计划重在确定计划性学习所涉及的概念、技能、知识和态度,并且应该表明儿童的学习将如何在先前的基础上得以拓展和进步。它可能还需要体现教师将如何传授新技能或新知识,以及如何将这些技能和知识整合与关联在一起。然而,在精心设计的计划表上,通常会有一处活动栏或任务栏,其活动或任务专门用来实现预期的学习结果。如果教师在了解儿童的实际需求之前就决定某些活动或任务适合儿童,那么这一决定很可能是错误的。写下可能的活动并记录大量的想法很有意义,但活动只是儿童学习的载体,因此计划必须足够灵活,以便教师在了解儿童个体的需求与兴趣后进行调整。

主题活动

主题活动的产生是因为儿童不会自然地把学习划分为学科领域或学习领域。它基于跨领域学习的理念,旨在反映各种情境中儿童真实的学习过程。然而,跨领域学习和主题活动未必是同一回事,其中一个未必是另一个的有效载体。跨领域学习强调儿童有机会跨越传统学科间的界线,在不同学科相互渗透的活动中应用技能、巩固概念。在一个有效的早期学习环境中,大多数活动都能同时提供多个跨领域学习的可能性,只有在成人主导的学习中,学习结果才会被限定为某个特定领域的课程内容。

然而,虽然主题活动根植于这一理念,但随着时间的推移,主题活动逐渐被教师们的活动计划操控。随着主题演变成由整个教师团队共同计划,学习领域间的联系不再是由儿童发现的,而是由成人精心设计的。有时,幼儿教师为了涵盖所有学习领域而严重曲解主题活动的内容,因此必须防止主题活动像分科课程那样让儿童费解。

幼儿教师特别希望主题活动与幼儿园的主题周期相一致。然而,很多时候,主题的名称不适合儿童,不能满足儿童当前的需要和兴趣。另外，对儿童来说，他们可能不会像年龄大一点的小学生那样，长时间地进行同一个主题活动，而幼儿教师也会感到被困在某个主题活动中，被迫继续这个主题，即使它已经不能为儿童带来有效的学习。无论哪种方式，幼儿教师都应该根据时间的长短灵活地选择与儿童相关且对儿童有意义的主题，或者直接选择不采用主题方式开展活动，或者根据儿童的兴趣为不同的儿童群体计划不同的主题活动。主题应该像活动和经验一样，是可变化的和可替换的。它们是学习的载体，而不是学习的目的。如果一个主题或活动比另一个更适合某个班级或小组，而且两者都能带来预期的学习效果，那么所制订的活动计划应该具有充分的灵活性，以适应主题和活动的调整。

短期计划

在短期计划阶段，计划从关注课程和学习领域转向关注儿童。也正是在这个阶段，教师有机会通过现场观察儿童的主动学习，以及针对儿童所经历和所思考的内容与儿童进行对话，将有助于儿童发展的方法融入儿童的学习。通过观察和对话，教师可以掌握关于儿童的知识、理解、技能及策略方面的信息。如果教师想要规划与每个儿童都相关且有目的的活动，那么以上所有这些信息都是必要的。有些意图或目标可能来自中期计划或对儿童的近期学习需求的分析，但对于实际上要提供什么样的活动、经验或资源，教师需要结合儿童的所知与所能，以及对儿童接下来需要知道或需要做的事情进行判断。

短期计划应该包括什么

短期计划的形式虽然可能有所不同，但为了充分考虑到儿童的个体需求，短期计划应该具备下列特点。

计划来自观察结果

"观察—评价—计划"循环需要有依据，这一点至关重要。计划不

能凭空出现。学前教育阶段的所有计划都应该来自对活动中儿童的观察以及对儿童当前需求的评价。对儿童的具体需求的识别要么体现在儿童的档案中,要么体现在计划表中,这样教师才能根据预期的学习结果计划接下来的活动或经验。

由儿童的前期经验促成

一些特定的经验——儿童或班级的——可能会促使教师后续计划某些具体的活动。儿童去医院打石膏,或全班参观野生动物园都可能引发进一步的活动,以达到厘清、巩固或扩展经验的目的。在短期计划中,记录儿童的前期经验可以让后续活动的目的一目了然。

旨在让儿童体验、练习或扩展的概念或技能

概念或技能最好出现在中期计划中,这样儿童才可能更加充分地习得。然而,一些教师选择在短期计划中重复这些内容,以提示活动计划的目的,尤其是当助教或者代课教师负责开展教学活动时,他们应该了解活动计划中儿童应该学习什么而不仅仅是他们将要做什么。

规划活动或机会以带来目的性学习

短期计划应该是儿童个体和小组的需求与兴趣表现得最明显的地方。即使一所幼儿园有两三个儿童年龄相同的班级,各班进行的活动也可能大不相同。活动和经验应该反映班级儿童的兴趣,因而很显然,教师要找到一个有意义且可以悬挂学习结果的"钩子",以捕捉特定儿童或班级儿童的参与水平。

儿童自身对学什么的想法

我在参观过程中发现,越来越多的班级提供了让儿童表达他们想学什么的空间,儿童可以在这里写下想法、粘贴便利贴或挂个标识牌,这样教师就可以在短期计划中纳入儿童的想法。同样,教师也可以创设一些空间供家长写下他们的想法,这样家长的想法也能被纳入计划。

提供差异化的活动、经验与支持

至关重要的是,短期计划应该区分教师给儿童个体或小组提供的支持。即使教师已经确定并计划了与本班儿童相关的活动,但该班儿童在学习和所需支持方面仍然存在差异。如果在短期计划阶段没有对这些差异进行思考和计划,那么在实践中就可能会错失给予儿童所需支持的机会。

学习发生在室内还是户外

教师有必要计划室内和户外的学习,并体现在短期计划中。户外环境不只是儿童主导的学习场所,也应该是成人主导与成人发起的活动的可选环境(见第4章)。户外有丰富的机会让儿童学习那些在传统上被认

为"只有在室内才能学习"的技能和概念。如果户外学习是儿童学习计划的一部分,那么教师就很容易监测室内外学习之间是否保持了适当的平衡,以及每位教师是否轮流支持(而非仅仅监督)儿童的户外学习。

学习是成人主导的还是成人发起的

第 4 章将解释成人主导与成人发起的学习之间的不同,但在这里我只想说,教师在制订计划时需要决定儿童或小组需要多少支持才能实现预期的学习。教师有时需要一直和儿童在一起以达到预期的结果(成人主导),有时又需要发起一项活动或提供一个想法,之后让儿童继续自主学习(成人发起)。正如我们在下一章中将看到的,这两种活动的本质大不相同,所以在确定活动之前,短期计划需要明确必要的支持程度。

是否需要改变或扩展儿童主导活动（游戏）的资源

对游戏进行计划是不可能的。我们将在第7章中阐述，被计划的游戏容易变成成人发起的活动。游戏是儿童自由选择与自行控制的，所以任何试图对游戏进行计划的做法都会削弱儿童自身对游戏的选择与控制。然而，教师可以而且应该丰富游戏环境。教师通过仔细观察，会很容易地确定是否需要为儿童提供更多的资源来扩展游戏场景或助力正在进行的游戏，是否需要引入新材料，以及游戏是否需要来自成人的敏感的支持。

活动过程中的观察

有时，教师会计划在活动开展过程中进行具体的观察评价。有时，观察是自发的，但同样重要。在这两种情况下，如果教师了解到一些关于儿童的新情况，那么教师就需要记录下来，以便追踪儿童的学习轨迹，并调整第二天或接下来几天的计划。

根据观察结果采取行动

这是"观察—评价—计划"这一循环的结尾部分。根据观察结果，教师将知道接下来如何做。

- 关于儿童：是否需要计划一个活动，以不同的方式支持儿童的学习？
- 关于环境：是否需要额外的资源来扩展或更新儿童的游戏和探索？
- 关于教师自身：对于儿童，我是否在正确的时间出现在正确的地点？儿童在这一阶段是需要我更多地支持他们的学习，还是需要我退后，以便他们能够更自主地学习或巩固学习？

草图

当我在"在职教师培训日"[①]听到一位教师提到,良好的计划是一张草图时,我觉得非常有道理,于是添加了这个标题。如果教师根据对儿童的观察与评价来修改短期计划,那么这些计划必须具有适应性和可变性。这意味着短期计划是"半成品",教师可以根据新发现的班级中儿童的需求来涂画、更改和修正。因此,高质量的短期计划不可避免地显得比较凌乱。

差异化教学

差异化教学是高质量的短期计划的一个关键特征,但解释起来要复杂得多。

虽然长期计划和中期计划是整个教师团队关心的问题,而且它们在格式上可能很相似,但短期计划应该能够回应个体教师的要求。教师需要采取策略在短期计划中解决差异化教学问题。差异化教学是将活动与儿童的发展需求相匹配的关键。

在学前阶段,教师可以通过两种方式解决差异化教学问题。首先,教师可以通过了解儿童的发展阶段设计差异化的学习活动,然后制订能够把儿童个体或小组带到"下一阶段"的活动计划。这被称为"教学内容的差异化"。除了这种成人主导的学习,幼儿教师还可以规划开放式的活动并提供开放性资源,这样儿童学到的东西将根据他们带入活动中的知识和理解的不同而有所差异。这被称为"学习结果的差异化"。

近些年,英国幼儿园强调集体教学的价值,这挑战了为满足儿童个体需求而制订计划的观念。虽然国家的读写和算数战略(DfEE 1998;1999)强调对儿童进行差异化提问的重要性,一些教师也精通此道,但

[①] 英国的大部分学校等教育机构每学期都会有连续五天的时间要求教职工进行培训,学生在这五天里不上课。——译者注

较多的集体教学仍导致大量儿童接受同样的、无差别的教育。集体教学并不适合学前阶段的儿童。除了大组活动中一起唱歌的快乐之外，多数早期学习活动都会优先选择小组活动，因为在小组活动中，每个儿童的声音都会被听见。成人主导的学习需要儿童具备一定程度的身体控制和注意管理能力，即要求儿童安静地坐着且相对被动地参与，这对大多数3、4、5岁的儿童来说，是很过分的要求（Goddard Blythe，2005；2011）。事实上，戈达德－布莱思（Goddard-Blythe，2005，p. 137）认为，"运动的最高级水平是有能力保持静止"。对学前阶段儿童的访谈一再表明，他们渴望身体活动，害怕长时间"待在地毯上"（Ofsted，2004；Sanders et al.，2005；OCC，2005；2006）。通过观察四五岁儿童的课堂实践，我们通常可以了解到，儿童先坐在座位上点到，再是晨会，然后是教师介绍一日活动，之后是成人主导的教学活动。每个环节都很重要，但是将它们像赶流程似的放在一起，对儿童来说更多意义上是一种麻木的体验。虽然集体/大组教学活动在学前教育中也有意义，但它们决不能取代在更小、更亲密的环境中进行的更有效的活动。

由于差异化教学对儿童的发展和进步非常关键，因此，教师必须明确他们的计划中哪些内容可以更紧密地与儿童的不同需求相匹配。差异化教学可能需要教师考虑到：

◇ 活动/体验所预设的学习结果包括概念、技能、知识和态度；

◇ 是否需要引入/发展/巩固这些概念（螺旋课程）；

◇ 活动或体验本身——不同的活动和体验可以作为相同学习结果的载体，根据儿童的兴趣，教师提供的活动和体验又可以有所不同；

◇ 活动的介绍——具体一点还是简单一点，口头介绍还是书面介绍等；

◇ 活动的过程由结果的重要性决定，不一定是统一的，但对有效的学习策略保持开放的态度；

◇ 活动的结果（在确实有的情况下）由过程的重要性决定，对儿童的解读保持开放的态度；

- 成人或其他儿童对活动的支持,这种支持可能是最低限度的,也可能是大量的;
- 计划提供的资源——不同水平和不同种类;
- 学习的证据,根据预期的学习结果而有所不同;
- 证据的收集——采用何种方法收集,由谁、何时收集;
- 对工作的评价——由成人、儿童或双方进行;
- 根据谁的标准进行评价——成人、儿童或双方;
- 后续行动——是什么、为谁、如何、何时。

没必要每次都涉及上述的每一个要素,重要的是,所有要素都可以改变和调整,以使学习活动对儿童相关、有意义和有效。以下是支持教师规划差异化活动的提示表。我认为,与其提供短期计划的格式模板,不如提供一张提示表更有帮助,这样,不管格式是否适合每位教师,教师们都可以根据特定的指标核查计划。专栏 3.2 提供了一个起点,有助于你和同事一起根据你们所在的幼儿园制订自己的计划清单。

专栏 3.2　短期计划中的差异化

教学内容差异

- 儿童为什么进行这项活动?我为什么提供这些资源?
- 我打算让他们学习什么?
- 这项活动与所有儿童还是部分儿童有关?

活动 / 体验

- 什么活动 / 体验能达成预期的学习结果?
- 儿童是否需要一样的活动 / 体验?
- 我需要在导入 / 过程 / 结果环节为儿童提供差异化支持吗?
- 谁来提供支持,还是儿童独立完成工作?

- 什么样的分组最合适？
- 需要什么资源？对所有儿童来说都是一样的吗？
- 该活动/体验能否满足有特殊需要儿童的学习需求？
- 这项活动最好在室内还是户外进行？

评价

- 我需要收集什么证据？
- 这有助于我评价活动/体验的预期学习结果吗？
- 评价在活动/体验期间还是之后进行？
- 如果由成人记录证据，那么成人要使用哪些词汇，观察哪些活动和行为？成人将如何记录？
- 如果由儿童记录证据，他们是否能够选择自己的记录方法，并向成人或同伴解释自己的记录？
- 是否应该保存儿童的作品或给它们拍照？
- 儿童能以何种方式参与对自身工作的评价？
- 是否实现了预期的学习结果？
- 如果没有，为什么没有？我需要做怎样的改变？
- 如果学习结果不是我所期望的，那么我从活动结果中对儿童有哪些了解？

（注意：也需要准备好记录自发的和意料之外的评价。）

行动

- 我需要改变我的短期计划吗？
- 儿童个体/小组/班级是否需要重温某个概念或进一步练习某项技能？
- 一个/多个儿童是否需要与其他一个/多个儿童共同活动？
- 儿童个体/小组在下一发展阶段是否需要更多的支持？
- 儿童个体/小组是否需要不同的资源来支持他们的学习？

观察与评价作为制订计划的依据

在详细研究了制订计划的过程之后，我们应该再来回顾观察与评价的重要性，以确保所计划的内容对儿童是适宜的、相关的和有意义的。正如第 2 章所述，评价活动通常被视为对教学有效性的检查，常用来衡量儿童是否学会了被预期应该学习的内容。因此，评价往往会被放在学习过程的最后阶段，并被视作计划和教学过程中更重要的阶段。然而，如果评价仅被视为整个学习过程的结束，那么教师就失去了利用评价为未来计划提供信息的有效且必要的机会。这使得教师只能通过预测或者猜测的方式了解儿童带着哪些知识或认识进入新概念或新技能的学习中。教师常常在开始时就对新概念进行详尽的介绍，然后利用讨论环节获得儿童对新概念的一系列认识。然而，这些认识往往不会被用来作为制订和修改计划的依据。如果教师总是从教学开始，那么就会有一个潜在假设，即所计划的都是适宜的，除了后续必要的差异化支持之外，儿童的所有需求都将会得到满足。

然而，我们都知晓，儿童所习得的大量知识、理解和技能并非都来自正式的教育。同伴、形形色色的成人、电视、书籍、郊游和家庭都给儿童带来了大量的知识，一旦忽视这些，教师的计划制订就会出现问题。评价应该位于教与学循环的开端，计划应该保持灵活，直到对每个学习者都有准确的了解。教师借鉴前几年或前几个学期的记录来制订计划，通常会存在一定的风险，如果计划没有涵盖课程的某个方面，那么他们就会假定儿童对其一无所知。然后，教师将假定儿童的知识匮乏，由此让所有儿童都接受同一起点的教育。作为专业的教师，我们必须确定每个儿童的所知和所能，确保我们不会低估儿童现有的技能、知识和认识。在幼儿园教育之外，儿童会从他们的生活中学到许多知识，因此，我们必须发现他们各自的学习起点，而不是假设他们都需要同一起点或相同的学习经验。

结　语

　　本章关注的是，在强制性的外部课程大纲的约束下，教师如何为儿童规划发展适宜性课程。当长期计划和中期计划被视为满足课程的发展，而短期计划被视为满足儿童的发展时，教师可以较容易地制订这些计划。学前教育课程关注过程而非结果。发展适宜性课程可以满足儿童的需求和兴趣，同时可以让儿童掌握一系列与自身发展相关且儿童渴望学习的技能和概念。幼儿教师的任务是将这些双重益处融合在一起，并确保儿童的教育经历不会让他们认为教育就是被人灌输知识。教育应该是一种动态的、自由的体验。如果我们想让儿童成为终身学习者，那么在教育旅程的每个阶段，我们都要注重培养儿童学习的自主性和能动性。下一章将研究教师如何平衡活动和体验，并探讨成人在支持有能力的年幼学习者的发展中应该发挥的作用。

思 考 题

1. 哪些早期学习理论影响了你的实践？哪些学前教育原则为你所在的幼儿园带来了价值观和愿景？
2. 你所在幼儿园中的每位教师是否都充分了解长期计划、中期计划和短期计划的目的？
3. 你的短期计划是否足够灵活，可以在必要的情况下根据日常观察进行修改？它能清楚地识别每个儿童的需求吗？

第4章

成人的角色：优化教师与儿童相处的时间

李桢妤 5岁
成都市温江区海科幼儿园

教师作为教育者的角色与儿童被视为学习者的角色密不可分。一旦承认儿童是有能力（尽管缺乏经验）的学习者，教师回应儿童及其各种能力的方式就需要改变。无论儿童应该学习什么还是该如何学习，最有效的学习都应植根于儿童的前期经验（Donaldson，1978；Wood，1988；Meadows，1993；McNaughton & Williams，2009）。儿童是积极主动的学习者，他们不断建构自己理解世界的内部模式（Wells，1986；Wood，1988；Kuhn，2000；Smith et al.，2010）。承认这一点，教师就应该拒绝采用"教授式"教学取向，该取向认为成人拥有知识和技能，或者更易于获取知识和技能，并且有责任将知识和技能传递给学习者。相反，教师应采用罗兰（Rowland，1984，p. 4）描述的"解释性"教学模式，该模式不仅注重儿童试图理解和吸收教师提供的知识与技能，还强调教师要了解儿童对世界不断增长的理解。这种共生关系（Pascal et al.，1997）可以通过互惠性来辨别——成人的参与方式会影响儿童的投入水平，儿童的投入也会影响成人参与儿童活动和学习的方式。

如果教师忽视儿童的所知和所能，儿童的学习就难以嵌入熟悉和有意义的事物之中。只有当新经验与儿童已经掌握和理解的经验相关时，有效的学习才能发生。新经验和已有经验相结合能够强化神经通路，同时新经验又能引发神经元之间的新连接，此时大脑运转最为高效。将学习融入已知和理解的知识中，也会向儿童传递这样的信息：他们的能力和贡献受到重视，反过来，这也会对他们的自尊和学习动力产生积极影响。

教师作为观察者

正如第 2 章所述，为了将儿童的所知和所能纳入活动计划，教师需要花大量时间弄清楚儿童究竟知道什么和能做什么。教师不应该只在学年或学期开始时安排观察和对话的时间，而应该使其贯穿于一日活动中，以便通过观察作为学习者的儿童的行为不断地调整计划。许多教师所面临的困扰在于他们认为如果自己坐着不动，没有直接与儿童互动，似乎就是玩忽职守。幼儿教师习惯于同时安排大量不同的活动和体验并沉浸其中，以至于坐下来单纯地观察儿童会显得格格不入。然而，事实上，教师的观察至关重要。教师如果没有在儿童学习的过程中观察他们，就有可能错过儿童发展过程中许多重要的时刻。当然，教师确实可以在与儿童共同游戏或工作时观察儿童，但这种观察的性质是不一样的。当教师在身边时，儿童会以不同的方式做出反应和回应。如果教师想观察儿童如何独自活动或与同伴一起活动，那么他们需要从活动中抽离，避免在特定时间内因担任多个角色而分心。

专门抽出时间进行观察似乎有困难，但如果不专门抽出时间对参与学习的儿童进行聚焦式观察，教师就无法收集到足够多儿童作为学习者的信息，制订计划时也就无法根植于儿童的所知与所能以及他们的兴趣等有力的依据。那些花大量时间观察儿童的教师，所获得的信息使他们能够在第二天或下一周为儿童个体、小组或班级制订更加适宜的计划。不要把时间浪费在计划太容易或太难的活动或体验上，也不要把时间浪费在不必要的重复或回顾活动上。不浪费时间实际上是在节省时间，因为教师能够更深入地了解儿童的需求并据此为儿童制订不同的计划。

教师需要在教学期间腾出时间观察儿童。就像早期学习环境中的许多事情一样，这是一个时间优化的问题。如果用于观察的时间可以节省制订计划和教学的时间，并使计划和教学更有效，那么这些时间就是值得花费的。教师们都清楚地意识到，幼儿园的一天非常短暂，因此需要仔细规划自己的时间，让它切合实际。教师应计划观察时间，而不应该在开展活动的间歇时间进行临时的观察。要实现这一点，教师需要在日常计划中首先确定教什么 / 教谁，其次确定观察什么 / 观察谁。通过这种方式，教师就可以知道，在现有时间内，如何切实地完成这两类活动。以这种深思熟虑的方式制订观察计划，意味着教师需要从过去用于直接参与儿童活动的时间中抽出时间进行观察。然而，观察作为教师职责的一部分，只能在儿童工作或游戏时进行。另外，教师不仅需要在师幼一起工作时进行观察，在儿童自主学习时也应该进行常规观察。在致全体学前班教师的信中，英国国家评估局（NAA[①]，July，2006）明确指出，"在根据'早期基础阶段儿童成长档案'进行评估时，80%的证据应该来自对儿童的了解以及日常的观察和逸事记录，而来自教师主导的活动或基于目标进行评估的证据不得超过20%"。尽管非常含蓄，但这一指导方针表明在学前班中，儿童主导和成人主导的学习之间的平衡应向前者倾斜。

成人陪同学习与儿童自主学习

当然，充分利用时间不仅适用于观察。幼儿教师需要承担多种角色，因此要想充分利用教学时间，就需要从实际出发。这个问题在学前班和幼儿园还没有那么严重。幼儿教师团队可以分工合作，确定谁将负责支持儿童的游戏和学习，谁将负责观察儿童的活动。但是在大约有30个儿童而只有一位教师的班级中，教师有两种选择，其中最简单的选择是把整个班级当作一个整体进行教学，在相同的时间向所有儿童教授相同的课程。这意味着班级规模相对来说并不重要，因为儿童的责任是接受和内化课程内容，教师通过课堂提问以及提供一些多样化的课后活动来弥补集体教学的不足。然而，所有教师都知道，这些策略可以保证课程的实施，但不能保证儿童的学习。教师把同一份学习经验"套餐"提供给全班儿童，但儿童"消化"这些经验的能力各不相同。有些儿童

[①] 英文全称为 National Assessment Agency。——译者注

吃不饱，有些儿童吃完感到不舒服，有些儿童对教师所提供的东西嗤之以鼻，有些儿童挑食，只吃他们喜欢的部分，而把其余的留在盘中。事实上，不应该为儿童提供整齐划一的课程，而应该提供适合他们的课程，这使得教学如此具有挑战性。

有时，有效的教与学发生在大组活动中。分享绘本、为来访者制订计划或唱数字儿歌都可以作为大组/全班儿童的有效经验。然而，无论幼儿园中的师幼比如何，儿童在大部分时间里都需要单独、成对或以小组的形式工作和游戏。这首先是因为作为集体中的一员，儿童的个性容易受到压抑，他们还不具备长时间集中注意的能力，难以专注地倾听成人讲话。他们可能会"安静地坐着"，但绝对不能保证专注地倾听和学习。另外，儿童也需要单独或在小组中度过大部分时间，因为从教师的角度来看，任何其他方式的教学都不可能满足班级中不同儿童的学习需求。也许教师能够让儿童感到开心，甚至有兴趣成为集体中的一员，但这还不够。一旦学习目标涉及技能和理解力，儿童就需要被分成足够小的小组，以确保经验和活动计划能够与他们的具体学习需求相匹配。儿童需要表达他们的想法和思考。他们需要通过教师的眼神交流、专注倾听和回应来感受自己与教师的人际互动。这就是儿童的自我中心主义：有发言的权利，表达自己的想法，提出自己的问题。有些人会说，儿童要学会倾听他人，因为这是他们随着年龄的增长而需要的一种技能，但这只会使许多儿童在学习上分心。许多儿童发现端坐静听非常耗费体力（Goddard Blythe，2011）。这种端坐静听的方式本身需要太多注意力，以至于会分散儿童的想法和思维，使他们无法进行计划好的学习，而只能按照成人预期的方式管理自己的身体。

假如教师在和儿童个体或小组互动，那么接下来的问题便是班上的其他儿童正在做什么。如果教师和一个小组（比如，6个儿童）在一起，那么其他的24个儿童就要进行自主学习。因此，提出这个问题——班上的其他儿童在做什么——至关重要。假如他们一天中大部分时间都在自主学习，那么他们所学的东西必须与在成人陪同时所学到的东西一样有价值。有些人错误地认为，比起成人陪同学习，儿童自主学习在某种程度上不那么重要或没那么有价值。儿童会根据是否有成人陪同来选择不同的学习方式和学习内容，但两者都有价值。

当儿童在成人的陪同下学习时，他们往往能通过成人的帮助来集中注意力，他们的问题也能得到更直接的回答。另外，儿童也都有了对话的搭档。由于学习通常由教师计划，因此教师会帮助和鼓励儿童取得学习成果。相较而言，当儿童自主学习时，他们需要更多地利用自身资源。他们可能会更加依赖同伴，与同伴有更多的合作，也可能会尝试一系列策略以检验哪些有效。他们可能会跟随自己的思路，按照自己的想法，取得满足个人需求的学习成果。

因此，成人陪同学习和儿童自主学习都有各自的目的，且都能产生有价值的学习成果。如果儿童只是自主学习，那么他们可能会错失许多学习新经验、以不同的视角看待事情、挑战和拓展思维的机会。如果儿童只在成人的陪同下学习，那么他们可能会失去自主思考、发挥主动性和利用自身资源的能力。儿童、青少年和成人都需要这两种能力：在他人陪同下聚焦和思考一件事情的能力；独立思考和独立成长的能力。因此，良好的早期学习环境应该为这两种类型的学习提供机会。

如果儿童自主学习与成人陪同学习同等重要，那么它必须是高质量的，而自主学习的质量在很大程度上取决于学习环境的质量。学习环境需要像优秀的教师一样激发、强化、质疑和挑战儿童的思维。

有效的自主学习环境

有效的自主学习环境应该具备以下特点。

兼顾室内和户外

众所周知，有效的早期学习环境需要兼顾室内和户外。事实上，若一定要二者择其一，我一定会选择"户外"。户外给予儿童完全不同的学习机会，户外学习不是简单地在天气好的时候把室内的东西搬到户外。每所幼儿园的儿童都有权利在整个学习过程中自由接触户外，如果没有这种权利，儿童的学习能力就会受室内学习环境的限制，而室内学习环境缺乏有生命的、会呼吸的世界所具有的自然、自发的潜力。

自然且真实

有效的早期学习环境必须充满自然资源和真实的生活体验。它必须提出对儿童有意义和有关联的问题,儿童不会因别人的想法而受到操纵和牵制。它必须利用儿童所处世界中正在发生的事情——街上正在施工的建筑工人、镇上的集市、猛烈的风。它必须充满神秘、惊喜和需要解决的现实生活问题,以及大量可以巩固新概念、新想法和新技能的机会。

新鲜与熟悉

儿童需要熟悉的机会和经验。他们需要重温已经掌握的知识,演练和重复练习新获得的技能和认识。实际上,在这个年龄阶段,与"进步"最为相关的是巩固新概念。儿童在自信地迈出"下一步"之前需要时间夯实学习基础(Fisher, 2002)。但他们也需要新鲜、新颖的事物,需要感到惊喜和惊奇。他们需要接受挑战、思考、尝试和解释以前从未经历与理解的事情。他们需要结合已有经验来同化新经验,有时又需要做出调整。

灵活且灵敏

空间和资源需要足够灵活,以满足大量儿童不断变化的需求。桌椅凌乱的空间无法为铺在地上的模型腾出位置。严格划分区域会抑制儿童从某一区域中获取资源并创造性地使用它们进行角色扮演或制作模型的欲望。资源应尽可能地灵活。比起那些出于单一目的而设计的游戏和资源,使用盒子、箱子以及丝带更能激发想象力。同时,比起那些来自大自然的、可以立即变成儿童想要的东西的资源,大多数塑料资源不够灵活多变,对儿童思维的启发作用也比较小。

积极与尊重

教师回应个体儿童的方式,将决定每个儿童在学习环境中是否都会

受到重视和尊重。教师的回应将决定儿童能否在特定的知识领域进行探索和尝试，以及儿童的努力是否会得到尊重与欣赏。它将决定儿童是否有犯错和冒险的机会，因为事实证明，犯错和冒险有助于他们的学习。它会以无数种方式呈现，比如，教师是停下来与儿童交流一些对儿童很重要的事情，还是因自己的计划而忽略与儿童的谈话。把儿童当作有能力的主动学习者，可以让儿童获得自我价值感和自我意识，这对他们的社会性和情绪情感的发展具有积极影响。

　　幼儿教师在一天开始之前，就已经创建了学习环境和班级风貌。它们会随着儿童在不同学习空间中的生活、工作和游戏而被调整和改善。为了创设有效的学习环境，教师首先要与儿童建立起互惠关系以促进儿童进行成功的自主学习；然后，充分利用可用空间支持儿童进行主动学习；接着，尝试提供和改进活动、机会及体验，使儿童自主学习的能力最大化，同伴合作学习的策略多样化。

课堂活动的平衡

一旦创设好了学习环境,教师就可以专注于儿童的不同学习方式——既可以是成人陪同学习,又可以是自主学习。教师可以设计三种能平衡儿童经验的学习活动。这三种类型的学习活动是:

 ◇ 成人主导的活动
 ◇ 成人发起的活动
 ◇ 儿童发起的活动

成人主导的活动

显然，直接与儿童一起工作，支持儿童的学习，拓展儿童的思维，是幼儿教师的职责之一。当教师观察儿童，发现儿童的兴趣和关注点后，他们会把儿童聚集起来教授一项新技能或讲述某个新概念。如果儿童有错误的认知，或教师注意到一些儿童比其他儿童需要更多的支持才能进入下一阶段的学习，教师就可能带领儿童回顾某些活动或学习成果。教师需要给那些思维和理解力领先于其他同伴的儿童一些挑战，另外，教师也需要和那些能力较弱的儿童一起工作，并且给予他们更多的支持。正如前文所述，教师接下来需要安排时间进行聚焦式观察，并且要在成人主导的活动中进行。教师通常都非常擅长明确学习目的，为其中一组儿童设计活动，并帮助他们学习符合自身需求的内容。然而，为班上其他儿童计划活动并保证质量，往往更具挑战性。

成人发起的活动

成人发起的活动是指由教师计划，但在被引入之后由儿童独立进行的活动。之所以出现这种情况，是因为教师需要在随后开展成人主导的活动或做观察。在计划成人发起的活动时，首先要意识到儿童自主学习与成人陪同学习有着本质上的区别。成人发起的活动并非简单地等同于没有教师在场的成人主导的活动。

成人发起的活动与成人主导的活动之间有许多不同之处。成人发起的活动需要：

- ◇ 充分确保儿童能够进行活动，不必经常检查他们的所作所为是否"正确"
- ◇ 充分激励儿童，维持儿童的兴趣和参与度，使儿童不需要打扰教师
- ◇ 充分开放，让儿童能够以自己感兴趣和乐于参与的方式拓展自我，直到教师再次出现

这些活动通常（尽管并非全部）处于学习周期的两端。它们要么是对熟悉的经验的重复或演练——让儿童有机会独立尝试以前在教师帮助下完成的事情；要么是新经验的引入——让儿童发现材料或资源的特性，或在与教师分享和讨论他们的发现之前验证自己的想法或解决问题。

成人发起的活动，其成功的关键在于开放性。如果一项活动有严格的规定，并且很明确只有一种执行方式——教师的方式——那么儿童就会反复检查他们的所作所为是否"正确"。如果教师希望在成人主导的活动中不被儿童打扰，他们就需要好好考虑儿童自主进行的活动。

当然，这并不意味着，一旦儿童开始进行成人发起的活动，教师就不能接近他们。绝非如此。教师要在适当的时候观察正在发生的学习，与儿童交流他们的想法和解决方案，并解答他们可能遇到的任何问题。但是，这些都应该在教师做好准备的时候进行。教师应该控制自己的时间。对儿童自主活动的支持发生在教师完成一项成人主导的活动之后，开始下一项活动之前。教师是掌控自己的角色转换，还是为满足儿童的需求而听凭他们的安排，这两者之间有着天壤之别，因为计划好的活动都需要教师几乎同时进行同等程度的参与。

大多数儿童在幼儿园的大部分时间里都会自主学习，因此，他们参与的活动必须是有价值的，且能促进有效的学习，这一点至关重要。大多数儿童每天花大量的时间进行独立活动，而这些活动很少是用来打发时间的。我们有必要质疑这样一种观念，即只有当教师在场时，才会产生有价值的学习。孩子们无时无刻不在学习……仅有很少的学习时间是在"教师"身旁度过的。

儿童发起的活动

第三类活动，即儿童发起的活动，是高质量学前教育的核心。儿童发起的活动是"承认儿童是有能力的学习者"这一观点的关键因素。正是通过这样的活动，儿童才能理解世界，才能去探索、尝试和冒险。游戏的重要性将在第7章全面探讨，在这里我只讨论儿童发起的活动的价值：它鼓励儿童做出选择和决定，包括自己想做什么、使用哪种材料和工具、获得经验的过程以及要达成什么样的结果。儿童发起的学习是有效实施优质学前教育的基石，因为它容许儿童尝试新技能，与同伴一起游戏从而获得社会性发展，并运用他们的想象力和创造力去尝试令他们感兴趣的事情并沉浸其中。儿童发起的活动并不意味着向儿童提供游戏材料，然后由成人指导如何使用它们。例如，如果成人告诉儿童用积木为长发公主建造一座城堡，或者将《三只熊》(*The Three Bears*)故事中的服装放到娃娃家，并请小组儿童表演这个故事，那么这就不是儿童发起的学习。一旦成人为儿童设定了预期目标，这类活动就不再是由儿童发起的。很多时候，成人看似合理地使用游戏材料并试图引导儿童去使用这些材料，但这就使得类似的活动成为成人发起的而非儿童发起的活动，因此区分两者的差异非常重要。

如果没有高质量的儿童发起的学习，任何早期学习环境都会失去效果。但是这样的学习对于教师常常是一种挑战，尤其是对于那些没有经验的或未接受过学前教育培训的人员而言，因为儿童很容易投入游戏中，看上去"忙得不可开交"，而成人如果撒手不管，就会导致儿童发起的学习流于放任。通过游戏支持和拓展儿童的学习是一项需要高水平教学技能的工作，并且所有教师需要明白，要确保游戏的高质量，就需要像支持成人发起的学习一样支持这项工作（见第7章）。因此，在学习情境中，教师必须在适当的时间和地点与儿童互动。他们必须观察游戏情境中所发生的学习，并在恰当的时机与儿童一起回顾和讨论。通过这种方式，儿童的游戏经验将得以提升，游戏便被赋予了与其他同时进行的学习活动同等的价值。无论是成人发起的学习还是儿童发起的学习，在学习过程的关键时刻如果没有成人的支持，它们往往都无法存活或取得成效。如果没有成人的支持和关注，这两种活动立刻都会从自主学习变成放任式学习。

因此，在学前阶段，我们应该在成人主导的活动、成人发起的活动和儿童发起的活动三者之间达成一种平衡。将这三种类型的活动看成三角形的三个角会有助于我们理解（见图4.1）。这三种活动之间的差异可以总结如下：

- ◇ 儿童发起的活动——儿童能够掌控经验、时间和资源
- ◇ 成人发起的活动——由教师计划发起，在教师准备好与儿童互动之前，该活动具有充分的开放性，允许儿童自主活动
- ◇ 成人主导的活动——包括个人、结对或小组活动，通常根据教学内容的不同进行差异化安排，重点是教师的指导

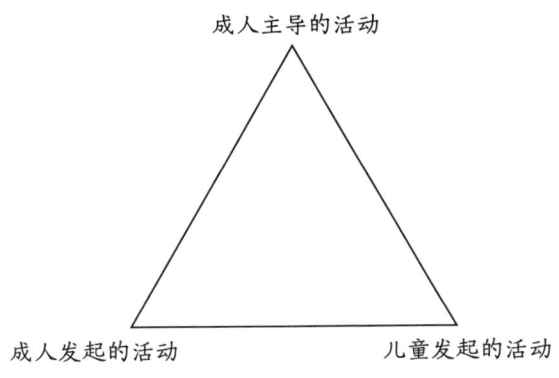

图 4.1 学习活动的平衡 1

教师必须思考如何能够在这三种类型的活动经验之间保持平衡，尤其是当每天、每个活动环节发生变化时，活动的平衡也需要随之调整。可以肯定的是，这种平衡也需要根据儿童的年龄而变化，因为年龄越小，就越需要重视儿童发起的学习。这个三角模型的强大之处在于它适用于任何一种预先设计好的学习情境。无论是儿童花一整天时间同时体验不同领域的学习活动，还是所有儿童共同参与一节数学领域活动（当然，无法提前计划的由儿童发起的活动除外），这个三角模型都适用。当教育机构中有大量成人时，如幼儿园或日托中心，活动经验的平衡也会随之改变。在两位教师一直有空的情况下，其中一位教师可以开展成人主导的学习，另一位教师可以进行观察或更多地支持儿童的自主学习；也可以由一位教师开展成人主导的室内活动，另一位教师带领儿童开展成人主导的户外活动。安排方式是多种多样的。然而，在教室里只有一位教师的情况下，这些活动之间的不同安排可以总结为以下几点。

1. 教师与儿童个体或小组合作完成一项成人主导的任务。
2. 其余儿童参与成人发起或儿童发起的活动。
3. 这些活动必须让儿童能够不依赖教师而独立进行，这样他们也无须打断成人主导的任务。
4. 教师完成成人主导的任务后，应加入成人发起和儿童发起的活动，并适当地支持与拓展这些活动经验。

5. 自主学习不应该成为放任式学习。如果想要所有活动都有意义且目的明确，那么成人的参与至关重要。

6. 一旦儿童的自主学习得到了充分的支持，教师就会转向下一个成人主导的活动。

7. 其余儿童在成人发起与儿童发起的活动之间自主选择，直到教师把他们引到成人主导的任务中（儿童如何从一项活动转换到另一项活动是第9章讨论的主题）。

8. 如果时机恰当，可以在一天中的某个时间点回顾所有的课堂活动（见第9章），但不一定非要全班一起进行。

在实践中，学习活动三角形有一个有趣的特点，即不同的活动在不同的场合处于三角形的不同点。例如，教师可以在某一天将一个数学游戏作为成人主导的活动引入小组，而一旦儿童熟悉了游戏规则，它就可以成为成人发起的活动。同样，教师也可以采用成人主导的活动形式，带领一群儿童讨论，然后采用成人发起的任务形式，让儿童进行后续的讨论，并自主设计户外攀爬设备的布局图。有时，儿童会在成人主导的活动中听到一个故事，几天后，这个故事会作为自发的游戏出现在角色扮演区（这与成人指导孩子们扮演《三只熊》的故事截然不同）。反过来，孩子们可能会参与积木游戏或玩水，这其实是向正在观察他们的成人表明，他们会从成人主导的教学（要么是更多的支持，要么是不同的资源）中受益，从而拓展或巩固学习。

图 4.2 总结了这些要点，表明评价、计划和教学之间重要的相互作用。

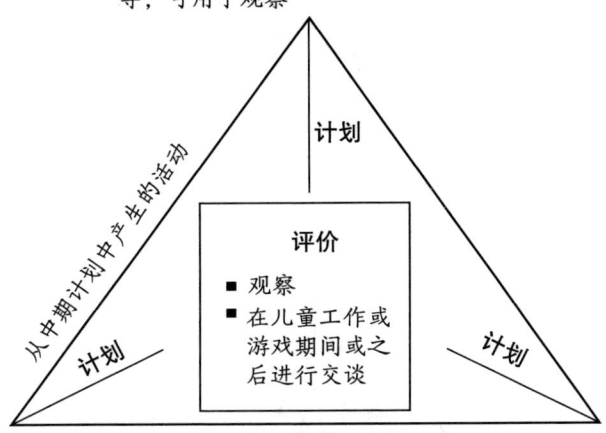

图 4.2　学习活动的平衡 2

教师一旦使用三角关系计划学前阶段学习活动之间的平衡，就会产生不同的学习机会，如图 4.3 所示：

- ◇ 成人主导的活动涉及计划性学习——教师计划的活动大体上涉及儿童所要学习的内容；
- ◇ 成人发起的活动涉及潜在性学习——教师在选择资源和任务时会考虑具体的学习目标，但当接下来儿童自主工作或游戏时，他们可能会采取不同的学习方式，最终获得不同的结果；
- ◇ 儿童发起的活动涉及自发性学习——教师可能一开始就设置资源，但儿童会以多样而独特的方式探索与使用这些资源，这使得学习变成自发且不可预测。

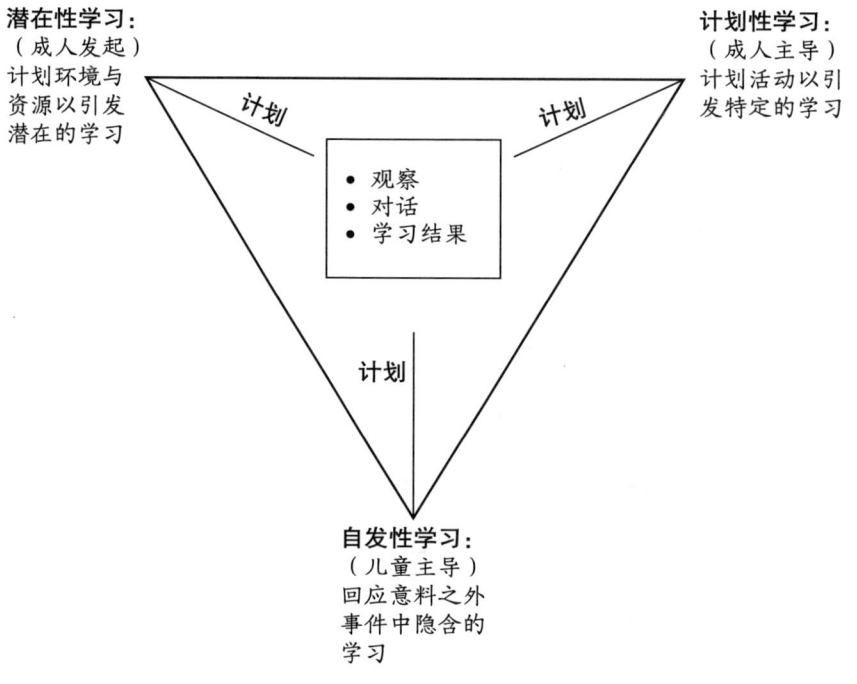

图 4.3　学习机会的平衡

　　从以上解释中，我们可以更清楚地认识到教师对幼儿园中发生的所有学习活动进行观察与评价的重要性。如果教师只观察成人主导活动中的儿童，那么他们收集到的将是最可预测的证据。虽然有可能看到一些儿童比其他儿童更容易掌握新概念或新技能，但儿童学习的范围极其有限，只能学习教师讲授的内容。然而，在观察成人发起的活动时，教师可以了解儿童是否按照预期参与活动或使用资源，学习结果是否有所改变，儿童是否对一些完全不同的东西感兴趣。这可以让教师知道自己是否选择了非常适宜的挑战来让儿童独立完成，又或者儿童的思维和想象力是否将教师的计划引到了更有趣、更迷人（对儿童而言）的方向上。无论哪种方式，观察都可以用于激发师幼之间进行学习方面的对话，或用来计划接下来应该为儿童个体或小组提供什么样的活动和机会。最后，在观察儿童发起的活动时，教师往往不能提前知道儿童会做什么或学什么。游戏中的儿童会提供丰富的观察证据。由于儿童在游戏中通常会产生发散性思维,因此教师会有非常多的观察发现,例如,儿童知道什么、他们对什么感兴趣、他们能做什么……而这些都是无法预先确定的。

差异化教学

成人主导、成人发起以及儿童发起的活动都有各自不同的学习目的以及学习结果。在制订学习计划时,教师首先需要对儿童进行观察并与之对话,然后计划以下内容:

1. 成人主导和成人发起的活动或经验
2. 能够拓展并促进儿童发起的学习的相关资源

制订计划的挑战之一是要根据儿童的需求明确经验、机会、活动和支持方面的区别。遵循差异化原则既是制订计划时的一大挑战,又是实践中的一大挑战,教学质量通常是衡量教师对儿童了解程度的指标之一。那么,教师应该如何分别对这三种类型的学习活动进行差异化处理呢?

儿童发起的活动,就其本质而言,可因学习结果的不同而不同。儿童对活动的选择反映了他们的能力、知识、理解和技能,教师可以通过观察儿童的这些活动,了解儿童以及儿童的学习态度和内在动机。这类活动可以展示儿童的自信和自尊,毅力和坚持,以及尝试新事物的意愿或重复熟悉事情的需求。

成人发起的活动虽然是事先计划好的,但也可因学习结果的不同而不同。有时,教师可以为具备某种能力的一组儿童计划一项活动,并专门针对他们开展此项活动。但通常情况下,开放的、指向问题解决的任务的本质是儿童能够根据自身水平处理这些任务。只要没有"正确答案"，并且儿童知道他们自己的解决方式会得到肯定，他们就会以自己的方式区别应对这些活动。基于活动结果的差异化强调教师通过选定的活动了解儿童，就像儿童从这种活动中学习一样。

成人主导的活动最有可能根据教师教学内容的不同进行差异化安排。换句话说，教师已经制订计划，与在同一时间到达同一发展阶段的一组儿童一起工作，向这些儿童介绍或带领他们巩固或回顾某项活动、任务、体验，让他们从中收益。通过直接观察独立进行工作和游戏的儿童以及与成人一起工作的儿童，教师可以了解儿童的需求。

教师的时间利用

成人主导、成人发起和儿童发起的学习，都赋予了教师明确的、有目的的角色，以支持不同情境中发生的学习。每个角色都是计划好的，但每个角色对教师的要求都不同。

成人主导的学习是指由教师计划的学习，学习结果已经确定。教师陪同某个或某些儿童学习。在成人主导的学习中，教师的职责包括：

- ✧ 引入儿童可能没有遇到过的或需要成人额外支持的学习
- ✧ 对于一组特定的目标进行重点探索、讨论和学习
- ✧ 确定小组已知/熟悉的内容
- ✧ 引导和指导儿童实现计划的目标
- ✧ 解释、告知、介绍技能和知识，帮助儿童实现目标

成人发起的学习也是由教师计划的，并有预定的目标，但活动在很大程度上是由儿童自主进行的，儿童对任务的理解以及对任务的想法和思考可能会导致不同的学习结果或教师预期之外的学习。当教师回顾这类活动，探寻儿童学到了什么时，他们的职责如下所示。

- ✧ 观察：这项活动的发展方向是什么？我能否与儿童当前的想法

同频？
- 好奇：这个儿童想要达到什么目的？为什么这项活动可以实现这些目的？
- 询问：你发现了什么？你对什么感兴趣？
- 建议：也许你可以试试？我想知道如果这么做会怎样？
- 如果一个/多个儿童偏离了目标，看看是否有办法回归最初的目标：我能巧妙地让他们回到计划的目标吗？或者他们是否已经在探寻更有趣的事情，让我能够从中更多地了解他们的想法？

在儿童发起的学习中，教师扮演的是儿童需要教师成为的角色。换句话说，教师在儿童发起的学习中的职责如下所示。
- 观察：儿童在做什么？他们想要达到什么目的？
- 等待：儿童进展顺利吗？他们是否遇到了困难或者挫折？我能帮上忙吗？
- 思考：我想知道，他们此刻在想什么？他们是如何从开始进行到现在的探究阶段的？我此时是选择支持他们的学习，还是让他们自主学习？明天是否需要我提供一些材料进一步拓展这个游戏？

虽然教师在不同的情境中给儿童提供支持的方式存在差异，但无论在什么情况下，成人的角色都有相似之处，这也是每一次有效互动的基础。

在对牛津郡的幼儿园和学前班里 6 个月至 6 岁儿童的研究（Fisher, 2012 a/b/c/d；Fisher & Wood, 2012）中，教师们分析了以下有效互动的特征。

就儿童而言，有效互动：
- 需要儿童参与并投入其中
- 对儿童有意义且与儿童相关

- ◇ 始终支持并经常扩展儿童的思考或理解
- ◇ 让儿童从成人那里获得一些此前从未听闻过的积极内容

就关系而言，有效互动：

- ◇ 需要高度的尊重和互惠
- ◇ 建立在牢固、安全的关系基础上，让儿童能感受到自己与众不同且能够被倾听
- ◇ 让儿童从成人热情的关注*中受益（未必一定需要言语表达）

就前提而言，有效互动：

- ◇ 依靠成人的灵活性和适应性来提供适宜、理想的支持
- ◇ 体现出成人充分回应儿童的兴趣和想法
- ◇ 在成人熟悉儿童并能迅速了解儿童当前的需求和兴趣时会更容易形成

就特征而言，有效互动：

- ◇ 以成人的回应多于成人的指导为特征
- ◇ 所提的问题用于阐明成人对儿童意图的理解多于检查儿童当前的理解
- ◇ 显然对成人和儿童都有益

这些互动特征的意义在于，无论儿童处于什么年龄阶段，无论在哪种学习情境中，它们都是不变的。换句话说，无论出于什么目的，我们在每间教室里都能识别出有效的成人－儿童互动特征。

---

* "热情的关注"是指成人通过身体语言、面部表情和注意力表明他们对儿童以及儿童正在做的事情深感兴趣。

鼓励自主学习

在确定自己的角色时,教师必须明确不同情况中的学习目的。自主学习不是次等学习,不是当教师忙于成人主导的小组学习时,儿童不得不进行的学习。教育的关键目标之一是培养儿童成为终身学习者,使其具备自主学习所需要的独立工作、思考、尝试和坚持的重要能力。正如我们所看到的,儿童在成人主导的活动中与在期待和鼓励自主的活动中所学到的东西完全不同。这两种活动都有价值,都能利用不同的学习风格展现出儿童不同的学习优势。有的儿童在一种情况下发展得很好,但在另一种情况下不行。让那些喜欢举手发言、回答问题、积极回应成人讲授内容的儿童独立思考和行动,他们可能会不知所措。同样,那些很难把注意力集中在成人教学计划上的儿童在独立解决问题以及掌控和组织自身的学习时,可能会发展得很好并大放异彩。每位教师都应该关注这两种不同学习情况中的儿童,这样,他们就更有可能了解作为学习者的"完整"儿童。

教师设计成人主导的活动的初衷应该是教师认为儿童无法自主完成某些学习目标。教师设计成人发起的活动的原因应该是教师认为儿童可以通过独立使用资源、环境或者参与同伴互动的方式学到有价值的东西。教师设计儿童发起的学习的初衷应该是希望儿童有机会掌控自己的学习过程与学习结果(见第7章),并相信这种学习蕴含着丰富、宝贵的教育价值。每种情况都会教给儿童不同的东西,反过来,也会反馈给教师不同的东西。

在繁忙的课堂中,我们的目标是支持儿童进行高质量的自主学习,从而让教师可以专注于计划好的活动,而不会被不必要的要求分神。当儿童被鼓励成为独立的学习者时,他们就不太可能问"我下一步该怎么做""这是你想要的吗""我现在可以做其他事吗"诸如此类的问题来打扰教师。我并不是说，通过鼓励儿童自主，他们就永远不会来打扰教师。有些儿童——出于正当理由——需要帮助或肯定。但是通过谨慎地计划自主学习，教师被儿童打扰的次数将会降到最低。

一份幼儿教师与其班级儿童之间的互动记录（Fisher, 1996）提供了有趣的研究数据，它详细地记录了儿童不断发展的独立性以及他们对教师的态度和行为的变化。秋季学年伊始，师幼关系表现为儿童依赖教师。

儿童：你还想要我继续吗？
儿童：请问我现在可以停下了吗？
儿童：铅笔在哪儿？

随着儿童变得更加独立，他们似乎重新定义了"学生"的概念，开始陶醉于新发现的独立性，几乎完全忽略了教师。在春季学期，教师经常能有 15~25 分钟不受打扰，从而专注于成人主导的活动。然后，在春季学期结束时，这种关系再次发生变化，儿童开始重新依赖教师，但交流的性质发生了变化。儿童不再寻求肯定，只是为了和教师分享发现的乐趣或成就，或是在特殊情况下请求教师的协助。

儿童：你想看看我做的模型吗？
儿童：我不会写字母"a"。
教师：要我帮忙吗？
儿童：是的。
儿童：你能帮我完成我正在写的故事吗？

儿童对教师角色的感知发生了变化。因为他们在教室里拥有了独立性和相当程度的自主权，他们似乎开始将教师视为帮助自己达成目标的一种宝贵资源。

练 习 题

谈及自主学习，就需要解决练习题的问题。有时，教师认为需要书面证据来证明儿童学到了东西，而我希望第2章已经打破这一"神话"。教师给儿童布置练习题其实是为了让儿童在教师忙其他事情时有事可干。本章强调的高质量的自主学习意味着，没有教师在场的学习应该与教师陪同学习一样具有挑战性、趣味性、启发性……而练习题基本做不到这一点。当想给儿童布置练习题时，教师应该考虑以下问题。

1. 许多儿童的识字能力与概念理解之间存在巨大差异。儿童有可能对某一概念有相对复杂的理解，但却无法记录下来，因为练习题使用了他们不认识或不能理解的语言，抑或儿童自身的书面语言表达能力还未充分发展，无法记录他们所知晓的内容。
2. 儿童可能抄袭或猜测练习题的答案。由于许多练习题需要填空，因此儿童很容易出现抄袭或猜测答案的情况。这也许只能证明同桌的能力水平。
3. 练习题会限制儿童表达他们知道与理解的事情。如果儿童能够自己设计记录知识和认识的方式，那么他们会选择对自己有意义的方式，并呈现他们想分享的所有信息。
4. 儿童经常花很多的时间填涂练习题，而非理解习题背后的概念。当完成练习题时，大多数儿童都很难说出练习题的相关内容。
5. 儿童完成大多数练习题的时间远远少于成人辛苦地绘制或复印练习册的时间。

只是进行批判而不提供可行的替代方案是不妥当的，因此：

◇ 如果需要学习的证据，教师就需要观察、倾听并记录儿童说了什么和做了什么；

- 如果需要被记录下来的证据，教师可以让儿童设计他们自己的记录方式——图片、表格和地图，或者拍摄模型、活动或涂鸦作品的照片；
- 如果教师需要打发儿童的时间，请三思；积极地解决儿童自主学习的问题，并发起有价值和有效的活动。

教室里的每项活动都应该有目的、有意义和有价值。教师应该通过创设高质量的环境以及提供优质的资源来激发和促进自主学习的开展（见第5章），以确保儿童自主学习与成人陪同学习一样有效。

三类活动的地位和质量

有些教师担心给予儿童过多的自主权会导致低质量的学习结果，特别是在需要记录学习结果时。有许多方法可以确保教师的担忧不会发生，其中大部分取决于教师对正在进行的活动的态度。为了让儿童重视自己的学习，无论是成人主导、成人发起还是儿童发起的活动，都必须拥有相应的地位。教师可以根据儿童自身、儿童的参与度以及他们对努力和想法的自豪感来赋予各种活动地位。教师也可以通过无数不同的信息——无论是明确的还是含蓄的——确认或否认不同活动的重要性，从而赋予不同类型的活动不同的地位。所有学前阶段的活动都是有价值的。如果不重要，就不应该为它们提供活动空间。当以下情况发生时，三类活动被赋予了同等地位：

- 这些活动同时发生，不能因为教师认为某一类活动更重要而让这类活动总是优先于另两类活动（"你只有完成工作才有时间游戏"）；
- 教师在儿童进行活动时对这些活动进行观察、监督和评价；
- 这三类活动成为师幼对话的主题，旨在了解儿童做了什么和发现了什么，并在无法进行观察的情况下对他们的努力和成就表现出兴趣；

✧ 这些活动用于为将来的计划提供信息。

由此可知，所有的活动和体验都有明确的目标，并且能够最大限度地利用教师的宝贵时间。

结　语

在幼儿园学习环境中，成人的角色是影响儿童学习质量的关键。幼儿教师若要效仿儿童第一任教育者的成功经验，那么当他们促进和支持儿童的学习，并回应儿童发起的活动时，他们所扮演的角色就是最成功的（Sharp，2000）。虽然教师有责任传递社会价值观，并引导儿童进入他们很难进行自我探索的学习和经验领域，但成功的学习在于成人能够通过使用策略让儿童尽可能多地拥有这些经验，并发现这些经验与日常生活相关联。幼儿教师在幼儿园中需要管理复杂的活动。这项事业成功的关键在于牢记这一点，即一旦投身于学前教育，教师便不会一直直接教授所有的儿童。事实上，现实情况是，更多的儿童会花更多的时间自主工作和游戏，而非与成人一起工作。因此，至关重要的是，教师需要把注意力集中在鼓励儿童发展独立性和自主性的活动上。这些活动应该有难度、有挑战性，而不是为了在教师没空时用来打发孩子们的时间。通过探寻成人主导、成人发起和儿童发起的活动之间的平衡，幼儿教师将既能够回应儿童对自主性的需求，又能根据自身需要将时间有针对性地用于指导儿童个体和小组。下一章将探索鼓励儿童成为自主学习者的多种方法，并探讨如何创设学习环境来促进这一目标的实现。

思 考 题

1. 集体/大组教学对儿童有什么价值和益处?
2. 你充分了解成人主导、成人发起和儿童发起这三种类型的学习各自的目的和益处了吗?
3. 在成人主导和儿童主导这两种活动中,你是否会同样地观察和支持儿童的学习?

第 5 章

鼓励自主：创设有利于儿童自主学习的环境

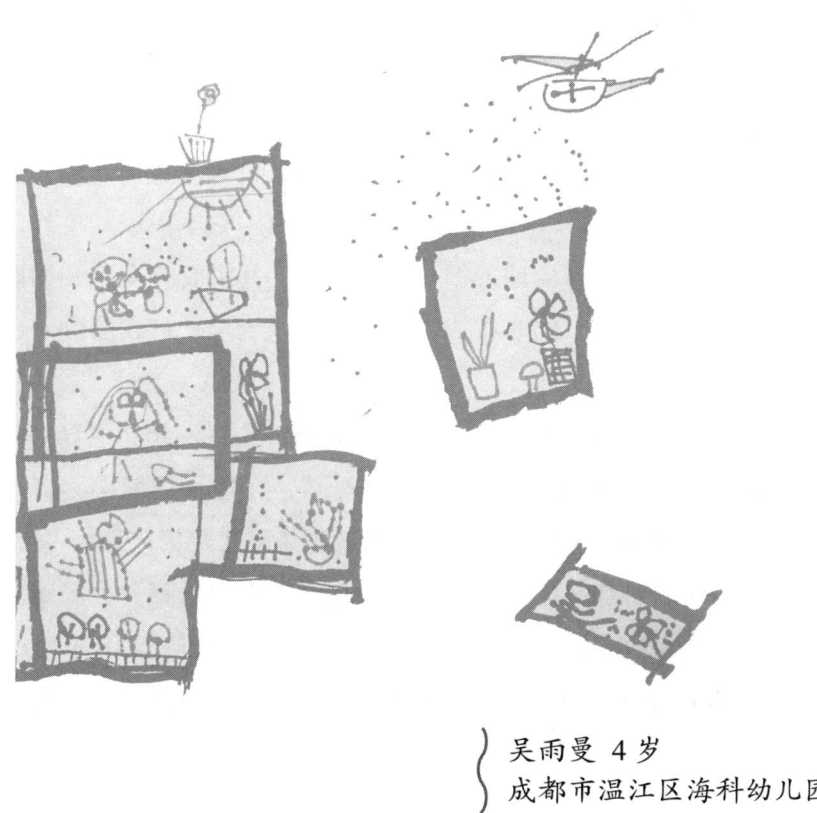

吴雨曼 4岁
成都市温江区海科幼儿园

正如我们在前一章所阐述的，虽然成人主导的学习对儿童的发展至关重要，但在不同学习环境中的大部分时间里，儿童并没有获得来自成人的直接支持。然而，自主学习的儿童并不仅仅是"等着成人来"。幼儿教育者知道，儿童在自主学习时学什么以及如何学与他们直接从成人那里获取学习的内容和方式虽然在本质上有所不同，但同样重要。成人主导的学习能够使儿童的学习更聚焦、更有方向性。它通常非常具体，有着明确的教学重点和一系列目标。这要求儿童专注于成人制订的计划并在其设置的内容范围内学习。相比较而言，自主学习对儿童提出了更高的要求：他们需要发挥主动性，寻找和选择自己的资源，自己解决问题并做出决定，必要时与他人合作，而所有这些都不需要成人的干预和指导。因此，一方面，自主学习赋予儿童更大的责任，对儿童个体或小组的期望更高；另一方面，它更自由，因为它不像成人主导的学习那样严格。儿童可以自由地遵循自己的思路，并沿着完全未知的路径开展活动或者进行体验，同时将成人所建议的内容与他们自己的兴趣点相结合。

自主学习可以由成人发起，也可以完全由儿童发起和主导。如果由成人发起，它就被称为"成人发起的学习"，在这种情境中，成人提供某些资源，或者为儿童个体或小组设置一项挑战（见第4章）。如果是由儿童发起的学习，那么活动或体验是"由儿童自由选择并在儿童的掌控之下。儿童自主决定怎么玩，玩多久，玩什么，和谁一起玩"（DCSF[①]，2009，p. 10）。在这两种学习情境中，教师的职责是确保儿童有权利遵

[①] 英文全称为 Department for Children, Schools and Familes，即英国儿童、学校与家庭部。——译者注

循自己的想法，自主决策并运用各种能力，比如解决问题、给任务排序和协商，这对他们作为终身学习者而言是无价的。但如果儿童的学习活动完全由成人主导，那么他们将永远无法体验或锻炼这些能力。尽管成人主导的学习有种种优势，但也有其局限性。在成人主导的学习中，那些容易遵循成人指令和意图的儿童通常表现得比较出众，而那些喜欢遵循自己的想法并持续进行探究的儿童常常会困难重重；那些能够解释并喜欢谈论自己想法的儿童通常表现得很好，而那些将语言和交流视为一种挑战、更喜欢"做"而不是"说"的儿童通常会感到十分困难。大量单调的成人主导的学习不仅对许多儿童不利，对教师也同样没有益处，因为它们只展现了儿童作为学习者的其中一面。那些能够安静地坐着、倾听、集中注意力并回答问题的儿童可能会被视为"成功者"，而那些渴望动手操作和互动的儿童可能会被认为学习困难或能力较弱。此外，那些在硬性规定较少的学习环境中颇有创造力和活力的儿童可能永远不会有机会展示他们的能力与闪光点。

自主学习是学前教育必要且理想的组成部分。它不应该只发生在没有成人陪伴时。事实上，每组儿童中都有一个成人是不合适的，也是不受欢迎的。它会阻碍儿童习得许多技能，这些技能只有在儿童自由尝试和表达自己的想法时，以及从自己的错误中学习时才能够被掌握。

自主学习环境

虽然儿童自主学习时成人不在身边，但他们仍会对儿童的学习质量产生深远的影响。早期学习的质量是由儿童教育环境的质量刺激和支持的。瑞吉欧·艾米莉亚的教师认为环境是"第三位教师"（除了成人与同伴之外）。事实上，环境应该像另一个成人一样，提供适宜的刺激、支持和挑战。我们将不断评估高质量的早期学习环境对儿童学习经验和机会的影响，就像评估教学质量对儿童学习与发展的影响一样，或者直接将评估学习环境作为评估教学质量的一部分。这重申了第 4 章的观点，即自主学习不是放任式学习。虽然儿童可以（也应该）有一段时间不被打扰地持续学习，但这并不意味着成人可以放任不管他们的自主学习。自主学习的儿童需要在关键时刻被观察、进行交谈和得到支持，以确保高质量的学习得以持续。如果儿童认为教师对自主学习不感兴趣，他们可能就会失去自主学习的兴趣，认为自主学习不如与成人一起学习重要。此外，如果放任儿童的自主学习，那么对教与学来说，一些真正重要的时刻可能会错失。儿童在一段时间的自主学习之后，如果一个成人出现在他们身边并充当参谋，倾听他们的见解和想法，提供细心和专业的支持，那么他们往往会非常乐意谈论和思考他们的学习。

当儿童能够最大限度地参与和卷入到学习环境中时，成人主导的学习质量也会直接得到巨大的提升。随着儿童在没有成人持续指导的情况下学习能力变得越来越强，成人便可以在需要时自由开展成人主导的小组教学活动而不会被打断。教室里自主学习有效进行的一个标志是：当教师在开展一项成人主导的活动时，不会有儿童排着长队问"我接下来该做什么"或者告诉教师"我已经做完"。自主学习者知道下一步要做什么，知道如何继续自己的学习，知道完成任务后要把东西放在哪里，以及发生事故或意外时该怎么办。他们为能够"继续学习"而感到自豪，并有一种目标感——他们自己的目标——而不是每一步都依赖成人。

复制儿童的早期经历

自主学习不是教儿童知识。探索和调查他们周围的世界是儿童从出生那一刻就表现出来的本能反应（Goddard Blythe，2011）。但是经验——通常是成人的经验——会导致这些自然本能随着时间的推移而变得迟钝。成人对健康和安全问题的担忧，缺乏时间或意愿来回应儿童，对儿童的期望和约束……所有这些都可能削弱儿童与生俱来的好奇心，而正是这种好奇心使儿童成为天生的、自发的学习者。在生命的最初几年，儿童学到的东西比他们一生中任何时期都要多。早在上小学前，甚至上幼儿园之前，他们就已经学会了许多将来也会学的重要课程内容：交流、识别各种不同的物体和景象、走路、说话。这意味着，现实世界清楚地向儿童提供了足够多的刺激，以保持他们的好奇心源源不断，并为儿童提出的关于世界的问题提供了足够多的答案和解决方案，以保持他们成为积极互动的学习者的兴趣。那么，现实世界给儿童提供了哪些学习经验，使他们能够成为如此成功的早期学习者？大多数幸运的儿童具有如下经验。

1. 他们的世界充满了有趣的物品：有些是玩具，但更多的是日常生活用品——平底锅、电话、勺子、笔、篮子等。这些物品刺激着儿童的感官。他们通过闻嗅、触摸和品尝的方式了解物品的特性以及功能。
2. 他们的世界充满了有趣的经历：逛商店、公园，看妈妈晾洗好的衣服，看成人踢足球。这些经历激励儿童成为社区的一分子，尝试做成人能做的事，想要以平等参与者的身份参加活动。
3. 他们的世界充满了有趣的人：与他们交流的人，与他们相关的人；对他们回以微笑的人；对他们发出的声音、咿呀学语和说出的第一句话做出回应的人；给他们讲故事的人；回答他们问题并告诉他们以前不知道的事情的人。

对年幼的儿童来说，现实世界如此有趣，以至于当他们试图理解周围的一切时提出了无数个问题。如果他们幸运，那么他们遇到的物品、经历和人会为这些问题提供答案，进而引发有待回答的新问题。

当这些天生好奇的学习者来到幼儿园和教室时，很快地，他们中的许多人变得焦虑、不愿学习，因为他们面对的物品、经历和人不足以让他们相信自己是自信且有能力的学习者。许多不够幸运的儿童具有如下经验。

1. 他们的世界充满了仿制品：塑料制品、人造资源，这些都是成人出于教育目的而非现实生活的目的而投放的。它们是替代物而不是真实的物品，看起来或触摸起来都不吸引人，而且不是天然的、触感明显的物品（石头、羽毛）。

2. 他们的世界充满了虚假的经历：这些经历是成人出于教育目的而非现实生活目的而计划的，与对他们有意义的经历几乎没有关系；这些经历让他们远离自己真正感兴趣的东西，而且似乎与他们个人无关。

3. 他们的世界充满了不回应的人：成人总是没完没了地问问题，而不是回应儿童感兴趣的问题；成人似乎花更多的时间检查和测试儿童对世界的认识与理解，而不是进行扩展和丰富；成人期望儿童按照计划去做，而不是鼓励儿童遵循自己的想法。

难怪有些儿童对这种学习环境感到陌生和排斥。幼儿教育工作者需要努力使儿童从现实生活中的学习到幼儿园的学习尽可能无缝衔接，并尽可能地复制现实世界的情境，让儿童的早期学习更加成功（Fisher，2010）。

户 外 学 习

蓝天下的户外环境是最理想的教室、最丰富的百宝箱。

——玛格丽特·麦克米伦（Margaret McMillan，1919）

对儿童来说，最自然的学习环境是户外。户外环境不能再被视为一种额外的补充，而应是所有儿童在早期基础阶段学习的权利。如果我们认为儿童只有在激发好奇心和放飞想象力的环境中才能更好地成长与学习，那么当儿童在户外时，我们就能很自然地看到这一点。大多数儿童天生喜欢户外活动。在户外，他们有更大的自由去探索和调查；冒险和嬉戏；观察生物并提出有关它们的问题；调动所有的感官自然地学习；运用他们的整个身体，这既刺激大脑，又对身体有好处；感受自由和无拘无束，就像简·怀特（Jan White，2008，p.2）在她关于户外游戏和学习的著作中所说的那样，"做自然的、精力旺盛的、身体强健的和喧闹的自己"。户外环境提供了丰富的学习可能性，通常比虚假的室内环境丰富得多。例如：用橡子学习数数比用塑料熊更好，在自然栖息地观察一只鸟或者一条虫子比观察图片更好，在户外感受风吹拂头发比在室内忍受刺眼的灯光更好。

户外学习环境是"一个完整的学习环境,可以满足儿童的所有需求——认知、情绪情感、社会性和身体等方面"(Bilton, 2002, p. ix)。它有时可以反映室内发生的事情,有时可以提供一些非常独特的东西。然而,户外区域之所以有效,是因为它被视为教学空间不可分割的一部分,其规划和评价方式与室内空间完全相同。户外区域应该让室内外两种环境之间的学习流动起来。英国内伦敦教育局①的文件《幼儿课程:户外游戏》(*A Curriculum for Young Children: Outdoor Play*, 1990, p. 6)明确了连接室内外环境的三种不同方式:

1. 室内的可以转移到室外,即将室内活动的某些元素直接搬到户外,比如,在室外重建娃娃家;
2. 教育资源可以有联系或者相类似,例如,在室内玩有关水的游戏时儿童会使用管道和瓶子运输水,在室外可以借鉴类似的材料,使用排水沟、排水管和水桶;
3. 户外活动可以与室内活动形成对比,比如,室内的小规模绘画活动可以与户外使用大张的纸和大刷子进行的绘画活动进行对比。

然而,有些发生在户外的活动在其他地方确实无法充分进行。儿童在户外体验到的天气和季节变化是丰富而真实的,但如果在室内,这种体验就是间接的;比起在室内环境,儿童更能感受到在户外培育动植物的乐趣;儿童在一个比较理想的户外区域比在室内有更多的机会远离成人,找到独处和私密的空间。最重要的是,户外有一种室内无法复制的空间感和规模感。大多数儿童在户外有机会奔跑、跳跃、自由自在地活动整个身体,在室内则感到过于局促和拘束,这是他们大部分时间都喜欢待在户外的主要原因。当然,在当今世界,儿童需要在户外学习也有一些其他原因。正如我们所知道的,太多的儿童锻炼得太少。他们受到

---

① 英文全称为 Inner London Education Authority,简称 ILEA。——译者注

诸多因素的限制，例如，成人对他们的安全担忧，在家附近没有花园或绿地可供玩耍，或者成人没有时间带他们去游泳或踢足球。当今社会中的儿童比以往任何时候都更需要户外空间，以保障他们在一个安全和可靠的环境中拥有更多的户外学习机会。然而，这并不等同于没有风险的环境。风险是儿童学习经验中的重要组成部分。如果他们没有学会如何处理和管理风险，那么，用怀特的话说，他们就会变得"要么胆怯，要么鲁莽，要么无法承担后果"（2008，p. 10）。风险能让儿童学会对世界和自己的能力做出判断，让他们有机会拓展自己，尝试富有挑战性、令人兴奋和满足的事情。这需要依靠幼儿教师对环境进行评估，确保风险是适度的且符合幼儿教育原则，进而促进儿童的挑战、实验和试错，以实现高质量的学习。

成人的角色

成人在户外的角色应该与其在室内的角色一致。成人不能因为空间变得更大，并且有些儿童参与具有挑战性的身体活动就突然变成监督者。成人的作用仍然是推进成人主导的任务；在个人和小组之间巡回，以便在需要时支持并拓展儿童的自主、自发学习；观察儿童的工作和游戏。当然，在没有其他成人的情况下，以这种方式管理户外要困难得多。因此，所有幼儿园都应该至少配备两个成人，这样才能教授儿童以及了解他们的学习需求。指望一个成人同时管理室内和户外的学习环境是完全不合理的，如前所述，英国政府应该为提高幼儿园的师幼比采取更强有力的措施。

天气

有时，英国的天气并不像我们想象得那么糟糕（想想看，因为恶劣天气失去的游戏时间实际上相对较少）。有顶棚的阳台应该能保护儿童免受两种极端天气的伤害——在英国，太阳对儿童健康的威胁要比雨水大得多。因此，应该将帆布、遮阳篷和凉亭放置在适当的位置，以保护儿童免受有害光线的伤害。这些设备要确保，即使在最炎热的天气里，儿童也有阴凉的地方可以放松休息。另外，从另一方面来看，尽管教师需要保护儿童免受恶劣天气的影响，但这并不代表要让儿童待在室内！丹麦的儿童教育家曾说："没有糟糕的天气，只有糟糕的衣服。"高质量的幼儿园会为儿童提供外出时可以更换的雨衣和雨靴。教师应该向幼儿示范无论在什么样的天气下都很享受户外活动的乐趣，而不是端着咖啡看起来很厌烦。雨雪等天气可以提供丰富的学习机会，这是天气晴朗时儿童所无法体验到的。可以想一想，儿童在水坑里玩耍时能学到什么吧！

户外空间

显然，户外学习环境的设计将取决于是否有直接通往户外的通道，以及户外有哪些机会。大多数教师都可以比现在更好地利用现有的户外空间。重要的是，教师在与同事沟通关于拓展活动空间和设施时，要探寻各种可能性并采取一切可行的措施。高质量的户外学习环境应该具备以下条件：

- 柔软的草地和坚硬的地面
- 不同材料铺就的道路，如砖块、鹅卵石
- 阴凉区域和光照区域
- 可供跑和坐的地方
- 可供隐藏的地方
- 可供挖掘的地方
- 可供表演的地方
- 可供种植和作为自然栖息地的区域
- 树木、灌木、灌木丛、花卉和蔬菜
- 需要照顾的小鸟等动物

户外资源

户外学习环境的设计和规划应与室内一样注重细节、便利性和独立性，比如，需要布置一个小屋来收纳一些放在室外的资源，且所有的资源都有属于自己的地方，然后就像在室内那样，教师引导儿童找到并在使用完毕时送还他们想要和需要的材料。优质的户外学习区域需要以下资源：

- 锻炼粗大肌肉运动能力的资源
  - ▲ 秋千和绳索
  - ▲ 滑梯
  - ▲ 攀爬架

- ▲ 可以跳上跳下的垫子
- ▲ 用于锻炼平衡和跳跃的设施——所有这些都被放置在适当、安全的地面上
- ▲ 自行车和三轮车
- ▲ 用来推、拉的货车和手推车
- ▲ 滑板车
- ▲ 弹跳和摇摆的设备以及不打断他人游戏的活动路线

✧ 锻炼小肌肉运动能力的资源

- ▲ 球和沙包
- ▲ 铁圈
- ▲ 玩套圈游戏用的塑料圈
- ▲ 木工桌

- ▲ 创意区
- ▲ 小型沙水区
◇ 鼓励探索和发现的资源
  - ▲ 建构材料
  - ▲ 沙坑/沙盘（大一点……我现在与园长和建筑师谈论高尔夫球场上的沙坑，这样他们就会知道面积要有多大！）
  - ▲ 玩水区（再次强调，大一点！儿童想要筑坝，把水从一个地方转移到另一个地方，倒水，用水装满容器。如果只是一个水盘是不行的！）
  - ▲ 角色扮演道具
  - ▲ 道路和游戏垫
  - ▲ 设计和创意材料
  - ▲ 非结构化材料（大型纸箱、排水管、分格箱、圆锥形物体、零件）
  - ▲ 音乐及节奏材料：一些教师购置了可以放在户外水泥地上的大地毯，这可以让儿童坐下来工作
◇ 鼓励想象和表达的资源
  - ▲ 用窗帘搭起来的私密区域
  - ▲ 户外的"房子"
  - ▲ 盒子和箱子
  - ▲ 面具、斗篷、帽子和鞋子
  - ▲ 各种用来扮演角色的服装材料
  - ▲ 玩偶
  - ▲ 一艘旧船
  - ▲ 圆形剧场或表演空间
  - ▲ 大块积木
  - ▲ 长绳和滑轮
  - ▲ 原木和树枝

户外学习环境的一些设备设施可能需要长期规划，因为它们成本很高（例如攀爬设备或铺设路面），但大多数是花费较少或不需要花钱的。另外，教师们发现，一旦户外成为持续学习资源的一部分，幼儿园或教室里各种各样教与学的质量就会提高。

自主性

好的户外区域有充足的空间，因此，儿童作为学习者需要学会独立，知道如何管理自己、资源和保障自己的安全。教儿童进行自我管理的教师发现，儿童对户外给他们提供的机会感到兴奋并且自我管理得特别好。他们变得善于管理自己和组织活动，不需要成人的陪伴和关注。然而，就像其他早期学习情境一样，儿童在户外的自主学习仍然需要得到观察、支持和拓展，并通过适时的成人干预保持最佳的活动质量。

行为表现

在幼儿教师将自由使用户外设备作为儿童日常学习的权利后，他们一致发现儿童的行为有所改善。当儿童拥有更大的自由空间和机会时，他们会释放出一些被压抑的情绪，而持续待在室内会加剧这种情绪。安静地坐在地毯上聆听成人的指示，这会给活泼好动的儿童带来压力，他们需要动起来才能最有效地学习（Goddard Blythe，2005）。当儿童没有吃一顿像样的早餐就疲惫地来到幼儿园，或者家里有争吵或不愉快的情况时，直接走进户外空间会对他们很有帮助，在那里他们可以缓解紧张的情绪，以更平和的心态面对一天中的剩余时光。户外学习能改善儿童的行为，原因很简单，当许多儿童在户外时，这就会增加室内儿童的活动空间，也会改善室内儿童的行为。

好奇心与参与水平

儿童在优质的户外学习区域寻找到的自然材料具有很高的游戏价值。当然，这些自然材料是完全低结构的，可以被儿童用无数种不同的方式使用。当儿童探索和把玩这些多样化的资源时，他们的好奇心会被激发，参与水平也会很高。他们会不断地问"这是什么"以及"这是做什么的"。在资源丰富的户外区域对儿童进行观察，可以发现，他们"在操作、探索和想象的过程中长时间沉浸在自己的世界中"（White，2008，p. 16）。正如怀特的书中所强调的那样，儿童与外部世界有一种天然的亲密感，他们欣赏自然事物的美感。这种对所有自然事物的自发兴趣会激发学习，包括：了解图案、形状、大小和位置，以及在独自和合作游戏中使用自然材料代替各种各样的其他物体。

室 内 学 习

室内空间

尽管户外学习对儿童至关重要，但他们的许多学习体验仍将在室内发生。许多教师所面临的问题是室内没有足够的空间开展所有计划的活动。拥有高质量的户外区域可以快速缓解室内空间的不足，但仍然有必要优先考虑如何通过规划室内空间来优化学习机会。以下是大多数教师希望在室内环境中拥有的区域：

- ◇ 地毯区域
  - ▲ 分享活动
  - ▲ 游戏活动
  - ▲ 建构活动
  - ▲ 小组活动
- ◇ 娃娃家 / 幻想区 / 角色扮演区
- ◇ 沙盘——干沙和湿沙
- ◇ 水盘
- ◇ 科学探索区
- ◇ 供儿童休息的区域
- ◇ 安静区

- 书写区 / 涂鸦区
- 阅读区
- 听音区
- 音乐区
- 桌面
- 创意区
  - 胶水
  - 颜料
  - 剪刀
  - 面团
  - 黏土
  - 橡皮泥
  - 模型
- 计算机区

教师有必要将自己认为儿童在室内学习环境中所需要的东西列个清单。最重要的问题是：儿童如何学习是最有效的（见第 1 章），教室是否为他们创造了这些学习机会。在一些幼儿园的教室里，桌椅占据了太多空间。但是孩子们永远不需要同时坐下来，所以减少非必要的桌椅，教室瞬间就会拥有更多可以更灵活使用的空间。地面空间要灵活，这样儿童就有空间构建和创造想象的世界，同时也有地方阅读和听故事；有空间玩建构模型；有空间搭建火车轨道，并在巨大的画纸上作画。他们需要空间把自己的学习带到想去的地方，而不是被桌子和椅子局限。儿童通过直接感知、实际操作、亲身体验进行的学习最有效，并且需要室内空间保障他们每天享有这种学习的权利。

> **专栏 5.1　利用空间的策略**
>
> - 列出对儿童有价值的区域。
> - 将它们按优先顺序进行排列,以便根据可用空间做出调整。
> - 消除没有什么价值或很少被使用的区域。
> - 扔掉不必要的桌椅来创造空间。
> - 在可用空间内合理规划剩余区域。
> - 根据科学的教育理念做出合理的决策。

为了支持儿童尽可能自主地学习,我们有必要规划室内空间,以便每个人都知道哪些资源属于哪个区域。教室需要为以下资源预留地方:

◇ 数学材料

◇ 书写材料

◇ 科学材料

◇ 书籍

◇ 娃娃家和角色扮演道具

◇ 艺术、手工和创意材料

◇ 建构材料

◇ 想象游戏的材料

◇ 沙和水

儿童和成人可以对这些区域进行标记,并且应该意识到这是存放和归还资源的地方。命名和贴标签能够给原本可能非常混乱的环境增加一种秩序感。想象一下,你走进一家不熟悉的超市,寻找洗衣粉或麦片,却没有标识标明它们在哪里该多不方便,由此,你应该能够理解标签的重要性。对教师和儿童来说,明确划分的学习区域会使资源的组织和管理都更加直截了当。

当然，这并不意味着儿童只能在指定的区域学习。例如：进行数学活动的儿童不一定要待在数学区；想要书写的儿童也不一定非要坐在书写区；当儿童建构一个模型时，即使模型超出地毯区域也不需要停止游戏。这些区域的划分是为了让自主学习变得更容易；让查找、获取和归还资源变得更高效，而不是限制儿童在那里能做什么或不能做什么。最近，我在一间教室观察一个儿童在玩小小世界游戏，他说他不能去建筑区"买"他想要的电视模型来丰富故事，因为"我不是在玩建构游戏"。这就误解了布置学习空间的要点——它们控制的是资源，而不是儿童。

> 专栏 5.2　利用空间的原则
>
> - 一些区域的利用由固定设备决定，如水槽、地板表面（室内）、弹性表面和沙坑（室外），这些需要最先布置。
> - 每个区域都需要充足的空间让儿童在舒适、安全的环境中活动。
> - 一些区域自然地受益于与其他区域相邻，例如，娃娃家可以延伸到咖啡屋，而咖啡屋可以通过靠近积木游戏区而受益，有利于儿童进行相互关联的游戏。
> - 有些区域因不靠近其他区域而受益。例如：听音区或图书角可能会被建构区的活动干扰，自行车和三轮车不能对在户外进行的其他游戏构成威胁。
> - 需要有一些区域，适合儿童个体、小组或群体工作。

室内资源

空间一旦被分配，儿童在任何一个区域活动时所需要的资源就应该准备到位。想要自主学习的儿童需要知道在哪里能找到资源，以及用过的资源需要放回到哪里。

材料的选择应该取决于儿童的学习需要。我们如果想让儿童继续探索、调查和发现，就应该选择适宜的资源和材料来鼓励这种行为继续下去。有时，具有最大学习潜力的资源是最昂贵的。例如，对那些预算微薄的人来说，实木积木可能看起来很贵，但它们可以为儿童提供审美、数学、科学和解决问题等方面的丰富经验（Gura，1992）。因此，它们是物有所值的。然而，通常情况下，最好的和最吸引人的资源是那些不需要任何成本的资源。正如我们所看到的，将自然资源用于整个学习过程能够体现其审美价值，另外，自然资源也会随着季节和儿童的兴趣而变化；而那些由容易褪色、失去光泽和易损坏的材料所制作的学习资源不仅不能灵活多变，还会因购买成本太高而使人不舍得丢弃它们。人们往往会把金钱浪费在那些能被自然资源替代的资源上，其实，自然资源不需要花钱，只需要时间来收集。周日下午的散步、拜访亲戚或去特定的商店逛一逛，都会带来大量可用于分类、销售、描述或探究的优质资源。正如前文所述，高质量的户外学习环境往往拥有丰富的资源，并且这些资源就在"家门口"。

创设学习环境的首要任务通常是收集现有资源，然后毫不留情地丢弃过时的、不合适的、被咬碎的或零件丢失的材料。如果空间有限，那么空间里的一切材料都应该是相关的、必要的和完整的！对教师来说，有时很难丢弃这些东西，特别是当他们为了"以防万一"而一直积累它们时。如果有无限的空间，并且这些资源没有让空间看起来很凌乱，那么，当然可以保留它们。但如果保留一些东西意味着没有存放其他东西的空间，或者很难找到或接触其他东西，那么教室里学习者的需求应该被优先考虑。扔掉那些最没用的资源，以及那些"以防万一"的资源。依据经验，如果某样东西在整个学年都没有被使用过，那么它要么该被扔掉，要么该被送给适合的人。

一旦处理了所有不必要的杂物，就可以确定可用资源的缺口，并决定添加或订购什么。有许多资源是可以找到或收集到的，而不需要购买,但无论如何收集资源,都需要牢记一些原则(见专栏 5.3)。

> **专栏 5.3　收集资源的原则**
>
> - 资源应该同时适用于班级的女孩和男孩。
> - 资源应该鼓励女孩去传统意义上属于男孩的区域玩耍,反之亦然。例如:在扮演区的衣服会吸引男孩进行角色扮演游戏,户外的书写材料会吸引女孩。
> - 资源应反映多元文化,无论这些文化是否在班级的儿童种族中得到体现,可能包括拼图、娃娃家里的炊具或书籍。
> - 资源应适宜各种不同的需要、兴趣和环境。任何儿童都不应该由于现有资源所反映出的文化、性别、社会或能力方面的偏见而在活动和体验中感受到歧视与偏见。

在选择和收集新资源后,教师需要对这些资源进行分类并将其分配到学习环境中最适合的区域。让儿童明白这个分类过程的重要性尤为重要。与空间布置和资源投放的许多其他环节一样,儿童可以有效地参与到这一过程中——这就是解决现实生活中的问题——后文将对此进行探讨。这一点就足以说明,成人不应该假设什么对儿童来说是"合乎常理的"。许多资源可以用于多个学习领域。因此,分配是基于资源的最频繁使用还是最合理使用呢?每个学习领域都有一个资源区域,这是否不现实?

在资源分配方面没有硬性规定。重要的是,所做的决定对将使用这些资源的儿童和成人都是有意义的,而且分配方式是一贯适用的。这样,资源就更容易被发现、使用和替换,而不会出现混乱。

一旦资源被分配到某个区域,就可以给它们贴上标签,以便后续查找和归还。教师可以同时标注资源和位置,这样即使是最年幼的儿童也可以把物品放在正确的位置。标签可以根据使用它们的儿童的年龄和能力而定。标签可以是儿童画的一幅画、一幅从玩具目录上剪下来的图片、一个描述资源的词语，也可以是表示某一类资源的彩色符号。不过，我认识并尊敬的一位园长认为，儿童最好是在没有这种提示的情况下了解东西的位置。就像所有的事情一样，这件事情需要教师和孩子们一起决定。这也是一个需要全体教师讨论的决策，与其他和学习环境管理有关的问题相似。教师们的共同讨论和决策可以对儿童的学习经验产生非常积极的影响。如果要鼓励儿童独立，那么在幼儿园中采取一致的方式对儿童和教师都是非常有益的。没有什么比在一种情况下被给予独立和自主权，而在另一种情况下被剥夺更令人沮丧了。所以，一定要和同事一起讨论这些问题。如果学前阶段的儿童能够在高质量的教育环境中获得一定程度的独立性，那么请想象一下，当他们7岁和11岁时能达到什么样的水平。

为了促进儿童的自主性，资源需要被放在容易拿取的地方。这就需要控制一定空间中的资源数量，这也是我认为杂乱的资源区没有好处的原因。如果资源杂乱无章、混乱不堪、堆得太高或太深，儿童或成人就可能无法看到某个资源，更不用说意识到它可能是有用的。他们可能知道资源就在某个地方，但却无法找到它们，因此只能使用一些不太有用的东西。同样，他们可能找不到可以放回的位置，或者觉得这个地方太乱了，他们会把东西放在任何地方，从而导致这个地方更加乱糟糟。

资源最好被放置在整洁的平面上，使它们更容易被看到和拿取。这意味着，最好不要把资源放在有门的柜子里（除了出于安全考虑的有门的室外储物棚）。门可以隐藏大量杂物，但也占用大量空间。非推拉的柜门必须有足够的空间才能打开，如果把室内的柜门移走，这些空间就都可以得到更有效的利用。

教师需要引导使用环境的儿童和其他成人正确地寻找与替换资源。

儿童不一定天生就爱整洁和干净！他们可能需要从一开始就不断地被提醒如何对待资源，以便随着时间的推移，慢慢养成习惯。这种策略最好成为一日常规的一部分，特别是对年幼的儿童来说，这样在每天的某个时间点，当有人寻找/替换某件材料或资源时，他们就会察觉到。这样做可以达到两个目的：其一，它强调了"物有所归，各在其位"的重要性，这一点对大家共同使用的空间来说十分必要；其二，它非常有效地提醒儿童有哪些资源是可利用的，这样他们就可以在适当的时候把这些资源纳入活动中。儿童需要意识到他们在爱护环境中所扮演的角色，不仅是在幼儿园中，在社区里也是一样。如果教师相信儿童能够关心自己的学习环境并为之负责，那么他们一定能够学会尊重并珍惜所处世界的秩序和规则。

> **专栏 5.4　规划和安排资源**
>
> - 将所有现有资源收集在一起。
> - 扔掉所有不完整或不适宜的资源。
> - 收集新的、必要的资源。
> - 根据学习空间的布置对资源进行分类。
> - 使用玩具目录上的图片、文字等内容来贴标签（可能标记资源和位置）。
> - 将资源放在容易拿取的、开放的架子上。
> - 引导儿童自己寻找和送还所有资源。

最后，在学习活动结束时，教师需要给儿童一些时间，让他们负责整理自己的活动区域，这样他们就能学会对自己的学习环境负责并意识到为了每个人的利益，有必要保持有序、高效的工作环境。一个非常有效的策略是提前 5 分钟提醒儿童。如果告诉孩子们，5 分钟后他们必须停止正在做的事情，那么这不仅给了他们开始收拾材料的机会，还给了他们时间完成活动或者选择最适合的时间停止手头的活动，而不是立刻结束。尽管如此，有些活动资源也不应该仅仅因为活动结束就被清理掉。一些活动如制作模型、绘画或儿童自发的游戏可能正进行得如火如荼，儿童可能想要稍后再继续活动。儿童正在进行的任何活动都应该得到尊重，不能出于成人的目的而被清理掉。儿童在完成令自己满意的工作或游戏之前，如果被打断或被限制，那么他们参与活动的程度就不会达到较高水平。

消 除 琐 事

培养儿童自主性的一个有效策略是，记录你作为教师所受到的干扰。来自孩子们的干扰包括："我不知道下一步该做什么""能再给我一些纸吗""我打翻了一些颜料"；来自其他地方的干扰包括：幼儿园中相关工作人员想知道晚餐的份数、幼儿园园长想借用一些孩子完成任务、家长要求参观你的班级。所有这些干扰都会占用教师宝贵的教学时间。但许多或大部分的干扰是不必要的。教师需要教授儿童独立的能力，教他们调配颜料、找到新的纸张、清理洒出来的东西。一开始可能并不顺利，但在积极鼓励和良好的榜样作用下，孩子们完全可以应付自如并乐在其中。至于成人的干扰，通常情况下，发出指示的成人根本不会考虑到他们的要求所带来的后果。在教师会议上提出这一问题或与相关人员单独交谈，就可以在一夜之间减少许多干扰。教师的任务是教育儿童。当然，在消除混乱、整理资源等过程中，教师需要向儿童教授大量的社会技能，但教授时间不应该发生在成人主导的活动中，因为其他儿童正等着教师回到他们身边，完成手中的任务。任何使教师偏离他们所计划的活动的事情——无论是观察还是教学——都需要得以妥善解决，所有幼儿园中的相关人员都应该理解并给予支持。

儿童如果学会管理学习环境中的琐事，就可以为自己和教师节省宝贵的时间。但是，为儿童创造时间来学习这些技能可能需要一些教师改变原有的态度。首先，这意味着教师需要提供便于儿童轻松操作的资源，例如大小和形状适宜的卷笔刀，或便于拿取的簸箕、刷子和拖把。这也意味着让儿童自己有时间和机会去发现：太多的水会导致他们的画看起来很模糊，使用拖把时不挤出水会让地面很滑，转动卷笔刀太频繁会折断铅笔而不是削尖铅笔。这同样意味着，在新生入学时，要首先安排时间培养儿童的独立性，然后再专注于其他课程领域或任务。为了让儿童变得独立，需要教给他们某些特定的技能，然后给他们时间练习。这就需要教师留出时间，以便向儿童展示如何为同伴系好围裙，如何剪纸或找到一本新书。当然，只向儿童展示一次是远远不够的。这样的经验需要不断地被重复，需要融入每天的生活中——也许是在大组活动时间里——以确保儿童不断地想起学习环境中的期望以及如何照顾自己。与许多其他班级问题一样，在这里投入的时间将为以后节省时间。在这种情况下，它所节省的时间是教师的时间，然后教师可以将时间花在有价值的教学上而不是服务上。当儿童管理自己时，他们不会觉得有事必须去求助于成人，他们会有一种强烈的自豪感和个人成就感。重要的是，儿童的努力会被视为学习过程中有价值的部分。

让儿童参与决策

如前文所述，让儿童尽可能多地参与有关空间和资源的决策对他们有很多好处。作为成人，我们知道，一旦有了主人翁意识和责任感，我们就可能对某件事产生更浓厚的兴趣，并会更努力地维护它。为什么说让儿童参与进来对他们自身和教师都是有价值的，还有其他重要的原因。让儿童参与进来能够：

◇ 提供机会让他们解决真实生活中的问题

- 鼓励他们坚持按照自己之前制订的计划行事
- 使他们对自己的学习环境有一定的控制力
- 将组织能力发展为一种生活技能
- 给予他们一种责任感／自尊心
- 鼓励他们与其他儿童以及与成人进行协商与合作
- 让教师从儿童的视角看问题

儿童可以参与计划和安排如下事情：
- 空间的使用
- 学习环境中各区域的命名
- 资源的选择
- 资源的分类
- 资源的整理
- 给资源贴标签
- 资源的位置

我曾经在一个班级里观察到，一个 4 岁的孩子发现教师的班级名册不是最新的（年初有新的孩子加入，还有两个孩子离开）。在教师专业和细心的帮助下，男孩拿到了名册，重新给儿童分组（包括把两个"非常健谈"的女孩分开），改变墙上的小组图表以匹配他的新安排，并打印出新的名册。然后，他向全班儿童解释他所做的一切，以及从现在起他要如何组织他们。生活中的真实问题解决机会常常出现在幼儿园和教室里，但教师可能忙于完成他们计划好的课程，而错过了这些真正的教与学时刻。

审视空间和资源的使用情况

学习环境的设计和管理总是处于"过程中"或"进行中"。它要求儿童和教师审视自己的教与学空间，并有机会提出改进的方法。以下是教师可以向儿童和自己提出的有用问题。

关于空间的问题

- 在学习环境中，儿童是否有足够的活动空间（包括室内和户外），不会干扰其他同伴的活动？
- 室内外是否有空间让儿童进行主动学习？
- 是否有足够的地面空间让儿童游戏，并且在游戏结束之前不受打扰，同时有其他空间用于阅读故事？
- 室内外是否有空间让儿童可以单独坐着或者在大组、小组中与朋友坐在一起？
- 室内外是否有让儿童安静、互动和嬉闹的空间？

关于资源的问题

- 儿童能否在不干扰其他儿童活动的情况下非常容易地获取室内外资源？
- 资源在室内外是否都清晰可见？
- 无论是室内还是户外，资源是否都能被放回到正确的位置？
- 室内外是否有充足的资源满足每个人的需求？
- 资源是反映了真实、自然的世界，还是被塑料制品主宰？
- 是否有足够的资源支持儿童巩固已有的经验以及激发儿童学习新的经验？

关于管理的问题

- 成人是否经常被教与学以外的问题打断？
- 如果资源用完了，如颜料、纸张、胶水、铅笔，儿童知道该怎么办吗？

- 如果儿童需要系上围裙或穿上鞋子，他们知道该怎么做吗？
- 儿童知道如果东西被打翻了该怎么办吗？
- 儿童知道如何处理完成的作品吗？
- 儿童完成一项活动后知道该做什么吗？
- 儿童是否一直全神贯注于自主学习，直到成人准备好与他们互动？

培养自主性

鼓励儿童自主需要时间，但花费时间这样做是明智的。如果班级里的其他儿童不能独立活动，教师就很难开展预设的、与儿童个体或小组进行的一日教学活动。与其从第一天就开始教授课程，不如在学期或学年的最初几天就鼓励儿童自主。教师可以留出时间，让儿童学会寻找和更换资源、混合颜料、拖地和打扫卫生，以及从一项活动过渡到下一项活动，而不需要依赖成人（见第9章）。在这段时间里，成人的作用是观察、引导和支持这种日益增长的自主性。教师需要花时间向儿童展示如何做某件事，或者提醒他们在哪里找到某件材料。教师如果不打算用这段时间来教授课程，就能真正培养儿童的自主性。在儿童没有独立能力的时候，任何试图对儿童个体或小组进行教学的尝试都可能导致全方位的失败。儿童将不知道如何管理他们的时间，并会变得无聊或沮丧；教师的教学工作将会被低层次的要求打断。培养自主性，并将其视为有价值的教育内容，对日后课程的教与学以及专注于高质量地利用时间，都会有长远的裨益。

为了培养儿童自主学习的能力，并使其成为平衡学习经验和机会的基石（见第4章），最好从儿童发起的活动开始，然后引入成人发起的活动，最后再引入成人主导的活动。如果从儿童发起的活动开始，即从儿童无须求助于成人就能进行的活动开始，就会使成人集中精力支持儿童的自主性，而不是其他任何事情。一旦儿童能够独立自主，就可以逐渐引入由成人发起的活动，这样教师就可以看到儿童是否能继续保持他们的自主性。教师虽然需要在这个时候开始与儿童进行关于学习的互动，但仍然必须留出时间，以便在被儿童因为琐事打断时提醒和支持他们。当自主性真正建立起来，儿童能够自信地管理自己和学习时，就可以引入成人主导的活动，因为班里的其他儿童可以有目的地工作和游戏，暂时不需要成人的支持。这并不意味着儿童永远不会再打断成人，但这种情况发生的次数的确会大大减少，儿童会对自己的学习负责，而成人能够继续他们的教学工作。

结　语

自主的学习者是班级生活必要且宝贵的一部分。虽然儿童天生独立，善于学习，但在教室里的情况是不同的，教室里的期望和界限可能与他们在家里所习惯的不同。我们需要帮助儿童重新适应这种共享的学习环境，并帮助他们了解，在享受自由的同时也要与共同使用空间的同伴们一起游戏和工作。儿童在没有成人干预的情况下一起工作和游戏，是学习与发展的重要组成部分，因为当儿童和同伴在一起时，他们会发展许多不同的技能和理解力。学习协作和合作是一个持续终生的过程，儿童在年幼时有机会练习这些技能是至关重要的。第 6 章将阐述儿童与他人一起学习的重要性，探讨对话在学前教育阶段中的地位，并对一些关于小组合作的既定观念提出质疑。

思 考 题

1. 你所在的幼儿园如何支持和鼓励儿童成为自主的（但不是放任的）学习者？

2. 空间和资源的使用是否能使儿童在不因琐事打扰成人的情况下进行自主学习?
3. 在你所在的幼儿园中,学习是如何反映现实生活中的经验和机会的?
4. 你所在的幼儿园是否充分利用了户外学习的机会?

第6章

协作与合作：与他人交谈和共同学习的重要性

张璇 5岁
成都市温江区海科幼儿园

对年幼的学习者来说,在学习过程中能够有机会与同伴、成人交流,是适宜的学习环境中的重要因素之一。多项就儿童在家庭和学校里的语言使用情况所做的研究[尤其是由戈登·韦尔斯(1981,1986)指导的布里斯托尔研究——"家庭和学校的语言",由芭芭拉·蒂泽德和马丁·休斯(Barbara Tizard & Martin Hughes, 1984)开展的研究以及英国国家口才计划①的研究成果],达成了一项有力的共识,即交谈在学习中具有核心价值。随着对儿童在课堂中——主要是中小学课堂——通过交谈来学习这一现象的持续研究,这些比较研究逐渐变得更深入,也使得我们能够更好地理解这一观点:"在所有生物中,唯有(人类)能够通过共同的心力,汇聚智力资源并创造知识。"(Mercer, 1995, p.1)交谈是我们理解自身经历的一个基本方式。维果茨基(1962)研究了儿童如何借助言语、眼睛和双手来解决实际问题,并且将语言作为整理自己想法的一种方式。起初,语言和行动就是这样融合在一起的,这也是为什么我们常常听到儿童在进行一项活动时总是自言自语。最终,语言和行动分离,儿童可以通过语言来表达活动(Bruner, 1985)。

认识到语言对思维和学习的作用,对学前教育实践有非常重要的意义。它主要体现在以下两个方面,其一是关于儿童和成人之间的交谈:

为了达到最佳效果,儿童的交流体验应在一对一的情况下进行,且成人应谈论儿童关心或感兴趣的事物,或者谈论儿童与成人共同参与的活动。(Wells, 1985, p.44)

其二是关于儿童和同伴之间的交谈,以及对这一观点的态度,即

---

① 英文全称为 National Oracy Project。——译者注

"合作性交谈不仅有助于完成当前的任务，更能提高学习者的能力。事实上，这种交谈在促进学习方面比任何其他类型的交谈都更有潜力"（Chang & Wells，1988，p. 97）。

与成人交谈

在学龄前阶段，交谈与学习息息相关。儿童会与成人、兄弟姐妹或同龄人交流他们关心和感兴趣的事情。正如我们所知道的，为了积极地理解自己的经历，儿童会创造出十分有效的策略。然而，当儿童进入学校或幼儿园时，这套通过交谈进行有效学习的策略往往没有被延续。取而代之的是，他们常常接受"听－学"教学模式，几乎没有机会通过参与互动来达到入学前的学习质量（Mercer & Littleton，2007）。蒂泽德与休斯（1984，p. 14）指出，从儿童在家里和在幼儿园的不同对话表现可以看出，他们在两种不同环境中的表现天差地别，并且有时候，"很难相信说话的是同一个儿童"。

成人与全班儿童交谈

对儿童和教师来说，倡导通过交谈进行学习的困境之一是，想要表达的儿童有很多，而能够倾听的教师太少了。多年来，教师们一直在努力寻找一种方法，以确保能够在与多数儿童交谈的同时，倾听和回应单个儿童。在英国推行了读写和计算战略后，有一种策略十分受欢迎——事实上，在英语课堂上十分流行（DfEE，1998），即集体教学。有人认为，在传递信息、介绍主题或教授新知识方面，没有比同时与全班儿童对话更可靠的方法。然而，有无数教师发现，问题在于面向全班儿童的教学不能确保全班儿童都能学到知识。在集体教学这种模式的伪装下，教学仅仅成为知识与理解的传递媒介，对非常年幼的儿童来说，教学也成为无效的学习策略之一。接下来，让我们来探讨一下原因。

第一，众所周知，儿童以自我为中心（Piaget，1929）。这意味着，他们从自己的视角认识这个世界，很难适应他人的观点和视角。事实上，如果你听过广播上的成人谈话节目就会发现，许多成人似乎从未走出那个阶段，不会跳出自己的视角看世界。然而，我们知道，儿童喜欢讨论他们感兴趣的事物，他们在别人介绍某一主题时很难集中注意力（Bredekamp，1987；Tassoni，2007；Robinson，2008）。他们只会耸耸肩或点点头来迅速略过，然后回到自己之前正在做的事情上。与大概30个儿童一起坐在地毯上上课，可能会导致教师所说的话很难被每个儿童听到。

第二，在集体教学情境中，要想参与，儿童必须"坐着不动"，这是一种常态。事实上，在许多课堂里，儿童被不断提醒要想"表现好"就必须"乖乖坐好"并且"认真听讲"。因此，在集体教学中，儿童的任务不是参与课堂互动，也不是和教师充分交流自己的想法和意见，而是必须倾听他人讲话、等待轮到自己发言以及与教师、同伴一起共度教学时光。这通常导致儿童忘记想说什么或者对想说的事情失去兴趣，因为他们确实等不了那么久。

第三，和一群同伴坐在一起并被要求保持安静，这可能让儿童感到不适。我们都知道，对儿童来说，保持静坐是极其困难的事情（Goddard-Blythe，2005；2011；Featherstone & Bayley，2010）。每一本关于儿童发展的教科书都提醒我们，儿童是世界的积极探索者（Shaffer，1999；Smith et al.，2010），他们利用自己的本能与天生的行为在活动中更好地学习。因此，必须安静地坐着并且学习并不是自然的学习状态。在集体教学情境中，学习往往是被动的、抽象的。儿童被要求通过倾听、理解、回应成人的想法来学习，而不是通过自己的直接经验。

此外，静坐还会带来身体上的问题，尤其是对男孩而言。他们难以很好地控制粗大肌肉运动系统，从而解放他们的思想，一边倾听一边学习。越小的儿童，越难长时间静坐。戈达德-布莱思（2005，p. 137）提醒我们，针对无法静坐和集中注意力的儿童，"为了让他们能够重新集中注意力，应给予他们更多的机会活动和锻炼身体"。当儿童觉得两腿并拢、保持背部挺直的坐姿很困难甚至很痛苦时，学习就会变得更加困难。

对儿童来说，在集体教学中，他们说的话得不到立即回应，或者开启了交谈却不能继续或完成，这些都会让他们感到失望。在现实生活中，交谈是相互的。一个人表达，另一个人回应，如此反复，直到穷尽该话题。交谈就是这样进行的。然而，在集体教学中，儿童只有得到准许后才能发言，是否回应的决定权掌握在成人的手中。当某个儿童发言结束后，他很少有机会继续交流，因为该轮到下一个儿童发言了。对经常努力保持自己思路的儿童来说，频繁切换关注点、话题以及发言的人会导致他们的思路变得混乱，甚至丧失兴趣。

在集体教学中，儿童如果想要发言，就必须勇敢。通常，在集体教学中，教师清楚地知道交谈的方向以及他们希望儿童在这节课结束时知道什么或理解什么。这意味着，儿童常常需要努力思考教师脑子里在想什么以及"正确的"答案应该是什么。假如儿童有点紧张或焦虑，或者他们对自己的回答不确定、犹豫不决，他们就会觉得课堂是一个非常容易丢脸的公开场合。儿童得到的只有类似"很好的尝试，但是答案不对"这样的回答，或是更糟糕的回答，比如，"不，不对，不是这样的""你真的这么认为吗""拜托，别犯傻了"——这些都是我在近几个月的课堂实践研究中听到并记录下来的内容。因为害怕犯错或被认为看起来很傻，那些缺乏自信的儿童将决定以后不再表达自己的观点。

集体教学在很多方面都很有价值。例如：介绍一个新的话题或主题，分享关于旅行、参观或游览的经历，分享诗歌、故事、儿歌和歌曲，做一个小游戏以巩固数学知识、拼读技巧或其他技能，回顾和分享工作、体验和想法（Fisher，2010）。然而，当说到学习时，当需要思考新的或棘手的事情时，或者当涉及讨论事情和测试萌发的想法时，对儿童来说，集体教学几乎无法达成目标。由于一个班级的儿童数量太多，因此任何一位教师都很难做到完全回应、理解、解释以及追随每一个儿童的想法。对儿童来说，要想通过交谈来学习，他们需要更多的机会让自己的声音被听到；需要成人有时间和机会倾听他们的想法并帮助他们澄清错误的认识，答疑解惑；需要学习交谈的技巧，但这需要成人带着真正的兴趣积极地倾听，并且有充足的时间自然地做出回应。有经验的教师不仅会回应儿童，而且会在儿童所说内容的基础之上回应，这样他们才能明白说和听是密不可分的。为了成功地做到这一点，成人需要以小组、结对或单独的方式与儿童进行交谈。

单独交谈

与儿童单独交谈是教师所有教学策略中颇为关键的一部分。艾拉姆·西拉杰-布拉奇福德（Iram Siraj-Blatchford）和她的同事在"早期教育有效教学研究"[①]（2002）项目中提到，当儿童参与一对一和成对的小组活动时，"持续性共享思维"的发生率最高（2002，p. 59）。他们将"持续性共享思维"定义为"一种有效的教学互动。在这种互动中，两个或两个以上的个体一起动脑筋'合力'解决问题、澄清概念、评价活动或扩展叙述。在思考过程中，双方均要有所贡献，并且有思维上的发展和延伸"（2002，p. 59）。

为了让谈话在幼儿园中更有效，我们需要秉持"共同"努力或"共享"的观念。有经验的教师倾听、回应儿童，并在恰当的时机拓展儿童的思维。也就是说，教师介入儿童个体或小组活动的时机决定了那个时刻交谈的作用，即促进还是打断儿童的思考。然而，重要的是，这样的交谈不是单方面的，或者说不是教师单方面的。如果教师说得或问得太多，那么这仍然有可能导致儿童几乎没有机会表达自己的观点或提出自己的疑问。意大利瑞吉欧·艾米莉亚幼儿教育的创始人洛里斯·马拉

[①] 英文全称为 Researching Effective Pedagogy in the Early Years，简称 REPEY。——译者注

古齐（1992）解释说，成人与儿童之间的互动被视为一种相互作用的活动，就像"双方在不断地抛接球，有时儿童抛球，有时我们抛球"。

这个有趣的类比强调了儿童与成人交谈时的协同作用，两者都必不可少。儿童的能力、观点、想法和感受与成人的同样重要，并且成人的主意、想法和感受可以优化并拓展儿童的思维。

正如第2章所述，关于家庭环境中对话的研究表明，这些对话是自发的，并且通常来自儿童与成人共同参与的活动。因此，对话因其发生的情境而被赋予意义，并且成人与儿童都有兴趣谈论这一经历以及提出彼此对这一经历的看法。在幼儿园中，尤其是当成人占主导地位时，这种互惠性的效果难以实现。正如我们在前面几章中所论述的，成人主导的学习和儿童主导的学习都有其一席之地。其中的秘诀似乎是理清这两种学习情境的不同目的，以及成人在其中所扮演的不同角色。关于有效的成人-儿童互动研究项目（Fisher，2012c；Fisher & Wood，2012）表明，有能力的教师能够在支持儿童主导的学习以及成人主导的学习时明确地区分成人的不同角色。虽然两种学习情境都有许多用来引入对话和维持对话的策略（参见 Fisher，2012c），但对教师来说，为了在儿童主导的情境中有时间追随儿童的想法，他们必须在成人主导的情境中准备好更加有效地关注儿童的想法。当成人没有试图预设学习目标或目的时，他们更容易放松下来并且回应儿童的谈话。同样，当儿童知道在一天中的大部分学习时间里，他们都能够追随自己的兴趣，不会有成人出于自身目的过来干涉他们的学习时，他们也更愿意关注成人的计划。

上述研究所强调的几个关键实践因素是成人与儿童个体之间有效互动的基础。虽然这项研究的被试是教师及其所教授的6个月至6岁儿童，但下面的简要总结是对3—7岁儿童及其教师的研究结果。

与某个而非每个儿童交谈

"早期教育有效教学研究"项目表明（DfES，2002），与儿童最持久的互动发生在一对一的情况下。有些教师发现很难摆脱"每个儿童都应该有发言权"的平等主义观念。的确，我们逐渐认识到每个儿童的声音都应该被倾听和尊重，但事实上，即使是一个小组的儿童，我们也不可能完全追随他们错综复杂的思路，并以一种必要的方式进行回应以维系他们的思路，更不用提拓展思路了。然而，在某些情况下，与一群儿童共同讨论是可取且适宜的，他们需要倾听并且互相借鉴想法。另外，有些时候，教师也需要允许自己只关注一个儿童，追随他的思路，成为他的交谈伙伴。默瑟和利特尔顿（Mercer & Littleton，2007，p. 4）认为，教师除了应该与儿童进行"相互交流"，还应该"交互思考（interthink）"——"以创造性的方式将他们的智慧融合起来，从而实现部分相加大于整体的效果"。为了使"交互思考"更加深刻和有意义，教师有必要与儿童个体交谈，而不是与每一个儿童交谈。

创设有益于对话的环境

幼儿园或教室里的某些地方似乎比其他地方更适合交谈。在不同的幼儿园中，这些地方不一定都相同。有些教师说"适合交谈的地方在户外"，有的教师说"在角色扮演区"，还有的教师说"在沙坑里"。虽然由于幼儿园的不同，这些区域也有所不同，但所有区域都有一个共同点——它们都是让儿童感到放松的地方。通常，这是儿童拥有更多自由的地方，他们在这里可以开展自己选择的活动。另外，在这些地方，没有成人主导的学习活动和成人预设的学习计划。

有趣的是，研究表明，不是只有儿童需要感到放松。对成人来说，放松同样重要。当成人感到有压力或交谈的结果已被预先决定时，他们就无法完成高质量的互动。与儿童一样，教师也需要在心态放松的情况下与儿童进行拓展性交谈，追随儿童曲折的思维过程并做出回应。如果教师想要表明他们的观点，或者想让儿童快速达成一个早期学习目标，又或者他们觉得不应该花太多时间单独与某个儿童交谈并因此感到很不舒服，那么这种紧张会抑制思路的扩展和交谈的顺畅进行。

为了支持儿童个体的思考，成人必须处于一种放松的心态。但他们必须时刻警觉和注意儿童正在说什么以及他们可能在想什么，从而在合适的时机用合适的交谈内容促进他们的思考。

深入了解儿童

显然，如果教师很了解某个儿童，那么与这个儿童进行有效的互动就会变得更简单。这与成人间的交流有明显的相似之处。当我们结识新朋友时，我们会用相当多的时间和精力与他们简单地交流一些可能存在共同兴趣点的话题。但是，如果我们和好朋友一起出去玩，那么我们可以立刻继续上一次的谈话，利用之前共同的经历进行深入、有意义的交谈。和儿童在一起也是如此。如果教师没有十分了解儿童，那么他们在与儿童交谈时就会遇到各种困难。他们可能不知道儿童的好恶，不知道儿童的家庭和社区情况，不知道一天前或一周前儿童在家里或幼儿园中是否发生了特别的事情，也不知道令儿童特别敏感、焦虑、感兴趣或着迷的事情。当教师试图寻找交谈的起点时，所有这些因素都会阻碍他们的互动，并且浪费时间。另外，当成人试图寻找共同话题时，所有这些因素都会导致成人与儿童之间的"交互思考"陷入重重困境。

《早期基础阶段》的一个显著特点是，英国的所有儿童都有权拥有一个关键人（Key Person）——这个人"确保每个儿童都能得到量身定制的照料，以满足他们的个体需求，帮助他们熟悉教育机构的环境，为他们提供稳定的关系，并与他们的父母建立合作关系"（DfE，2012，p. 18，para. 3.26）。儿童的关键人通常是与他们进行最深入、最有意义对话的人，因为他们之间互相信任，有共同的个人经历和学习经历。然而，在规模较大的幼儿园中，儿童能够接触到许多教师并与他们交谈。这提醒我们，所有教师都有责任尽可能地了解所有儿童，以确保他们的交谈和学习都能够拥有非常有价值、有效的开端。

与儿童同频

与每个儿童的独特思维和发展同频是学前教育的挑战之一。没有人能真正知道另一个人心里在想什么，但幼儿教师依然每时每刻都在努力做这件事，他们努力理解儿童在试图做什么，以及他们是否需要帮助和支持。年长的儿童能够清楚、准确地表达自己的想法和感受。但是对于年幼的儿童，教师只能通过近距离、仔细地观察和倾听来了解他们想要做什么。观察很重要，但还不够。在牛津郡的研究项目中，我们看到一个儿童经常做某些事情，比如做一个模型，但事实上他在想着一些完全不同的事情。因此，如果教师只观察儿童正在做什么，那么他们可能完全误解儿童的想法，并根据"错误的"理解展开交谈。这会导致儿童向你投来疑惑的目光，仿佛在问"你在说什么""这和我有什么关系"。因此，为了确保我们能够与儿童思维同频，并且在那一刻不谈论与儿童完全无关的事情，我们需要成为积极的倾听者，花时间倾听儿童的对话，以了解他们在谈论什么、思考什么。

众所周知，如果教师非常了解儿童，那么与他们同频会更容易实现。当教师日复一日地陪在儿童身边时，他们就能熟知儿童的学习风格以及他们当前想法的出发点。默瑟认为，有效的对话"建立在共同的经历和朝着同一未来合作的基础上"（1995，p. 61）。深入参与儿童的学习过程，我们就能更容易地了解他们当前的兴趣和爱好。

然而，在所有与儿童同频的策略中，似乎最重要的是教师对每个作为学习者的儿童深刻而又持久的热爱和迷恋。弄清楚儿童正在想什么，决定何时以及是否与他们互动，选择使用哪种策略，坚持并努力理解儿童的活动及需求，这些都具有挑战性且要求极高。这不是一个容易的决定，但却是最有价值的。那些对儿童及其学习与发展感兴趣的成人需要花时间理解儿童，倾听儿童的想法，并恰当地支持儿童。

第6章 协作与合作：与他人交谈和共同学习的重要性

选择适宜的互动策略

通过分析牛津郡成人-儿童互动研究项目的影像资料，我们可以明显地看出，某些用来激发或维持与儿童对话的策略特别有效。下面是其中的一些策略：

- 好奇

  我想知道如果……

  我想知道为什么……

  我想知道是否……

- 想象

  我可以想象……

  也许……

  让我们假装我们是……

- 评论

  我能看出你在努力尝试着……

  我注意到你已经……

  你设法把这两个……

- 澄清

  所以你想说的是……

  所以你想告诉我的是……

  所以你一直在想的是……

- 出声思考

  我要试试……

  我真的在努力记住……

  我以前做过类似的事情……

- 提供另一种观点

  也许这个小男孩并不想这么淘气。

  我想知道哈里是否有同样的想法。

有些人认为……

◇ 谈论感受

我认为索菲娅也许会很难过，因为她想妈妈了。

我想知道，你是否因为你的仓鼠生病了而感到气愤。

我很高兴，因为我通过了驾照考试！

◇ 关联

你还记得什么时候 / 怎么……

就像当时我们 / 你们……

如果你今天能做到这一点，也许你明天也可以尝试一下这个……

◇ 支持儿童做选择和决定

你想要红色的还是蓝色的？

你觉得熊宝宝想要喝粥还是想出去走走？

你能做什么来让伤心的纳迪娅好受一些？

◇ 解释 / 告知

你如果这样使用锯子，就能把它锯断。

它们叫蚕豆，生长在豆荚里，很像我们幼儿园花园里的豌豆。

我想你的球卡住了，因为这段轨道没有固定好。

在成人主导的对话以及儿童主导的对话中，观察这些策略如何奏效非常有趣。在恰当的时机，用合适的方式使用上述策略，可以帮助儿童巩固现有的理解或以一种不同的新方式看待世界。然而，值得注意的是，支持和巩固儿童的想法比挑战和拓展它们要容易得多。教师对儿童的想法感兴趣并拓展他们的思路，这样的例子有很多。但是，很少有教师让儿童停止原来的思考，并努力思考和理解一些他们从来没有想过的新事物。在这项研究开始时，最常用来激发儿童思考的方式是提问。然而，影像资料一次又一次地表明，提问往往会打断儿童的思考，干扰他们的学习，让他们试图适应成人的想法。成人的提问常常把儿童"置于为难的境地"。即使是非常年幼的儿童似乎也能察觉到成人对他们有所期待，察觉到成人知道他们不知道一些事情，察觉到他们可能会"犯错"。随着提问越来越多地干扰儿童的学习，该项目的参与者开始尝试采取其他支持对话的方式，而不再依赖提问。其中一个策略是陈述观点而非提问；说一些与儿童所说的内容相关的话，而不是质问他们。这就好像将某句话植入儿童的脑海中，但并不要求他们立即做出回应。教师陈述观点的例子如下：

- 评论

  "我看得出，你这次使用了形状不一样的砖头。"

- 提供另一种视角

  "有时候，妈妈确实会用奶瓶给宝宝喂奶。"

- 提出观点

  "我没有穿带有动物图案的衣服，也许，这样的衣服更多是为孩子设计的。"

- 添加一些个人信息

  "我爸爸的车里有个备用轮胎在后备厢里，而不是在车顶上。"

- 给出事实

  "版权意味着其他人不可以做同样的T恤，因为那是抄袭，抄袭是不被允许的。"

- 纠正错误认识

  "事实上，你可以睡在阁楼上。但前提是，建筑工人要把地板建造得结结实实，筑起合适的墙，然后你才可以把它当作一个备用的卧室或办公室。"

- 说些意料之外的事

  （在收到蛋糕时）"对不起……我不能吃糖，我的牙医说它对我的牙齿不好，可能会使我补的牙齿脱落！"（所以儿童不得不"重新考虑"。）

当教师主动创设一个学习情境时，他们很容易主导对话，也更容易将提问——测试儿童知道什么——当成喜欢的策略来用。当教师主导学习而不是追随儿童的学习时，上述的许多策略仍然是合理并可取的。不过，即使教师对于学习目标有清晰的规划，但如果儿童的心思不在这里，那么再怎么向成人的目标努力也没有用。有经验的教师会以儿童当前的思路和理解为起点，引导他们找到新的理解方式，而不是无视儿童当前所处的思考阶段，导致最终没能在他们的学习中建立联系。

选择合适的时间进行互动

无论教师选择使用哪种策略，都必须做到灵活运用。它们必须在恰当的情境下、恰当的时机被使用，以确保不会打断或干扰儿童的思考。选择何时（以及是否）介入儿童的学习，决定了教师的介入是互动还是干扰。杰罗姆·布鲁纳提醒我们，"当一名儿童认真思考他的游戏时，他不会谈论它，而是会做它"（1980, p. 63）。我们的影像资料多次表明，热情的、喜欢聊天的成人常常会打断儿童正在做的事情。认识到互动时机的重要性，能够使教师对发起对话的合适时机更加敏感、谨慎。一个效果很好的策略是"在儿童与你说话之前，不要说话"。这在儿童主导的情境中最为重要。在儿童活动时，教师走过来在一旁坐下或蹲下，然后会发现儿童选择以下行为方式中的一种：要么转身和教师交谈"我正在做一个有翅膀的机器人"或者"你可以当猫妈妈吗"，要么完全忽视教师的存在，因为他们那时不需要与教师互动。当教师等待儿童与他们交谈时，他们之间接下来的对话就更有可能与儿童相关、更合时宜。

牛津郡成人–儿童互动研究项目中的教师还学会了更仔细地观察和倾听儿童的参与度。儿童在非常投入时通常会"忙得没时间说话"，所以教师的任何介入都会变成干扰。反之，当投入程度有所降低，在儿童"喘口气，休息片刻"的时候，教师会尝试和他们交谈，这时儿童正处于思维的反思阶段。此时，儿童常常会很兴奋地告诉愿意倾听的成人，他们在想什么、尝试做什么。当然，有的时候儿童完全可能在参与活动的同时进行对话。但在任何一个场景中——无论是角色扮演、积木游戏、玩沙、玩水还是仅仅看着一只蜗牛在路上爬行——当成人回应和拓展儿童的想法，而非把自己的想法强加给儿童时，持续性共享思维都似乎更加有效。

个人信念、价值观和特质

牛津郡成人-儿童互动研究项目不仅调查和分析了一系列用于与儿童有效互动的教育策略，在分析过程中还发现了某些个人信念、价值观和特质会显著影响其互动的有效性。

教师决定说什么、什么时候说以及怎么说，这些都发生在一瞬间，而回应往往出于本能和习惯。教师与儿童交谈的方式，充分说明了他们对儿童以及学习的态度。有两种人在与儿童的谈话过程中采取完全不同的方式。第一种人被儿童深深吸引，对他们的想法着迷，他们认为儿童的话值得倾听，并希望能多听一些，他们相信儿童是强大的、有能力的学习者，并想要支持和促进他们的这些能力。第二种人则把自己当成知识的传授者，认为儿童能从他们的话中学到最多的知识，他们觉得儿童的交谈往往与学习任务毫不相干。作为教师，我们所坚信的观念影响着我们每天在教室里与孩子们的每一次互动。

当教师尊重儿童，将他们视作有能力的学习者，并且对其学习与发展感兴趣时，某些个人特质就会在他们与儿童的交谈方式上显现出来。教师会对儿童及其兴趣和参与度很敏感。他们会饶有兴趣地与儿童在一起交流；他们的肢体语言表现出专注的态度，让儿童觉得他们愿意花时间倾听自己的想法；他们所说的话及其语气不会给儿童高高在上的感觉，也没有任何讽刺的暗示。不管是在成人主导还是在儿童主导的情境中，教师对儿童想要进行的对话以及想要表达的想法都保持警觉。教师赋予儿童权利，当儿童及其想法受到尊重和支持的时候，他们会有一种强烈的能动性。最后，教师愿意"去中心化"，愿意摒弃"教师中心"的观念，把儿童牢牢地放在教室里一切事物的中心。在教师与儿童有效的互动过程中，这些特质一次又一次地被看到，它们来自坚定的信念，即相信儿童的能力以及尊重儿童作为学习者的权利。

与其他儿童交谈

在学前教育领域，儿童通过与同伴交谈来学习是一种相对较新的现象。"口语能力"一词由安德鲁·威尔金森（Andrew Wilkinson）在20世纪60年代提出，旨在强调听和说两种语言技能的重要性。这些单独的技能被载入英国的国家课程，称为"口语和听力"，并在基础阶段的"交流、语言和读写"学习领域得到了强调（QCA/DfEE，2000；DfES，2007）。最近，英国学前教育专家已经将"交流和语言"与"读写"分离出来，使其成为《早期基础阶段》的"基本"学习领域（DfE，2012）。

不论以何种方式命名，交流已不仅仅是所有学科学习的媒介，而是作为一门单独的"学科"，在整个课程大纲中拥有独一无二的地位——作为语言能力的核心内容，与传统公认的阅读以及写作能力一样被教授。对儿童来说，语言拥有特别重要的意义，因为"语言在儿童学习自我控制能力以及道德品质过程中都发挥着重要作用"（Pringle，1992，p. 47）。当然，像大多数生活技能一样，口语、听力和交流等技能的发展要远远早于儿童接触学前教育"课程"。婴儿一出生，就开始学习交流。他们学习通过面部表情、声音和手势来表达他们的需求与感受（Shaffer，1999；Smith et al.，2010）。如果儿童足够幸运，那么他们在早年尝试引起他人注意的行为将会立刻得到来自充满爱和关怀的父母的回应。这样，互动的协同作用就开始了，首先是婴儿与重要的成人照料者之间的互动，然后是婴儿与家庭和社区中其他人之间的互动。

交流能力使儿童能够日益自信地加入他们所处的社会环境里。为了能够成功地扮演当前的角色或完成任务，几乎无一例外，人们都需要与他人相处。我们需要学会欣赏他人的观点；在他人发言的时候，选择耐心等待；当与他人共同决策时，要做好协商和妥协的准备；尊重他人的观点和信仰，当他人的观点和信仰与自己不同时要学会容忍。所有这些技能——连成人都很难习得——都是儿童在适应所处社交世界的过程中需要学会的。从很小的时候起，许多儿童就需要学会与其他家庭的儿童一起玩耍和探索。他们需要学会轮流发言、分享、讨论和谈判的技能，这往往发生在他们想要在这个世界上烙上自己的印记的时候。这是儿童发展中的一个方面，需要成人持续、敏感的支持。

尽管口语和听力很重要，但是它们的重要性并不局限于儿童的社会性发展。口语和听力技能也是阅读与写作的基础，没有这些技能，儿童将很难在世界上生存。没有丰富的口语，儿童就不会有足够的词汇来适应更具挑战性的书面语言。通过口语表达，儿童可以分享想法、感受和故事，之后将这些记录在纸上。在背诵儿歌、歌曲和诗歌时，他们会体验到语言的不同用法，以及如何运用字词来创造不同的意义和情感。当在律动和儿歌中将语言与身体动作联系起来时，他们不仅将语言用于某一个特定的目的，而且可以改进其粗大和精细动作技能，这对学习操控工具尤其重要，有助于他们在纸上做出有意义的标记。

至关重要的是，我们在强迫儿童学习阅读和写作技能之前，要给予儿童充分的时间让他们自发发展口语和听力技能。儿童是天生的健谈者。黛安娜·奇尔弗斯（Diane Chilvers）在她深受大家喜爱的著作《儿童交谈：对话的艺术以及儿童需要聊天的原因》（*Young Children Talking: The Art of Conversation and Why Children Need to Chatter*，2006，p. 5）中提醒我们，儿童有一种"内在的冲动，想以某种方式告诉你他们正在想什么、感觉什么、看什么、听什么、闻什么、摸什么，他们是强有力的沟通者"。这种至关重要且强烈的交流欲望与许多儿童由于过早地接触正式的读写教育而产生的恐惧和忧虑形成鲜明的对比。

在学前教育阶段，交谈会在游戏化的场景中自然而然地发生。在角色扮演区、娃娃家、建构游戏区以及玩水区，交谈是社会学习过程的一部分。儿童通过交谈来交流思想，寻求帮助，讲述他们正在做的事情以及他们的感受和想法。然而，在成人主导的情境中，儿童之间的对话很容易被成人与个体儿童之间的交谈取代。由于儿童的思路逐渐建立在他人的话语之上，因此，成人需要有更高超的技巧来引导一组儿童的对话。这是瑞吉欧·艾米莉亚幼儿园工作的一个特点，在那里，儿童的学习基于这样一种认识论，即思维和学习被视作社会性与交流事件，是儿童和成人共同建构的经验（Edwards et al., 1994, p. 85）。

在英国，儿童经常被分成小组，以完成成人发起的活动，但随后又被安排单独完成任务，并没有利用这种合作和互惠的学习模式。将儿童分组是幼儿园教学的一个常见特征，因此非常重要的是，要仔细研究儿童以某种方式被分组的原因，以及这些分组是否促进了预期的学习。

儿 童 分 组

将分组作为组织策略

管理大额班级需要教师的创造性思维。如果需要在整个教室或幼儿园范围内组织儿童活动，那么以小组的方式来组织会更加妥当。教师可以用不同的标签将儿童分组，如红色组、星光组或冥王星组，这样做有助于以更加平静、有序的方式管理一些潜在的挑战性时刻，如排队、到大厅集合和外出玩耍。

将分组作为教育策略

许多教育者认为，对于某一群体所产生的归属感对儿童很有帮助。它可以为儿童提供安全感，并为他们提供共同合作应对问题的机会。这一理论本质上阐述的是分组对儿童的社会性和情感方面的作用，但没有谈及分组是否一定能够满足小组儿童可能拥有的更广泛的学习需求。儿童以小组的形式坐在一起和作为一个小组一起工作，这两者之间有着重要的区别。研究表明，许多儿童以小组的形式坐在一起，但以个体身份工作，这意味着，有些教师可能会为了自己的计划而不是为了儿童的学习目的而将他们分组。例如，教师不是制订计划以满足至少 30 人的班级中每个儿童的需求，而是将儿童分为 4 个小组并为每一组来安排任务，这些任务虽然是以小组形式布置的，但基本上要求每个儿童单独工作。

为了最大限度地发挥分组后儿童的潜力，并提高他们口语和听力等所有必备的技能，教师应布置有效的任务来激励儿童进行协作和合作。坐在一起但缺乏共同交流目的的儿童可能会因为坐在一起而分心

（Hastings & Schweiso，1995）。这时，交谈就会转向电视和宠物兔子等与活动无关的话题上。小组任务需要提前计划，以便儿童一起分享、讨论、争论、解释、找到解决方案并做出决定，就像他们小时候一起玩耍时所做的那样，这是一件更流畅、自然的事情。如果交谈能够有助于儿童形成概念，那么他们更应该与那些倾听和回应他们想法的同伴交流。只有同时把口语和听力作为有计划的课程内容，儿童坐在一起进行小组工作才能够促进社会性、语言和认知领域方面的发展。

儿童分组的适宜性

将儿童分成小组进行合作的形式，显然不适合学前教育阶段中所有年龄段的儿童或所有学前教育环境。儿童不会仅仅因为这是教师制订的计划就会达成合作。只有当儿童意识到这样做的目的时，他们才会致力于合作和配合。通过对儿童的建构游戏或者娃娃家的观察得知，当有需要时，他们就可以变得非常乐于合作。"被安排到一个小组中"和"与其他儿童一起合作共事"这两者之间有很大的区别。为了鼓励儿童之间的合作，教师应该计划活动和体验，让儿童有自发进行互动的机会，使儿童意识到一起交流、一起工作和一起学习的目的。

计划分组

如果教师决定为了儿童的发展，比如，让他们体验或学习一些知识，而把他们聚到一个特定的小组里，那么分组的标准需要反映出小组参与任务的目的。有时，具有相似兴趣的儿童一起工作并且相互激励对他们来说非常有益；有时，儿童能够在与年长的儿童一起工作和游戏的经历中受益匪浅，因为年长的儿童可以成为行为和技能方面的榜样；有时，具有相似能力的儿童会在发展的某个时刻受益于成人有针对性的支持。如果分组是为了反映任务的性质和目的，那么这意味着分组将为实现任务目标而发生改变。

固定分组

由于儿童在不同时期有不同的需求，因此成人不仅需要通过选择活动或经验，还需要通过学习发生的社会背景来制订计划以满足这些需求。保持固定和僵化的分组方式并不能满足儿童个体的发展需求。儿童以高度个性化的方式发展，虽然发展模式可能相似，但他们以非常独特的方式快速发展，直至趋于平稳状态。假如教师对儿童能力的判定在任何一段时间内都保持不变，尤其是在所有科目或者学习领域中都保持不变，那么儿童的发展需求就不能够得到满足。无论一组儿童在任何特定时间的能力多么相似，但他们的需求每天都不是固定不变的。即使4个儿童准备好了同时学习"超过"这一概念，但是并不意味着他们同时会理解"区别"的概念。如果不同的学习效率意味着儿童在一个科目内有不同的学习需求，那么这些需求在不同科目和学习领域之间还会有更大的差异。

然而，有时在幼儿园，所有具有相同学习经历的儿童会被分为一组。教师最初可能只从一个方面评估儿童的需求，如数学，然后假设其他所有方面的发展都相似。事实上，这种情况极少发生。儿童拥有一系列技能、才能和见识，因此假设一个儿童在所有课程领域都能"高于平均水平"，而另一个儿童始终"低于平均水平"，是对儿童能力所做出的不准确甚至不可信的评价。儿童通常根据那些能够影响他们的人对他们的期待来表现自己。告诉他们，他们是一棵"韭葱"（"一个聪明的孩子"），他们就会表现得像一棵"韭葱"一样。告诉他们，他们是一棵"卷心菜"（"一个反应迟钝的学习者"），他们就会表现得像棵卷心菜一样，即使有些儿童知道只要有一点机会，他们就会像"韭葱"一样在体育、艺术或科学探究中表现优异。

给儿童贴上固定能力组的标签会抑制儿童各方面的发展。它会限制儿童在那些擅长的领域中发光以及获得自信和发展的机会，还会限制儿童与许多同伴一起合作的机会。儿童可以把这些同伴当作学习榜样，也可以教他们各种各样的知识。如果某些儿童在特定时候有同样的学习需求，那么将他们聚在一起学习能够充分地利用时间。教师总是让儿童与同一群孩子一起工作，不仅可能会抑制儿童发展，甚至会破坏儿童对自我的信念和做任何事情的能力。

灵活分组

有效的分组能够反映儿童不断变化的需求，并且要求教师必须在课程计划和课程实施方面灵活安排。这意味着儿童之所以聚集在一起，是因为他们在那个时刻有相似的需求。对这些需求的了解来自观察和对话，教师通过观察和对话可以确定每个儿童所处的发展阶段，并为评估和计划提供明确的证据。教师需要灵活地制订短期计划，以确保他们对儿童及其发展的任何发现都能够被纳入每周、每天关于每个儿童需求的档案记录中。

有时，儿童需要独自工作或独自学习，这是合乎常理的。然而，如果活动或体验的目的之一是儿童相互学习，那么教师必须做出判断：儿童会因为这个活动自然导向合作而进行合作吗？或者是否有必要通过将某些儿童聚集在一起来操纵合作过程，以达到活动的目的？儿童可能被安排以小组为单位来工作，并且独立于教师；也可能与成人一起工作，以满足特定的学习需求。重要的是，当时的活动和体验要与那些已经被分组的儿童有关。

儿童的分组选择

儿童会选择什么样的社交环境？由于儿童不知道他们的朋友会提供无数的学习机会，因此他们往往因为其他的原因与其他儿童一起玩耍和学习。儿童在他们感到安全的环境中学习得最好。安全感来自熟悉和信任那些共享学习空间的人。当有机会选择同伴一起工作时，儿童并不总是和一位特定的朋友一起工作。通常，他们对活动的兴趣将决定他们选择的地点。然而，儿童确实会被那些让他们感到舒服和自信的儿童吸引。安全感使儿童能够放松、尝试、冒险和激励自己学习。与其他儿童在一起，他们可能会提出问题或试探想法，而在成人的陪伴下——无论成人多么支持他们——他们可能会觉得受到限制。许多人研究过小学阶段的学生小组是如何工作的（Barnes & Todd, 1977; Jones, 1988; Phillips, 1988; Reid et al., 1989），他们的研究成果表明，与成人在场时相比，儿童更有可能在独处的情况下形成探索性问题、假设和解释。与感到安全的人一起工作是一个强大的激励因素。想一想，许多成人只有在朋友的精神支持下，才会上夜校或去健身房。和自己喜欢且信任的人在一起会增加我们的乐趣与安全感，这会影响我们对手头任务的付出。因此，教师会发现，让儿童与自己选择的同伴一起玩耍和学习，可能对儿童以及学习环境的组织和管理都有积极影响。

结　语

儿童通过交谈来学习，他们需要有各种各样的机会与同龄人和成人进行有目的的交谈。幼儿教师需要确保交谈不是单方面的，确保儿童有真正的机会说出他们的所知、所想和所感。当成人出于教育原因对儿童进行分组时，应灵活应对儿童不断变化的需求。儿童在意识到有必要进行合作时，自然会合作，特别是当他们从事自我发起的活动时，更会如此。下一章涉及儿童发起的学习。我们将探讨幼儿园中游戏的重要性，以及为什么有些教师仍然认为很难在学习环境中找到合适的游戏时间。

思 考 题

1. 你所在幼儿园中的每位教师都明白交谈对学习的价值吗？
2. 与一组儿童交谈和与一个儿童交谈相比，二者不同的好处是什么？

3. 你所在的幼儿园是否评估了其作为成人与儿童交谈场所的有效性？这一章对你有帮助吗？
4. 在你所在的幼儿园中，儿童有机会一起谈论他们的学习而不仅仅是坐在一起吗？

第 7 章

游戏的重要性：儿童发起的活动的地位

彭睿婕 4.5 岁
成都市温江区海科幼儿园

任何关于学前教育的著作如果不讨论游戏的重要性都是不完整的。《早期基础阶段实施纲要》(DfE, 2012, p. 6, para.1.9) 指出,"游戏对儿童的发展至关重要,游戏可以让儿童自信地探索、思考和交往"。尽管近年来的政策文件明确而清晰地传递此类信息,如《0—3岁很重要》(Birth to Three Matters, DfES, 2003a) 和《早期基础阶段》(DfES, 2000; 2007),但教育实践中仍然存在如下情况:并非所有幼儿园中的游戏都能高质量地促进儿童的有效学习,并非所有幼儿园都给予游戏应有的地位和位置。大家关于这个话题说了很多,也写了很多,本章将探讨贯穿整个《早期基础阶段》的游戏为什么仍未能成为所有幼儿园中高质量实践的基石。

有关游戏的理论

关于游戏的困境之一是,当我们谈论它时,并不总是使用相同的概念。游戏没有唯一的定义,不同形式的游戏活动有不同的解释方式。关于游戏的定义与功能有太多的理论论述。有关主要理论的详细概述,推荐参阅蒂娜·布鲁斯的《早期教育中的游戏时间》(*Time to Play in Early Childhood Education*, 1991)。此外,英国国家儿童局关于游戏的文献综述《早期教育中的自由游戏》(*Free Play in Early Childhood*, Santer et al., 2007) 很好地总结了人们对于游戏以及游戏如何影响儿童的发展与学习的不同观点。

经典游戏理论阐释了游戏存在的原因,并认为游戏具有身体方面的目的性。

✦ 松弛说:这一理论认为游戏在某种程度上是对工作时间的平衡。该理论承认游戏是适合儿童的活动，但不同于工作且不如工作重要。在这种情况下，游戏有时被用作一段工作结束之后的奖励，即当完成教师的工作后，儿童有机会从事自己选择的事情。

- 剩余精力说：这一理论将"工作时间"和"游戏时间"分开，认为游戏是儿童释放精力的合理方式。这一理论为小学和初中的学校生活提供了一个框架，而且这个框架一直以来几乎没什么变化。"游戏时间"之所以有价值，是因为游戏可以释放被压抑的能量，让儿童准备好投入到终将回归的静态学习中。
- 复演说：这一理论认为游戏反映了儿童成长的文化环境。游戏被认为深深植根于儿童的个人经历，反映了生活环境和重要他人对儿童的影响。
- 预备说：通过练习和探索像成人一样做事情，游戏帮助儿童为成年生活做好准备。儿童参与的角色游戏往往非常精准地模仿生活中重要成人的行为。

此外，另一个学派——通常被称为现代动力学视角——试图阐释游戏的内容，理论家们通常从心理动力学视角阐释游戏。

- 游戏即快乐说：游戏被视为快乐的来源，不依赖游戏结果。这一理论强调游戏作为过程的重要性，布鲁纳（1977，p.v）非常认可这个过程性观点，但他并不同意游戏即快乐说，他坚持认为"游戏是一种行动取向，而不是一种活动形式"。
- 游戏宣泄说：这一理论认为，通过把焦虑和恐惧带到意识层面并在游戏中清晰地表达出来，儿童就可以交流并消除他们的焦虑和恐惧（Santer et al.，2007）。
- 游戏情感说：儿童被认为能够掌控自己的生活，并将这种能力带入成年时期。

还有一些游戏理论强调儿童的认知发展。

- 皮亚杰（1951）：皮亚杰认为游戏是儿童整合经验、知识和理解的一种方式。儿童通过积极参与他们必须不断适应的环境来建构一整套专门知识。他认为，儿童的发展先于学习，而游戏对发展有强劲的影响。
- 维果茨基（1966）：维果茨基认为学习先于发展。他的著作强调儿童在社会情境中的学习，以及语言在儿童建构知识和理解中的重要性。据此，他认为成人和有能力的同伴在促进儿童从当前水平向潜在水平的发展中起着关键作用。与那些持心理动力学视角的理论家不同，维果茨基不认为儿童的游戏源于未被满足的欲望，而是认为儿童创造的游戏是有目的的，目的的实现反过来又决定了儿童的情感状态。

不同类型的游戏

正如有许多不同的游戏理论一样，儿童参与的游戏也有多种类型。休斯（1996）确定了15种童年游戏类型，在此，我重点探讨与幼儿教育工作者最相关的9种游戏类型。

- 探索性游戏：这类游戏为儿童提供了大量机会使用身体技能和感官，从而对材料和物体有更多的了解——它们像什么，能做什么。
- 象征性游戏：儿童用物体和材料表征（或象征）其他东西，例如，用一块木头象征一根魔杖。
- 角色游戏：儿童模仿日常生活中重要他人的行为和活动，如妈妈、店主、保姆。
- 社会戏剧游戏：儿童重演现实的或潜在的体验——对他们来说具有重要个人意义的体验。在这类游戏中，儿童通常会扮演成另一个角色，并把这些游戏场景所表达的恐惧或焦虑体现在角色身上。
- 假装游戏：儿童创造角色和情境，把自己带入到充满想象的、在现

实生活中不太可能发生的、虚构的世界。

✦ 运动游戏：这类游戏包括单纯的身体运动和纯粹为了快乐而进行的身体活动。

✦ 追逐打闹游戏：这是一种有趣的身体活动，通常涉及两个儿童之间的身体接触，比如触碰、挠痒和打滚。这显然是一种享受，而不是打斗。

✦ 规则游戏：无论是室内还是户外的规则游戏，都有他人（通常是成人）制定的规则或儿童自行决定的规则。规则游戏可以展示出巨大的创造力——将大量的先前活动中的经验和想法整合在一起。儿童非常在意公平，并且通常极为严厉地监督已定规则的执行情况。

✦ 自由-自主游戏：蒂娜·布鲁斯在她有影响力的著作《早期教育中的游戏时间》（1991，p. 11）中将"自由-自主游戏"定义为一个"整合机制，将儿童所学、所知、所感和所理解的一切整合在一起"，在这种游戏中，儿童沉浸于想法、感受和关系中。自由-自主游戏的一个关键特征是，儿童可以使用他们先前发展的"非凡的能力、掌控力和胜任力"，进而掌控游戏活动。

不同社会情境中的游戏

不仅有多种类型的游戏，通过观察，我们还发现儿童会参与不同社会情境的游戏。这并不意味着，儿童的游戏要经历简单或固定的发展阶段。尽管存在发展性影响，例如，非常年幼的儿童更多地进行独自游戏，但在整个学前阶段，儿童会根据自身的情绪和游戏的目的与本质，选择参与所有或任意的社会情境。

✦ 独自游戏：儿童独自游戏，不需要他人的参与，也不依赖他人。

✦ 旁观游戏：儿童通常是一个旁观者，观看他人的游戏，关注他人游戏中的所作所为。

✦ 平行游戏：儿童通常采用相同的游戏资源或在同一游戏空间中与同伴并肩玩耍，但与另一方很少有明显的互动。

✦ 合作游戏：儿童分享游戏空间、资源和经验，通常以互补的角色一起交谈和游戏。

不同文化对游戏的影响

我们身处的世界和文化极大地影响着我们对各种事物的态度，包括游戏的角色和地位。游戏机会和对游戏的影响通常来自社会形象、观念和看法，其中一些显而易见，但另一些很隐晦，尽管如此，其意义仍然深远。马贾塔·卡利阿拉（Marjatta Kalliala，2006，p. 10）列举了当前影响儿童游戏文化的社会变化：

- 人们谋生的方式
- 城市化
- 中老年人口增多
- 男女地位日益平等
- 女性在家庭之外工作模式的变化
- 阶层界限和社会分层的变化
- 职业的变化
- 核心家庭和童年的变化
- 机构的变化
- 政府福利的变化以及关于什么对社会最好的思考

社会的变化

社会中的诸多变化已被儿童的游戏吸收：越来越多的女性外出工作，女性在社会各个领域与男性日益平等；科技的进步和我们所有人对多样化科技形式的日益依赖；对毒品、酒精和吸烟的态度以及儿童通过媒体和广告对这些问题的看法；日益加剧的城市化威胁——污染、儿童安全、游戏空间……在学前阶段，儿童正在对所有这些事情形成自己的看法，而这些看法往往受到家庭、社区价值观与信仰的强烈影响。尤其是在角色游戏、社会戏剧游戏和假装游戏中，儿童会再现他们对关系、角色、行为和后果的看法，也会扮演角色，创造情境，给予自己变成他人或改变日常生活中事件进程的力量和可能性。

这些类型的游戏关乎另一个世界。它们鼓励儿童以物代物，帮助他们区分虚拟和现实。游戏的关键特征是儿童可以控制整个事件。无论他们想扮演生活中的某个重要成人，还是想扮演电视或电影中看到的角色，抑或想从他人的视角想象，并尝试这个新角色所带来的力量，又或是他们想要创造一个角色，让角色去感受他们正在经历的内疚、恐惧、焦虑或嫉妒等，儿童都有能力让那些他们余生中只能想象、感受和恐惧的事情发生。他们有能力从另一个人的角度体验世界，并控制自己在多大程度上参与或抛弃这个角色及其想象中的结果。

性别

对性别的态度以及性别适宜的行为形成于童年早期（Hutt et al.，1990；Holland，2003）。儿童通过生活中的广告、商店物品陈列、电视节目和成人的回应等刻板印象习得大部分性别观念。大约从 2 岁开始，儿童就能准确地给自己和别人贴上男性或女性的标签，不久之后，他们就会把这些标签与不同的活动、玩具和行为联系起来。许多女孩会选择玩洋娃娃，而男孩不会。许多男孩被卡车、拖拉机和火车吸引，而女孩不会。到 5 岁时，大多数儿童已经内化了社会所期望的性别角色。有时，这是男孩和女孩在家庭中被区别对待的结果，比如，成人给男孩和女孩选择不同颜色的衣服，甚至以不同的方式接触和照顾他们，把精力充沛的男孩放在膝盖上大力抛起，而对女孩会轻轻地抱起或摇晃（Livingstone，2005）。美国幼儿教育专家薇薇安·嘉辛·佩利（Vivian Gussin Paley，1984，pp. x–xi）生动地描述了她班级里儿童的游戏和学习：

> 在 3 岁的时候，男孩和女孩的娃娃家游戏非常相似……[但是] 4 岁时，男孩在娃娃家里远不如一年前那样自在；他可能偶尔会穿穿女性的衣服，或者同意当爸爸，但超级英雄的小圈子已经形成，娃娃家慢慢变成女孩的地方……五六岁时，女孩在娃娃家里游戏，但男孩的在场或缺席决定了游戏的特征……随着超级英雄主导男孩们的幻想游戏，女孩们转向了戏剧游戏，她们排除男孩，引入更多姐妹和公主角色。

佩利继续指出，"成人的任何手段或宣传都无法改变 5 岁孩子对性别区分的热情"（1984，p. ix）。她回忆说，每年，"女孩们都从善良的小家庭故事开始，而男孩们给我们带来一连串的超级英雄和坏人的故事"（1984，p.3）。

超级英雄、战争和武器游戏

在英国，彭妮·霍兰（Penny Holland，2003）的作品对幼儿教师提出了最大的挑战，让他们在自己的幼儿园和教室里遇到超级英雄游戏时，直面自己的偏见和意识形态。她的研究分析了她在伦敦市内一家招收5岁以下儿童的儿童中心的经历，该中心决定放宽对战争、武器和超级英雄游戏的"零容忍"态度。换句话说，它挑战了"我们这里不玩枪"的规定。霍兰解释说，与她早年去过的大多数园所一样，在这家儿童中心，"我们不玩枪"并不是成文的规定。相反，这是儿童中心全体教职员工（主要是女性）在协商一致的情况下确立的规定。当看到武器和暴力游戏上演时，她们将自己视为"维和人员"，避免暴力或试图将暴力转化为更有创造性的事情。

为质疑"零容忍"规定，霍兰首先证实了这一规定对儿童和游戏的影响。她发现，太多儿童，尤其是男孩，受到了过多的负面关注；这些持续的负面互动损害了男孩的幸福和自尊；在成人的干预下，男孩更倾向于破坏性行为。另外，对许多男孩来说，武器和暴力游戏是他们持续进行想象游戏的唯一出路，但它正在被剥夺。这些担忧得到了其他写战争和武器游戏的学者的呼应（Paley，1984；Rich，2003）。一个关键的问题是，对那些在践行"零容忍"规定的幼儿园中就读的儿童来说，幼儿园与家庭可能存在意识形态方面的冲突，因为有些家庭容忍、鼓励此类游戏，或者父母对儿童做了必要且适宜的示范（比如那些父母在军队服役的家庭）。

随着霍兰在她所在的儿童中心放宽"零容忍"规定，她报告说，教师们觉得孩子们尤其是男孩们的自尊心增强了；没有了成人的控制，孩子们通过游戏学习诸如暴力、攻击和正义等道德议题。武器和暴力游戏为孩子们提供了在真实情景中解决冲突的策略，特别是对男孩而言，它

"为丰富的想象力游戏提供了种子"（Holland，2003）。

媒体形象

不仅仅是超级英雄的世界影响儿童的游戏文化，媒体对近期暴力事件的报道也反复出现在儿童家里和他们的游戏中。亚当斯和莫伊尔斯（Adams & Moyles，2005）非常生动地描述了自"9·11"事件以来，儿童似乎在努力探寻对电视上看到的不同形象的恰当回应，值得一提的是，许多儿童在他们的游戏中都这样做。诸如"9·11"事件、英国疯牛病危机（大家看见许多动物被屠杀）、2004年亚洲海啸及其伴随的恐慌和毁灭的景象、挪威于特岛上一个夏令营中的年轻人被残酷杀戮等事件，引发了成人的一系列情绪，我们不应低估成人情绪对儿童的影响。作为成人，我们学会了管理和控制自己的情绪，但儿童还没有学会，游戏成为他们表达不安、恐惧或困惑的唯一方式。亚当斯和莫伊尔斯的作品敏感地质询了教师观看暴力事件后对儿童游戏、行为和言语的反应。它促使我们所有人审视自己的个人偏见和价值系统，并反思我们个人如何在可容忍和不可接受之间划清界限。亚当斯和莫伊尔斯（2005，p. 21）建议，讨论这一微妙问题时，个人和教师团队要考虑12个重点问题。它们非常值得在这里重提。

1. 媒体所展示的暴力在视觉上是很有冲击力的，但成人往往会冷漠看待（或忽视）它。这可能导致成人或儿童对暴力变得麻木，进而难以理解是非对错。
2. 所有儿童都有可能遭受通过媒体描述的暴力。
3. 暴力通过游戏机、传统故事和新闻报道得以传播。
4. 教师有责任正视自身的感受，并对儿童关于暴力的描述做出明智的回应。
5. 教师有责任了解当地社区，并为社区的最大利益而努力。
6. 教师可能会因为其他人（包括儿童）的强烈信仰而感到不安或困

扰，他们需要与其他专业人员进行公开交谈的机会。

7. 教师应设定清晰的边界，以保护幼儿园中所有人的权利。冲突需要得到解决，而不是被平息或忽视。
8. 儿童在充满信任、安全和开放的氛围中更可能表达担忧或恐惧。他们需要时间通过游戏和交谈来探索自己的反应。
9. 男孩和女孩的经历影响他们对他人、信仰、文化及种族的态度；儿童自身的经历必须是讨论的起点。
10. 尽管儿童表达情感的方式可能不同，但所有儿童都应该得到平等的尊重和关心。他们应该被允许在课程中通过游戏等方式反映暴力。
11. 儿童有权享有受保护的机会，以表达愤怒、沮丧、恐惧、悲伤或担忧。
12. 文化暴力无处不在，影响着教师对童年的理解以及教师在支持儿童发展与学习中所起的作用。

种族、文化和信仰

莉兹·布鲁克（2002）提醒我们，在自身文化与幼儿园文化之间，儿童会面临相互冲突的价值观和期望，这可能给他们带来不少自我认同和自尊方面的困惑。来自不同文化、宗教及种族背景的家庭和儿童会把非常不同的信仰与态度带到幼儿园中，而这些并不总能与教师的信仰和态度相融。受社会事件的影响，儿童可能会对某一种族的儿童产生敌意，并反映在他们的游戏中。正如亚当斯和莫伊尔斯（2005）所主张的，作为从事儿童教育工作的成人，我们必须允许儿童表达他们的恐惧和焦虑、情绪和感受，即便他们与成人持有的价值观和信仰相悖。但是，种族偏见和歧视不等于不同的（有时是相互冲突的）信仰与价值观。偏见和歧视在任何情况下都是不可接受的，因此区分它们很重要。虽然我们关注每个儿童的自尊和幸福，但至关重要的是，当有证据表明存在种族偏见或歧视时，教师必须足够敏感地进行干预（Lane，2005a，2005b，2008）。当一个儿童表达自己的权利与另一个儿童不受压迫或虐待的绝对权利相冲突时，教师必须做出非常明智的决定。

游戏性环境

众所周知，儿童会自然、自发地游戏，即便在候诊室或商店里，也随处可见他们游戏的场景。儿童会自发地找东西玩，并创造出好玩的游戏情境。无论出于什么原因——前文的解释只是众多原因中的一部分——儿童都能够在最普通的事物中找到必要的资源来创造一些充满想象性的游戏场景，这些游戏场景可以让他们在相当长的一段时间内沉浸其中。那么，什么样的环境能激发儿童的游戏精神呢？

时间

毫无疑问，高质量的游戏——借用蒂娜·布鲁斯对自由-自主游戏的定义——需要时间逐步发展。它一开始可能是儿童的胡乱摆弄或探究，或者像马贾塔·卡利阿拉所说的、令人兴奋的"眩晕"游戏（2006，p.94），但要让儿童沉浸其中，它需要不限制时间，也无截止日期。在我们关于童年游戏的大部分记忆中，有一种短暂的永恒感，弥漫在那时的游戏情景中。

资源

自由-自主游戏几乎不需要成人激发，并且玩具不是必要的。小木棍可以是武器，也可以是魔杖；一包衣服可以是一个娃娃，也可以是一个魔法包；一棵树可以是一处藏身之所；一个空盒子可以是一个宝箱。事实上，儿童使用的结构化资源越少，他们的想象力就越丰富，创造力也就越旺盛。某些更开放的资源通常能激发灵感，如优质的积木、建构材料、沙子和水，但它们作为游戏资源的价值源于没有成人决定如何使用这些材料以及游戏结果应该怎样。户外环境特别适合游戏。树木、山坡、草地、原木、溪流、树枝和灌木丛都能激发儿童创造另类的奇幻世界。空间越大越好，离成人越远越好。

远离成人

没有成人，儿童也能玩游戏。当成人不在身边时，儿童通常最无拘无束，也最富有创造力。独处似乎会让儿童更具冒险精神和创造力，也更容易让儿童沉浸在更少束缚的想象世界里。然而，细心的、有趣的成人有时会发现自己可以作为"观众"或合作者参与到游戏场景中，这就给成人提供了丰富的机会以支持和扩展儿童的想法与思维。

其他儿童

儿童在游戏时不一定需要其他同伴，但通常情况下，2岁左右的儿童更喜欢在周围有其他儿童的时候参与游戏。当有朋友扮演另一个女巫、婴儿，或者帮女王拉裙摆，或与自己并肩作战时，儿童就能更容易地创设假想的情境。有时，同伴的帮忙也会让儿童更容易地玩建构游戏。比如：朋友帮忙举起木头的另一端；在儿童试着平衡另一块砖时帮忙扶住塔；在儿童旁边挖隧道，这样儿童就可以更快地到达"澳大利亚"。其他儿童的参与更加彰显了儿童的游戏精神。这似乎是一个他们本能地共同居住和共同建设的自在世界。这也是一个儿童自信且确信拥有的世界。

无聊

有时，儿童在无聊时会变得最有创造力和游戏性。如今，许多儿童都参与了一系列成人主导的活动，如足球、空手道、舞蹈、钢琴课。所有这些都是完全正当的，但它们并没有给儿童多少机会去发展创造性和想象力。当没有计划好的活动，或手边没有电视、计算机时，儿童就会求助于自身的资源，从最不可能开始的地方创设游戏情境。在进行一些富有创意的游戏之前，儿童通常会喊"我无聊透了"。这并不是说无聊是游戏的先决条件，而是说经常处于计划好的游戏情境中会扼杀儿童的想象力。

在幼儿园中创设游戏性环境

对幼儿教师来说，最大的挑战是在幼儿园中再现家庭和社区中最佳学习环境的最有效特征。在与很多幼儿园和一年级的教师一起工作的过程中，我认为创设有效的游戏性学习环境，必须考虑以下几点。

创设环境时，必须首先考虑游戏

当游戏被安排在为更正式的学习而布置的教室的某一角落时，它是不起作用的。游戏需要更多的空间，而不应该被挤在唯一没有桌椅的角落里。教师首先要确定儿童需要怎样的游戏空间，并提供这些空间。如果其中一些游戏需要桌面，如小小世界游戏，那么就添加一些桌子（关于创设学习环境的更多做法，请参阅第 5 章）。

游戏需要开放性、适应性强的资源

游戏并不依赖资源，尤其是在户外，儿童通常能找到自己的资源。然而，幼儿园在某种程度上是为学习"建造"的，关于哪些游戏资源能促进深度学习，教师必须做出明智的选择。我认为，幼儿园提供的任何高质量游戏环境都需要考虑以下几点：

- 户外空间尽可能大且尽可能自然
- 户外沙坑（不仅仅是一个沙盘）
- 与水有关的游戏和资源，如水槽、管道和水泵

- 不同大小的积木
- 一个逼真、结实、大到足以容纳整个"家庭"和邻居的娃娃家
- 琳琅满目的装扮用材料

游戏需要从一处流动到另一处的机会

就像儿童生活中的大多数事情一样,游戏也常常是乱糟糟的。原因之一是,儿童在游戏时经常会来来回回地变换地点。比如:从娃娃家到"商店"或"旅行社",然后再回来;从沙坑到户外驿站,然后再回来;从木工桌到花园,然后再回来。儿童会把游戏场景和游戏资源从一处搬到另一处,通常又有可能在途中舍弃它们。游戏随着发展而变化,一些儿童被吸引进来,另一些儿童则离开,或者带着只在儿童发起的活动中才能看到的目的性从一个想法变换到下一个想法。幼儿园学习环境需要确保游戏能够以这种方式自由移动,而不受桌子、其他资源、成人规则或杂七杂八东西的限制。对儿童的游戏来说,"只有四人能玩"完全是一种可恶的规则。诸如此类的规则其实是游戏空间有限或成人想要控制游戏情况的标志。如果游戏被这种性质的规则支配,那么这些规则就会主导游戏。依我看来,儿童会花更多的时间谈论"已经有四个人了,所以你不能玩",而不是沉浸在有趣的活动中。

游戏必须是儿童学习经验的基础

如果游戏的地位不如工作,那么游戏活动就难以表现出高效率或高质量(见第 4 章和第 9 章)。这意味着,绝大多数学前阶段的儿童应该花大部分时间开展游戏。教师应该创设环境,让儿童每天都可以使用上述游戏资源进行不同类型的游戏,同时让儿童有目的、独立地从一个学习情境转换到另一个学习情境。只有当游戏环境对儿童真正有吸引力,让儿童有参与感时,教师才能计划成人主导的活动。如果反过来,即教师先计划一个更结构化和成人主导的环境,然后再试图以一种有限的方式

提供游戏机会（也许在成人发起的工作完成时或在儿童集合前），那么被允许的游戏时间就会少得可怜。

游戏与工作不一样，不能代替工作，也不紧随工作之后

有些教师说，儿童没时间游戏，也没时间做学前教育课程要求的其他事情。这完全误解了幼儿园中游戏的目的。游戏不是"别的东西"。它不是另一个学习领域，而是儿童成为科学家、设计师、作家和数学家的方式。游戏关注学习过程，它不是另一门学科，不需要像其他课程内容一样不得不被涵盖。

游戏并非"代替"工作而发生的。游戏有不同的目的。有人说游戏是儿童的工作（Isaacs, 1929），但儿童通常认为"工作"是成人要求他们做的活动，而游戏是由他们自己发起和主导的。如前所述，在优质的幼儿园中，成人与儿童发起的活动都是必要的。游戏是学前教育实践的基石，而"工作"发生于成人为儿童计划的活动中，如重点学习某项新技能，重复一个正在学习中的概念，或复述新学的知识。

最后，游戏永远不应该"紧随"工作之后。游戏不应是用于奖励的"胡萝卜"，只在儿童完成成人布置的不那么诱人的任务后才能赢得。如果游戏仅用来填补工作完成后的剩余时间，那么游戏永远不会有它应有的地位。游戏需要儿童在最清醒和最活跃的状态下进行，而不是完成任务后疲倦地玩。作为与成人主导和成人发起的学习同时存在的儿童游戏，不仅儿童需要，教师也需要。正如我们在第 4 章中看到的，如果教师只让成人主导或发起的活动同时进行，那么他们将在支持哪些小组或哪个儿童之间左右为难。当其他儿童能更加自主地学习时，幼儿教师才能成功地把注意力放在成人主导的任务上，而最有效的自主学习往往发生在高质量的游戏中。

不应频繁变更游戏资源和游戏空间

过于频繁地更换游戏资源，是那些缺乏经验的教师创设游戏环境时常犯的一个错误。这混淆了早期学习环境需要"刺激"的事实和它需要不断变化的信念。如果时机合适，刺激可以持续相当长的一段时间。一个好的经验法则是，当儿童投入地使用某些资源或参与某些场景时，这些资源或场景就会给儿童提供刺激，而不需要成人介入或改变资源与场景。一旦儿童失去了认知的兴趣，经验丰富的成人就知道必须提供新的机会，或添加新材料或新资源来更新和扩展现有的游戏情境。

"有计划的"和"结构化的"游戏

许多教师努力证明游戏的合理性的一种方式是在游戏前加上"有计划的"或"结构化的"。这两个术语通常互换使用，但对我来说，它们有着非常大的区别。首先，"有计划的"游戏意味着幼儿园中的游戏不像家庭或社区环境中的游戏那样自发或无条理。鉴于这一事实，即所有空间、资源和时间的安排都由教师计划，因此幼儿园中的游戏必定存在成人干预的因素。然而，教师既可以促进也可以限制和抑制上述游戏机会。如果幼儿教师的计划是有益于儿童的游戏体验，那么在关于儿童如何有效地学习方面，教师必须做出明智的选择并坚守自己的原则。

"结构化的"游戏强调的是完全不同的重点。如果游戏是"结构化的"，那么它就不仅仅意味着成人的干预，更像是成人的干扰。如果教师组织游戏，例如，他们说"你可以去娃娃家表演'拔萝卜'的故事"，那么教师提供给儿童的学习机会就不是游戏。儿童可能在使用游戏资源，也可能在游戏空间中，但他们所获得的体验不是游戏。相反，它变成了成人发起的活动（见第4章）。换句话说，成人对活动有目的性，希望儿童实现某些结果，并且带有一套规定和限定儿童将做什么的学习意图。虽然表演"拔萝卜"的活动本身没有错（尽管有时我确实觉得某些作者一定会为他们最初写经典故事的目的而感到悲伤），但教师不应该计划这类"结构化的"活动，也不要试图把它当作游戏。

游戏为什么对幼儿教师具有挑战性

如果幼儿教师想要提高幼儿园中的游戏质量，重要的是要直面自身的恐惧和焦虑，这种恐惧和焦虑源于他们需要引入更多基于游戏的课程。反复吹捧游戏的价值没有任何好处，只会让游戏变得高结构，而且由成人而非儿童控制。

游戏没有明确的结果

英国的幼儿教师都知道儿童在 5 岁之前应掌握哪些技能、概念和知识，可参见《早期基础阶段》（DfE，2012）。正因为如此，人们特别担心，如果教师不以有组织的方式计划和安排课程，儿童就无法实现所有的早期学习目标。有一种观点认为，当成人主导儿童的学习时，儿童将学会成人为其计划好的应学内容。也有人担心，儿童游戏时会学到一些完全不可预测的东西。当然，情况就是这样。从定义上讲，游戏没有明确的结果，成人可能不知道儿童在游戏中将学到什么。然而，首先要消除的误解是，当儿童游戏时，他们不会学到任何与课程有关的内容。这是错的。儿童在任何时候参与高质量游戏，都会同时涉及许多学前教育课程内容。

- ◇ 协商：在积木区共享积木时
- ◇ 计算：当儿童根据自己的设计建构模型时
- ◇ 扩展词汇量：讨论娃娃家里谁扮演什么角色时
- ◇ 探究物品和材料：在沙坑里创造幻想世界时
- ◇ 使用大小不同的设施：在户外区域锻炼身体时

◇ 表达和交流想法、思考及感受：在一起玩幻想游戏和小小世界游戏时

因此，当儿童游戏时，他们一直在学习《早期基础阶段》所要求的内容。成人的任务是观察并适当地记录，据此计划下一阶段的学习。

其次，我们需要挑战这样的观念，即成人如果主导儿童的活动，他们就会知道儿童将学习什么。如第 4 章所述，即使在相同时间教授儿童相同的内容，成人也无法确定一群儿童会学到什么。小组越大，儿童就越不可能从一项活动、一种解释或一次讨论中获得一样的收获，而且有些儿童还可能因为活动太简单或太难而收获甚微。即便成人主导一小群儿童的学习，有些儿童也有可能误解或根本不参与成人的活动计划。我们知道，在一天、一周或生活中的不同时刻，儿童会沉迷于一些事情，这会把他们的注意力从成人的关注点上转移，并降低他们的学习能力。

最后，当成人主导儿童的学习时，成人的活动意图会限制儿童的体验。换句话说，儿童将只学习成人计划的内容。然而，在游戏中，儿童的学习边界只受到自己的创造力和内驱力的限制。维果茨基坚称，"儿童在游戏中会获得最大的发展成就"（1966，p. 92）。

观察和第一手证据表明，当儿童参与高质量的游戏时，尽管难以预测，但他们将学习一些有意义且相关的内容。因此，并非所有儿童一直学习成人预设的内容，但如果儿童玩游戏，那么在游戏时刻，儿童至少能学到对他们有意义的东西，也更容易保持和发展学到的技能或知识，因为这些对儿童来说是有目的和有意义的。

游戏需要很多时间

那些尚未意识到游戏价值的人对游戏的另一种抱怨是，它需要很多时间。他们认为，给儿童练习题，儿童就会完成，然后准备好继续进行；给儿童一项任务，儿童也会在成人的精心安排下完成，然后继续进

行。高质量的游戏确实需要时间逐步发展，但是幼儿教育工作者必须衡量一下哪个更有价值：是很快就能完成、学习相对肤浅且不太吸引人的大量"任务"，还是一个可以持续数天的游戏场景，虽然看似只关联一个主题，但它即便没有融合全部学习领域，也一定融合了许多学习领域，并且可以满足成人要求的大多数学习目标（见案例7.1）。

案例7.1 儿童发起的活动涉及很多课程领域的学习

在这所幼儿园中，学前班的儿童可以在室内和户外自由地游戏，每次大约有1.5小时连续的时间进行自我发起的活动，并能与其他三四岁的儿童一起活动。这个游戏的背景是，工地上正在进行建筑施工，包括扩建工程。儿童可以通过铁丝网看到整个过程。几周前，在一个巨大的水泥机器上，工人们用一根大塑料管向新扩建部分的地基注入水泥。一天下午，一群学前班的儿童聚齐了水槽、板条箱、铁锹和一辆手推车，忙着从沙坑里运沙子。他们花了1小时耐心地把沙子运到花园的土堆顶部，这个土堆的一边是"露天剧场"的背面。他们用手推车在铁锹的帮助下把沙子倒进板条箱上倾斜的水槽里。露天剧场的台阶前有些直立的木板，里面填满了碎石沙，这些沙子散落下来使得板子翘了起来，很容易绊倒人。孩子们注意到这一点，并表示他们正在"把这些台阶弄得安全些"。

在这个活动持续开展的过程中，儿童相互交流，协调角色，像和谐的团队一样工作。他们探索如何将沙子运送到合适的地方，并解决危险台阶的问题。他们利用最近观察到的建筑工作，扮演建筑工人；探索必要的身体技能，把手推车推上陡峭的山坡，并平衡板条箱上的水槽。在整个过程中，他们都是专注的、主动的、投入的和持之以恒的。

游戏不能保证"教授"课程

我希望我已经说明了这个问题。除了算数、语音意识或者正确拼写等特定领域的某些方面，游戏可以自然而然地帮助解决学前教育课程的所有领域问题，尤其是当教师每天精心规划了资源和机会时。游戏可能不会以任何规定或可预测的方式"教授课程"，但是如果没有丰富的语言、社会互动、情感投入、数学和科学的应用、身体活动和创造性想象力，就不会有高质量的游戏情节发生。然而，这并不意味着没有成人干预的余地。成人的有效做法是观察儿童游戏中出现的模式或图式（Nutbrown，2006；Athey，2007），并利用这些来计划扩展游戏场景或补充游戏资源。成人也可以和儿童聚在一起，在适当的时候强调学习的关键方面。比如：在游戏过程中或者结束后，教师与一个或一组儿童反思和回顾游戏；在一次活动的最后时刻，教师请儿童谈谈自主游戏经历；观察儿童游戏时，了解到儿童在做某件事时遇到了困难，需要成人的直接指导或支持；许多儿童在概念发展方面已经达到了相似的水平，他们将从更聚焦的活动中获益，以强化他们发展中的意识；想向小组儿童介绍一些新材料或提供一些不同的机会，此时以一种更聚焦的方式实施再好不过。经验丰富的幼儿教师会在关键时刻与儿童一起强调、强化和联系课程的不同方面。但是，只有充分观察游戏，并把游戏理解为所有关键的学习经验和学习机会的基础，这些时刻才会被教师识别出来（见第2章）。通过这种方式，成人可以确保以系统的方式介绍课程的各个方面，同时也能获得游戏所提供的更加自然的、不可预知的机会。

游戏可能会乱糟糟

相对于教师所计划的活动而言，游戏被认为是"乱糟糟的"。如果你是一个喜欢秩序、控制感和可预测的结果的人，那么会发现游戏很难管理。此外，游戏也可能是字面上的乱糟糟。我们知道，大多数儿童不会把边游戏边收拾放在首位。儿童从一个游戏空间转移到另一个游戏空间时可能会弄脏衣服。从室内到室外，从沙坑到玩水区，我们到处都可以看到游戏资源。当有其他道具和材料在手时，儿童会扔掉现有资源。这是游戏创造力的一部分，资源的拿与放服务于游戏目的，并让这一刻变得更有意义。当儿童正在游戏时，任何有关整理的要求都可能彻底打断儿童的创造性意图，干扰他们的行动与活动。在一天中的某些时候，可以安排时间专门用来整理，从而不会干扰儿童游戏时的关注点。儿童需要明白，共享游戏空间意味着要保持空间足够整洁，以便他人使用。然而，期望儿童在游戏过程中进行整理是错误的。幼儿教师需要对合适的时机保持敏感，以要求儿童考虑大家的共同利益。

在幼儿园中，通常在一次活动或一天结束时，教师会希望每个区域都干净整齐。当下午要安排另一组儿童活动时，整理教室看起来是必须的、合理的，但是这会破坏儿童游戏的连贯性，因为他们也许想在第二天再接着玩。教师应尽可能地尊重儿童的游戏空间和游戏场景，如果游戏时间结束时打断了一个特别有价值的游戏场景，那么成人就需要找到保护游戏空间和资源的方法，以便儿童隔天返回游戏场景时可以重新开始。

对那些痴迷于整理和可预测性的成人来说，幼儿园不适合他们。我们面临的主要挑战之一是被那些喜欢秩序、精确性和结果的人评估或检查。幼儿的行为是自发的、不可预测的。这就是为什么从事儿童教育工作如此快乐，能让我们在工作中葆有新鲜感并全身心地投入。成人应克制自己在活动中整理东西或要求游戏环境保持有序的冲动，成人之所以会希望环境整洁只是因为这会让成人感觉更好，抑或是因为他们觉得这会让参观者相信一些更有价值的事情正在发生。

游戏可能是吵闹的

最后，游戏可能是吵闹的。对一些幼儿教师来说，这与游戏可能是乱糟糟的一样令人不安。然而，如果成人试图阻止吵闹的游戏，那么他们就会剥夺儿童尤其是男孩释放压力、发展体能和力量的宝贵机会。家庭和社区的游戏空间遭受到日益严重的城市化的威胁。拥挤的交通、危险的陌生人和人造的游戏区域减少了儿童远离成人进行户外游戏的机会。在一些游戏组织中，越来越多的人担心，过分追求游戏环境的"安全"（无论有无工作人员）会产生意想不到的后果，使得游戏环境十分枯燥，以至于剥夺了儿童在幼儿园中参与"有益冒险"的机会，儿童因此寻找更危险的游戏情境，以挑战和刺激自己，而这原本是游戏可以且应该提供的。儿童需要在游戏中体验冒险和挑战，户外游戏能够为儿童提供这些体验，也应该为儿童提供这些体验。

为儿童提供一个随时可用的户外区域能够立刻拓宽学习环境。如果室内空间狭窄，那么户外区域可以立刻增加学习机会。儿童习惯于在户外和室内区域之间移动，把资源和经验从一个地方带到另一个地方。但是户外区域不仅提供了更多的空间，也给儿童提供了与室内不同的机会。在户外，儿童可以体验大型活动，而这对室内来说通常不太现实。他们可以用大刷子涂色，或者在大张的纸、墙壁或地面上画画，也可以跑、跳、蹦高、保持平衡、滚下斜坡或爬上绳索。在户外，儿童可以呼吸新鲜的空气，进行精力充沛的活动，这会消耗更多氧气，锻炼大肌肉，增加大脑供血量。当人们为儿童久坐不动的生活而担忧时，幼儿教师应该为儿童在幼儿园中拥有吵闹的游戏而感到高兴。然而，吵闹的游戏需要有目的的引导，没有比高质量的户外区域更适合的地方了。如果儿童喜欢吵闹，那么最好的办法就是给他们提供户外区域，让他们有机会吵闹而不是抑制这股内驱力，否则它只会在其他时间以更加消极的方式演变为更有攻击性的行为。

成人在支持儿童游戏中的角色

很难描述成人在儿童游戏中的角色,它就像游戏本身一样复杂多变。在本章中,我们已经讨论过,如果成人主导或试图控制游戏,那么游戏就会变成另一种活动。由成人发起或主导的活动不是游戏。因此,为了提高游戏质量,成人该如何干预?成人如何确保干预最终不会沦为干扰?

成人作为促进者

成人的主要作用是提供一个有利于高质量游戏的环境。这意味着,成人为儿童提供上述时间、空间、资源、经验和机会。同时,成人还负责开发室内和户外环境并选择资源,但刺激和促使儿童游戏的是环境,不是成人的任何指导。

成人作为观察者

成人明白,儿童会在游戏中展示真实的能力和技能水平。如果成人想了解儿童知道、理解和能做什么,那么观察儿童在各种游戏情境中的表现至关重要。游戏还能显示儿童的社会性和情绪情感发展水平。如果成人观察游戏中的儿童,他们就能最有力地确定儿童哪些方面的学习需要加强、重复或拓展,这些可以成为后期成人主导的活动的重点。

成人作为回应者

当成人坐在游戏中的儿童身边时,他们可以成为问题、对话和想法的"催化剂"。有时,成人什么也不做,儿童只是根据自己的想法和建议邀请成人参与游戏。有时,成人会在儿童游戏时大声评论他们在拿积木做什么或在玩水区玩什么,等等。在这两种情况中,成人对儿童的想

法、情绪和活动都很敏感，成人会回应儿童，也许只是点头和微笑，但成人会让儿童确信他们的游戏是有价值的。

成人作为支持者

经过一段时间的仔细观察，成人可能会觉得儿童的游戏失去了动力，或者需要一个新想法来充分利用游戏的可能性。这可能是一个需要谨慎做出的决定。很多时候，成人会误解儿童游戏的目的或方向，成人的干预会破坏儿童的游戏。有时，成人提供一个想法或提出一个问题，而儿童会忽略它，他们更愿意专注于自己的关注点和方向。然而，适时的评论或问题，或者添加新资源，都可以助推游戏，给游戏注入新动力和新活力。

成人作为共同建构者

有时，成人在儿童旁边玩平行游戏或者成人密切而敏感地关注儿童的游戏，都会促使儿童邀请他们更深入地参与游戏。儿童可能让成人扮演一个角色，邀请成人参与模型的构建，建议成人在玩水游戏中尝试不同的资源或新挑战。然后，成人与儿童一起在他们互动和共同建构的游戏体验中共享乐趣。

提高游戏的地位

为提高游戏的地位，幼儿教师需要亲身体验游戏的价值。阅读关于游戏的书籍却从不付诸行动，在幼儿园里呈现游戏并提供资源和支持却不观察游戏的潜能，这样没有益处。你如果从未见过高质量的游戏，就去看看以游戏为基础的幼儿园。发展高质量的游戏需要将游戏置于学前教育课程的核心地位。表 7.1 推荐了一个游戏章程，可以支持教师提高基础阶段游戏的地位。

表 7.1　游戏章程

1. 承认游戏在儿童学习过程中的独特贡献。
2. 把游戏规划为课程的一部分，而不是额外添加的。
3. 提供适宜的、高质量的资源促进游戏。
4. 在进行适宜干预时充当"催化剂"，在需要专业知识时充当"脚手架"。
5. 观察游戏以获得儿童学习的第一手证据。
6. 评价游戏以便更好地了解学习者的需求。
7. 通过评论和承诺来重视游戏的价值与地位。
8. 用严谨、专业的论据争取让同事、家长、管理者及社会各界人士更深入地了解和接受游戏。

结　语

游戏是儿童学习的自然方式。游戏能帮助儿童整合和巩固丰富的经验，促进认知、身体、社会性和情绪情感的发展。它自然地鼓励合作和协作，既需要儿童运用精细和粗大运动技能，也需要儿童运用认知能力。它是令人愉快的，同时也能帮助儿童疏导痛苦和悲伤情绪。它需要花费时间，但也挑战和激励儿童学习。游戏与学前教育的相关性是不容置疑的，它在幼儿园的地位应该得到保证。本章探讨了游戏的复杂性，并驳斥了那些否认游戏是所有幼儿园中儿童学习经验的核心的观点。

在阐述了游戏的复杂性和多种类型之后，我想在本章中总结一下游戏的定义，我认为这一定义与我在最佳的学前教育实践中所看到的高质量的游戏体验相一致。它来自英国最近颁布的一份文件《国家战略——学习、游戏与互动》(*National Strategies–Learning, Playing and Interacting*)（DCSF，2009，p. 10）：

游戏是儿童自由选择和掌控的。儿童自主决定如何玩、玩多久、玩什么以及和谁玩。游戏有多种形式，通常富有创造性、开放性且充满想象。它需要游戏者的积极参与，并且能够带给游戏者极大的满足感。

在第 8 章中，我们将探讨儿童在幼儿园中拥有权利和控制权的其他情况，并探寻儿童能否通过协商学习要素和学习环境来获得动力。

思 考 题

1. 你为什么在幼儿园中鼓励游戏？在教室里的展示物和照片中，我们是否能清晰地看见游戏所蕴含的学习潜能？

2. 你对自己在支持和扩展儿童游戏中的角色是否感到自在且自信？

3. 儿童是否有足够多的时间、空间及资源进行室内游戏和户外游戏？

4. 年龄较大的教师以及家长是否理解游戏的必要性和游戏对儿童发展的好处？如何促进他们对游戏的认识？

第8章

协商性学习环境：关于主体、权利和控制权的问题

李桢妤 5岁
成都市温江区海科幼儿园

协商学习的理念，对任何不考虑儿童当前的需求和兴趣就规定活动过程与内容的课程来说，都是一大挑战。如第 3 章所述，教师需要基于儿童已经知道什么和接下来应该知道什么为儿童规划发展适宜性课程。课程应从儿童出发，我们不能反过来期待儿童从课程出发。当幼儿教师发现以这种方式激励儿童可取时，儿童就处于有利的地位。儿童不应该被动地接受他人的决策和管控，而应该主动编织自身的经验。当儿童可以掌控学习环境时，教师和儿童之间就形成了伙伴关系。在这种关系中，儿童通过增强自主性和目的感的方式协商学习内容与学习成果。这不会削弱成人的作用，但会改变成人的角色。"学习由儿童控制"这一观点：

认为知识并非由教师直接灌输给儿童。它要求教师和儿童都认识到，学习的主题存在于他们的"亲密圈"之外，而不是只由教师独自掌控（Rowland，1984，p. 149）。

儿童第一任教师的有效性

作为儿童的第一任教师，父母和其他照料者通常都很成功，原因之一是发生在家庭中的学习嵌入在日常生活的真实情境中。父母自身通常是孩子探索和思考的情境的一部分，父母对孩子的支持取决于他们对孩子语言和认知能力的深入了解。或许最重要的是，大部分学习源于儿童自身的兴趣和关注点。儿童发起对话、提出问题，而父母提供答案、解决问题的思路和想法。

这很可能是因为，除了那些从小就为孩子制订非常明确的教育计划的父母之外，大多数父母都满足于扮演孩子的支持者或引导者的角色，而非"教师"角色。当你告诉父母他们是有影响力的"教师"时,许多父母都感到非常惊讶,因为对他们来说,"教学"有着明显的目的,涉及指定的课程、明确的目标,而作为父母,自己的做法更为随意、自发和"不专业"。

然而,正如第 1 章所述,学习实际上是偶然的、自发的和不可预测的。现实生活中的学习包括:遇到有趣的事情,进一步了解它,或者去探索怎么做,看一看新经验是否与已有经验相吻合,以及是否需要做一些必要的调整,以确保将新经验同化到已有经验中。在现实生活中,每个人都以不同的方式进行这样的学习。有些人喜欢通过书本、手册和培训课程进行系统的学习。有些人喜欢用试错法"试一试"。有些人喜欢观"大局",然后填补细节,而另一些人喜欢在看到"整体"之前从头开始系统地学习到最后。有些人喜欢独自学习,有些人喜欢陪伴式学习。成人如此,儿童也是如此。在家庭中,父母和其他照料者更容易灵活、变通地回应儿童对知识和理解的个体追求。首先,父母通常只需要回应几个儿童,而非整个班级的儿童。其次,父母通常对孩子所说的和所尝试要做的一切都很着迷,并为孩子的个性而感到愉悦和开心,但对教师来说,在至少 30 人的班级里实施差异化教学(正如第 3 章所述)非常具有挑战性。最后,父母并不像教师那样,负责教授规定的内容。尽管有越来越多的证据表明,父母是很重要的教育者,以及早期经历对人生机遇很重要,但大多数父母仍然认为他们的角色是爱孩子、回应孩子,如果有任何"教育"行为发生,也通常体现为父母追随而非主导孩子的兴趣和爱好。

幼儿园或教室里的协商学习

因此,在充满关爱与回应的家庭里,儿童从一开始就习惯了协商学习空间,掌控学习计划,自主选择谈论什么和尝试做什么。通过游戏和日常体验，儿童常常发现感兴趣的新事物，并提出问题和尝试解决。因此，当这些儿童进入幼儿园或小学时，他们可能需要在个人、社会性和情绪情感方面做出相当多的调整，以克服自我中心，为学习兴趣及获得他人（包括成人）的关注腾出空间。这就是为什么优秀的幼儿教师会为儿童提供类似于他们在家中经历过的学习体验。教师提供大量儿童主导的学习机会——儿童掌控活动与探索的自由。同时，教师也会提供一些成人主导的想法，这些想法源于对3岁或6岁儿童可能感兴趣但未经历过的事情的了解。

儿童想要控制自己的学习的动力一直延续到7岁左右（Bredekamp，1987；Tassoni，2007；Robinson，2008）。直到第一个关键阶段的末期，儿童才会更多地回应他人发起的学习，而非总是追随自己的兴趣。这并不意味着在此阶段之前，儿童不能或不会听从成人。儿童通常对成人介绍的事物感到好奇并努力了解，或者向那些对他们来说很重要的成人学习。但直到7岁左右，学习能力的平衡才会被儿童把握。

幼儿教师花大量时间追随儿童的兴趣，但有时也需要将他们的兴趣集中在儿童个人活动计划之外的事情上。正是这种儿童主导的学习与成人主导的学习之间的平衡，以及对时间、目标和目的的协商，构成了幼儿园课堂的特征。事实上，有效的幼儿教师并不只是在某些时候关注儿童的兴趣，然后在引入成人主导的活动计划后又忽略儿童的兴趣。儿童的兴趣和爱好可以使成人主导的活动计划更具有相关性和对儿童有意义，并帮助儿童了解自己的学习意图与成人的意图之间的联系。

当成人提供的学习与儿童的现实世界脱节，当儿童看不出花时间在成人想要追求的事情上有什么目的或好处时，问题就会产生。有时，教师必须努力帮助儿童认识到将要学习的内容与儿童个人或小组目前正在追求或想要追求的兴趣之间的联系。虽然《早期基础阶段》中有许多与儿童高度相关且适宜的内容，但事实上，对《发展很重要》（应该牢记它只是指导性建议，而不是强制性要求）以及《发音与字母》（Sounds and Letters，DfES，2007c）（也并非强制性的）中的某些学习内容来说，儿童在自主探索或游戏中，可能不会发现这些知识，也可能不会在某一特定的学习时刻主动选择学习这些内容。目前，在英国，幼儿教师认为大部分与引导儿童学习相关的教与学要素都具有挑战性，因为儿童没有做好发展准备。特别是读写和算术的某些方面，如果国家允许儿童在更大一点、发展得更成熟一点、更能理解学习目的时进行学习，他们的学习就会更容易，也更有准备。欧洲大多数国家的儿童直到6岁或7岁才开始接受义务教育（Sharp，2002；Sharp et al.，2009），而在英国，虽然义务教育年龄是儿童5岁生日过后的那个学期，但现实情况是大多数儿童在4岁之后的9月便开始上学。当门槛定得过高，而预期要跳过门槛的儿童越来越小时，就一定会有"伤亡"。最令人担忧的是，英国政府一直把儿童从优质的幼儿园带走，让他们在越来越小的年纪进入小学，但是没有任何证据表明这对标准或者儿童有任何好处。事实上，尽管关于入学年龄的证据十分复杂（Sharp，1998，2002；Elley，1992；Sharp et al.，2009），但大多数研究者一致认为，在那些入小学较晚的国家中，儿童在9岁前就会"赶上"其他入学"较早"国家的儿童，而且入学晚对儿童的情绪健康伤害也较小（UNICEF，2011）。

从家庭过渡到全新的幼儿园

由此可见，与儿童在幼儿园相比，在家学习给儿童提供了更多协商和掌控学习环境的机会。对新关系、新权利和新影响的适应，只是儿童离开家庭进入幼儿园时要适应的众多情况之一。在过渡过程中，儿童的年龄越大，家庭环境的随意性和自发性与教育环境的有序性、有计划性的差距通常越大。专门照顾和教育5岁以下儿童的机构，通常会努力模仿家庭和社区创设学习环境，如图书分享区、聊天区、喧闹的游戏区、购物区以及各种其他真实的生活体验区，这些可以为儿童提供丰富的学习机会。

但是，从家庭过渡到新的学习环境充满了潜在的挫折，成人需要仔细考虑这一点（Selleck, 2006; Dunlop & Fabian, 2007; Brooker, 2008; O'Connor, 2012）。为适应新的文化情境，儿童、父母及其他照料者都需要做出许多调整。维果茨基（1978）认为，历史的、文化的和制度化的环境塑造了儿童的个人发展及世界观，但许多教师仍然低估儿童在从家庭过渡到幼儿园或教室的过程中有时会经历的巨大文化冲击。布朗芬布伦纳（Bronfenbrenner, 1979）解释说，从家庭到幼儿园的过渡，通常是儿童生命中第一个也是极其重大的生态过渡。儿童突然面临新的关系，并发现自己在社会等级中处于新的位置。由于家庭和幼儿园的目的不同，儿童可能会遭遇来自周围成人完全不同的文化期望模式。

在考虑儿童从家庭过渡到幼儿园或教室时，教师可能需要反思以下内容，以最大限度地降低过渡带给儿童的文化冲击：

- 确定关键人（参见 Elfer et al., 2003; Lindon, 2010），在儿童进入幼儿园的这段时间里，关键人将与儿童及其家人保持亲密友善的关系
- 进行家访，向家长介绍关键人，让关键人在儿童感到熟悉且安全的环境中看到儿童，并让儿童熟悉关键人
- 在家长和其他照料者参观幼儿园之前，与他们交流，并尽可能多地了解儿童的情况
- 在儿童进入幼儿园之前，尽可能多地安排儿童和主要照料者参观幼儿园，让他们有信心和安全感
- 一旦儿童开始进入幼儿园，就可以为父母和其他照料者提供必要的停留时间（每天都在且持续几天），直到每个人都确信过渡是安全的

学前阶段不同机构之间的过渡

从家庭到幼儿园的过渡并不是儿童在学前阶段必须面对的唯一过渡。许多幼儿教师非常担心，在当前情况下，大量的社会和政策压力导

致许多儿童在最需要稳定与安全感的学前阶段经历多次过渡。儿童以线性方式经历多次重大过渡，即从2岁时的托儿所到3岁时的游戏小组，到4岁时的幼儿园，再到5岁时的小学。它所涉及的所有社会和文化方面的混乱，对儿童来说真的很糟糕。同时，儿童也在经历纵向过渡。换句话说，一天之内，许多儿童要从家庭过渡到托儿所，再从托儿所过渡到其他教育机构。多萝西·塞莱克（Dorothy Selleck）在她那篇影响深远的文章《早期基础阶段中的关键人》（*Key Persons in the Early Years Foundation Stage*，2006）中将这些过渡描述为"多次照顾"，儿童被迫四处奔波，通常是为了满足成人的需要，而非自身的需要。塞莱克对这些做法提出了质疑，她说："我想不出还有什么其他的成人环境能让不断的过渡被认为是可取的、合乎情理的或有益健康的。"（p. 12）

当教师意识到儿童进入特定机构需要做出那么多调整时，教师就需要努力减少儿童可能面临的不连续性。只有当所有相关的教师密切合作，消除不必要、不理想的不连续现象，才能实现这一目标。最好从儿童的视角出发。那些曾在一天或一周中追踪调查某个儿童的学前教育经历的教师都改变了自身的实践。只有透过儿童的眼睛看世界，我们才能真正理解他们从一个机构过渡到另一个机构所需要经历的调整。

成为一名"学生"

为了让儿童尽可能顺利地完成第一次过渡，无论我们付出多少努力，儿童在进入全新的幼儿园的头几个小时内，都会发现这里的生活将会有所不同。最明显的是，周围的儿童数量与家里不同。此外，环境可能更宽敞，周围的成人也更多，并且这些成人对儿童有不同的期望。不仅家庭和幼儿园之间存在差异，而且不同幼儿园之间也常常存在差异。对儿童来说，内心最难适应的一点是成人之间对儿童及其行为的期望不同，尤其是当这件事情发生在同一天中时，例如，当父母二人有不同的教育底线和约束方式时，儿童就会感到非常困惑。再如：在一所幼儿园里，儿童必须"请示"成人才能如厕，而在另一所幼儿园里不需要这样做；在一所幼儿园里，儿童被期待自己寻找和更换资源，而在另一所幼儿园里由成人寻找和更换资源；一所幼儿园允许枪支和打仗游戏，而另一所幼儿园禁止玩这些游戏。不仅成人对儿童的行为期望会使儿童困惑不已，而且儿童也知道，在不同的幼儿园里，人们会期望他们扮演新的角色，成为另一类人。他们不再是女儿、儿子、孙女、侄子等天生固有的角色，而是成为一名"学生"。虽然大多数幼儿园不使用这个词语，但其实它们对儿童的期望都是相似的。儿童发现他们必须轮流，而不能立即得到想要的东西；必须适应其他儿童的喜好，而不能按照自己的方式行事；必须等待特定的时间才能吃饭或吃点心。如果儿童直接过渡到幼儿园教室，那么差异可能会更加显著。这个"学生"的头衔内含态度和期望，但不是儿童自身的，而是儿童从周围人的态度和期望中领会到的——"当你在学校时，你不能这么做""如果你还没有完成作业，晚饭时间他们会把你留在学校""你在学校里会学到正确的东西，如算术和写作"——大量的期望通常以善意的建议形式出现，但也可能带有威胁的意味。

因此，儿童在进入小学时，对成为一名学生意味着什么，有了或多或少正确的理解。许多儿童和家长相信，儿童在学校是为了学习，教师是为了授课。教师的角色是积极主动的，而学生的角色是被动接受。儿童会找到自己的方式来应对这个新世界。他们可能会跟随、协商、转变或拒绝成为"学生"，但在这种新的学习环境中协商自己的位置是一个持续的过程。波拉德和法勒（Pollard & Filer, 1999）指出，适应是主动的而非被动的。因此，儿童如何应对和适应新的学习环境，对他们的终身学习至关重要。

所有幼儿教师能做的，是让幼儿园中的学习经历尽可能地与家庭中的学习经历类似，使学习生活化和真实化，并再现积极的氛围以及父母和其他照料者的真诚回应。很多时候，直接进入小学的儿童几乎看不到在家学习和在学校学习之间的任何相似之处。新的学习环境可能充满间接经验，充满成人的干扰，充满动笔而不是动手的活动，充满成人主导的学习而不是儿童发起的学习。优秀的幼儿教师认识到，对儿童来说，这不是一个有效的学习环境。如果想要儿童始终对学习有兴趣、有乐趣和有动力，那么教师必须尽一切可能再现有效的学习环境，让儿童从出生起就成为有能力的学习者。

把儿童变成"学生"

众所周知，幼儿园里的许多方面都会向儿童传达，他们在这个地方的角色与在家里的角色多少会有所不同。特别是对幼儿教师来说，他们需要深刻反思当下的教育实践是如何不知不觉地把年幼热情的自发学习者变成消极、被动的"学生"的。如果儿童想要掌握共同游戏、共同学习以及与家人之外的他人共同生活所必需的社会技能，那么其中一些改变是必要的。然而，有些改变只是为了维持课堂纪律的传统模式，即教师才拥有权利和控制权，而作为学生的儿童要向成人学习更多的技能和知识。儿童最先接触到的一条规则——也是最根深蒂固的规则——就是"举手"。辛克莱和库尔撒德（Sinclair & Coulthard，1975）称之为"竞标"，这是一个很形象的描述。儿童通过举手回应成人的要求来"竞标"成人的时间。这需要儿童掌握发言权，并拥有成人的关注。举手需要儿童理解两条基本规则：第一，要和成人说话，你就需要举手；第二，有些时候你可以和其他儿童说话，有些时候则不能，在这种情况下，除非教师允许，否则你不可以和其他儿童讲话，或者你必须和其他儿童讲话，但前提是你被告知这么做。

由于规则和惯例令人困惑，许多儿童便诉诸模仿。有时，儿童模仿那些在幼儿园中待得更久或适应得更快的儿童。儿童的回应"显然模仿了某些近期得到教师积极反馈的儿童，或那些似乎很好地取悦教师从而得到了正面回应的儿童"（Willes，1983，p. 186）。有时，儿童模仿成人，正如玛丽·韦尔斯（Mary Willes）所描述的那样，教师通过"语调、手势和表情"给出线索，儿童猜测和试验这些线索的含义。

规则和惯例通常不可协商。它们是教师的特权，往往不会被选择或分享。因此，在韦尔斯看来，成为一名学生就是尽可能快地学习这些成人的做法：

> 如果一个儿童想要成为一名参与型学生，那么他必须满足的最低且不可避免的要求并不是很多。儿童必须接受成人的指令，除非教师示意他可以说话，否则什么都不要说；当轮到你的时候，你必须尽可能地使用你能找到的任何线索，并尽可能地做出最佳猜测。学习这一点的前提是，儿童必须有获取成人关注和认可的意愿，并且能够较长时间地关注教师或参与一个话题的讨论。（1983，p. 83）

这是真正意义上的"训练"。儿童学习以一种给定的方式对给定的信号做出反应——这是一种带有巴甫洛夫意味的行为。

取 悦 成 人

关于早期学习环境中权利与控制权的讨论，取悦成人也是一个非常重要的观念。霍尔特（Holt，1982，p. 70）认为，"只有当取悦成人变得重要时，成功和失败之间的分界线才会显现出来"。这意味着，儿童对自身的成败、价值与重要性的看法取决于他们遇到的教师的价值观和看法。我们知道，有证据表明，在任何教育环境中都存在有关自我实现的预言。告诉儿童他们很优秀、会成功、做得好，儿童便会热情地回应你，并证明你说的是对的。在儿童的教育生活中，每天都对儿童说他们毫无价值、毫无用处、毫无希望等消极的形容词，他们也会再一次证明成人说的是对的。霍尔特认为，"成为无能力者"有两个特点：第一，它会降低别人对你的期望；第二，它会降低你对自己的期望，甚至是希望。霍尔特提到，当你开始失败的时候，有一件事是肯定的——你不会感到失望。

第1章表明，无论儿童经历了什么，他们大多数在进入幼儿园或教室时，都是充满热情、精力充沛的学习者。儿童在幼儿园中的经历会使他们的态度和行为发生转变，使他们大不如前。在很大程度上，这是把儿童的学习权利和控制权转移给成人而导致的结果。珍妮特·梅根（Janet Meighan，1993，p. 43）认为，一旦儿童开始上学，"学会如何学习，就会让位于学会如何被教导"。

因此，让我们回到本书的主要问题上。当儿童处于童年早期阶段时，他们便已经获得美国心理学家霍华德·加德纳（Howard Gardner）所说的"未受过正规教育但令人惊叹的一系列能力"，那么为什么其中一些儿童会突然变成依赖他人且被动的学习者，需要依靠成人来获得成功和自尊？加德纳（1993，p. 3）认为，"学校的设立正是为了灌输技能和观念，这些技能和观念虽然值得学习，但学习起来并不像直觉能力那样容易和自然"。这可不只是事实。幼儿园以及现在所有基础阶段的机构都是社会的工具，因而它们必须回应社会与文化的要求。不幸的是，在满足这一要求时，它们会剥夺儿童作为学习者的所有内在力量，并使他们觉得自身的需求和兴趣不再重要。对一些儿童来说，从家庭过渡到幼儿园，标志着他们作为学习者从成功过渡到失败。那些真正属于直觉型学习者的儿童，通常面临最大的风险。幼儿园并不总是迎合个体的需求。因自身需要高度统一的本质，且由于不够灵活而无法考虑学习者的特质，幼儿园很可能会使一些极具创造力和思维自由的儿童显得格格不入。

不满的学习者

当儿童对幼儿园的期望与幼儿园对儿童的期望不匹配时，儿童就会产生疏离感。根据韦尔斯（1983）的说法，有些儿童越界是因为他们不知道界线在哪里。然而，有些儿童——那些因不符合幼儿园的期望而已经产生疏离感的儿童——知道界线在哪里，但会故意越界。吉尔·巴雷特（Gill Barrett）在她撰写的一本关于儿童不满的著作的序言中，这样定义"不满"：

从根本上说，这个词意味着曾经积极的状态转变为一种消极的状态。因此，对某些事物的喜欢逆转成不满。这里我们关注的是早期学习中的不满。因此，不满取代了对学校活动的喜欢，暗示了某种厌恶，从而让儿童远离学校的活动，远离课堂和学校的学习期望。（1989, p. xiv）

如果考虑到有些儿童刚刚开始上学或进入新的机构学习，那么这个定义意味着，"喜欢"是指在进入机构之前和在机构之外学习时所产生的情绪。因此，在儿童认为自己有能力胜任的学习环境中，他们很难产生不满情绪。贯穿本书的观点是，儿童是有能力的积极主动的学习者。然而，幼儿园可以迅速地把儿童的这种能力和动力变为不满情绪，这是对幼儿园的可怕控诉。

那么，这种不满如何表现出来呢？与年龄稍大的儿童不一样，年龄较小的儿童不会从环境中退缩出来，因为大多数儿童即便感到非常委屈，也会选择待在幼儿园里能给他们安全感的地方。他们的常见反应是拒绝或退出被要求执行的活动或任务。如果这种退出是"主动的"，儿童就可能表现为发脾气，躲在桌子底下，或者躲到另一个房间去。巴雷特（1989, p. 30）认为，幼儿园或教室中：

总是有新的要求和陌生人，这很可能激起儿童的强烈反应，例如哭泣、攻击他人以及逃避困难。如果儿童知道过去这些强烈的反应总是能够得到成人的回应,并且沮丧的原因总是会被成人消除或解决,那么当最初的哭闹和退缩不能够消除学校的要求时,儿童就会在学校变本加厉,表现出更加强烈的行为反应。

这是一幅可怕的画面,反映了一些儿童感受到的痛苦,以及他们因此而表现出来的愤怒。如果儿童变得更加叛逆,他们就会拒绝做被要求做的事情,或者做得非常慢,或者在这个过程中尽可能多地干扰其他儿童。

毫无疑问,不满的产生是因为儿童被要求做一些对他们来说没有意义的事情。儿童在今后的生活中必须学会做这些,因此他们必须从现在开始学习,这种说法毫无道理。在儿童身上,这一观念体现为一系列令人吃惊的经历,小到长时间静坐,大到忍受游戏中的竞争。儿童在变老和死亡之前可能不得不面对无数种不愉快和不幸福的经历,但是不能为了让儿童练习如何面对未来的不幸而把这种消极经历强加给儿童。

对儿童来说,十分沮丧的事情之一是他们无法表达自己的感受。儿童很难解释或描述自己的感受及原因。吉尔·巴雷特的重要研究和彭妮·兰开斯特(Penny Lancaster)及其团队最近关于《倾听儿童》(*Listening to Children*,2010)的研究表明,如果成人有足够的耐心询问儿童,并愿意找出儿童没有积极回应的原因,那么他们就已经为儿童解决了一半的问题,当然,也为他们自己和其他儿童解决了问题。

对儿童来说,更让他们沮丧的是,他们在活动过程中总是会被成人打断。正如我们所知道的,学前教育的一个重要原则是让年幼的学习者有时间进行持续的活动。如果想让儿童在幼儿园中的学习体验类似于他们在家里的体验,如果想要对儿童参与活动的价值给予积极的反馈,那么无论是由儿童发起还是由教师发起的活动,坚持这一教育原则都至关重要。巴雷特举例说明,当儿童的活动被打断时,他们会感受到强烈的挫败感:

丹尼尔和卡尔找到了一本关于新西兰（卡尔的故乡）的书。当他们开始阅读时，老师说道："该把书收起来了。"丹尼尔的脸色和话语中表露出失望，他说："我才刚刚拿到这本书。"

在学校里，总会有很多人以正当理由收走孩子们的东西，导致孩子们不得不提早结束手头的活动。总有人会破坏孩子们的活动。（1989，p.10）

许多教师致力于解决儿童的学习时间被打断的问题。坎贝尔和尼尔（Campbell & Neill，1990）的研究证实了所有教师都知道的事实，即儿童在一天中似乎总是没有足够的时间做必须要做的事情。对儿童的在园学习时间进行统计，可以特别清晰地揭示出儿童的学习时间被学校的时间表"切碎"。晨会、游戏时间、午餐、看电视，等等，都会打断儿童的学习流程。每一次休息都要求教师和儿童放松自己，休息结束后再紧绷自己，回到休息前时的学习势头。这不是对时间的有效利用，而是一次有效检验课堂或学校中的干扰的尝试，看看是否有方法可以尽量减少此类干扰（见第5章）。

协商性教室

众所周知，早期学习环境是一个可以完全由成人掌控规则和期望，而儿童无法提出自己的要求或主张自己的权利的地方。通常，成人为儿童创设学习环境，决定开展的活动和机会，以及安排儿童应该在哪里、和谁一起做什么。但是，如果成人有意识地让儿童在这个过程中行使权利，那么会发生什么？为维持儿童的动机、努力和保护儿童的权利，接纳儿童作为共同协商的伙伴，让儿童一起协商各种行为和做法，又可能会发生什么？

协商的观念

西尔维娅·沃勒姆（Sylvia Warham，1993，pp.35-36）认为，在某种程度上，教与学本身就是一种协商，因为"这个过程需要得到教师和学习者的同意"。教师和儿童之间关于学习环境的协商是指儿童允许成人做什么以及成人允许儿童做什么的协商。成功的协商需要成人先发出信息。当儿童感受到被倾听和尊重时（Lancaster，2010），当他们的想法和兴趣融入学习经历中时，这对教师和学习者通过协商成为更加互惠的伙伴关系来说，是一个积极的起点。

成人作为教师的身份

在幼儿园中，教师可以与儿童协商一系列事情。这些协商被采纳的程度多半取决于负责创设学习环境的幼儿教师的风格及其个人身份。沃勒姆（1993）把拥有"主要支配性身份"和"次要支配性身份"的教师做了区分。她指出，那些拥有主要支配性身份的教师会"造成不平等。儿童发现，每次只有一个人可以占支配地位，他们如果想参与课堂讨论，就必须与同伴和教师竞争"（Warham，1993，pp. 35-36）。另一方面，拥有次要支配性身份的教师看似"无法控制局面"，但事实上，在与儿童的互动中，这些教师所使用的策略远远多于拥有主要支配性身份的教师。通过鼓励儿童成为独立自主的思考者和学习者，拥有次要支配性身份的教师所行使的控制权要微妙得多且有效得多。沃勒姆（1993，p. 37）说，有效的教师在不同的情况下会兼用主要支配和次要支配的策略，但她提醒说，重要的是要意识到惯常使用的次要支配策略的积极作用：

- 培养信任、信心和安全感
- 鼓励儿童发展自我价值感及尊重他人的意识
- 鼓励独立和自立
- 鼓励儿童发展主动性，培养平等意识

虽然惯常使用的主要支配策略可能不会妨碍儿童的学习，但它们可能会带来某些固有的风险。沃勒姆（1993，p. 37）认为，它们有可能会：

- 导致竞争，直至对抗的地步
- 损害小组和个人的关系

- 阻碍儿童发挥主动性
- 使儿童依赖教师，导致儿童很有可能在未来对教师和教育产生反感态度

协商的观念只能与上述次要支配性策略相适应。接下来，本章将专门探讨如何让幼儿教师通往这种协商性学习环境：认可儿童的能力，尊重儿童的个人权利，并将教育视为成人与学习者之间的合作事业。

协商学习与学习环境

在早期学习环境中进行协商的可能性分为以下三大类。
- 组织：何时学以及如何学
- 环境：在哪里学以及和谁学
- 课程：学什么

组织

一天的开始

一天开始时，儿童充满了活力，而且，我们也希望儿童充满热情。如果儿童进入幼儿园，但被要求一动不动地保持静坐（很可能发生），那么他们就会立刻采取符合成人目的的行为，而不是符合自己目的的行为。儿童的需求屈从于教师的需求，如此教师就可以解决晨间问题，应付儿童和家长，并且看起来拥有平静、有序的小组。一天的开始为接下来的许多事情奠定了基调。无论出于何种目的，如果一天的开始以压抑儿童的方式进行，那么这就向儿童发出了关于教室里掌权者和控制者的负面信息，一些儿童可能在一天还没有开始之前就有了挫败感、疏离感和怨恨情绪。

在大多数早期学习环境中，儿童一到幼儿园就直接参与自己选择的

活动。父母被鼓励尽可能长时间地待在教室,当儿童自主游戏或与父母或照料者共同游戏时,教师可以继续管理与组织,因为教师知道儿童都在有目的地游戏。如果儿童是新来的,或者年龄较小,情绪不太稳定,那么这也给教师提供了稳定和安抚他们的机会,教师可以与儿童进行个别交谈,直到儿童感到安心。一些教师会担心以这种方式开始一天的工作,因为他们必须完成儿童的签到。然而,签到并不是让儿童坐在地毯上,听到自己的名字后喊"到"。有一系列记录儿童到场的方法,例如,把名字挂在"树"上,把名字"寄"到信箱里,把名字写在白板上。这些方法都可以帮助教师以一种非正式的、通常压力更小的方式开始一天的工作。

学习环境的组织

从教第一年,我便开始在开学前花数天时间布置教室。我一遍又一遍地整理教室,都快把管理员逼"疯"了。我做了很多标签、标牌和图表,花了很多钱买卡片和钢笔以及一些"俗气"的东西。我认为,尽我所能地为儿童"准备好"教室是我专业职责的一部分,这样教室就会有温馨的环境,我们都可以在温馨的环境里游戏和工作。然而,当我开始花越来越多的时间思考让儿童参与有关班级事务的决策过程时,我才意识到自己从儿童那里剥夺了多么美妙的学习机会。我们经常需要解决教室里的真实生活问题,但是我们没有把这些问题当作上天赐予的机会来做出回应,而是刻意想出一些问题抛给儿童,但这些问题是儿童无法解决的或者永远识别不出来的。这是对"识别儿童的问题需求"这一理念的歪曲做法。

然而,早期学习环境需要精心布置。正如第5章所述,关于空间和资源的决策对于创建有利于自主学习的空间与区域至关重要。既然这些是儿童的学习环境,那么儿童一起参与创设环境似乎完全合乎逻辑。当意识到这一点时,我把材料放在了管理员留下的地方——教室中间堆成一堆的东西(是的,那确实是他的做法)。然后,等儿童到达时,我们一起决定需要哪些学习区域，以及应该把各种资源放在哪里。然后，分类、定位和标记资源的学习就随之发生，因为儿童的深度参与，这带给他们一种主人翁的感觉。如果只是我做决定，采取行动，而儿童不在场，那么他们永远体验不到这种主人翁的感觉。

纪律：规则和约束

成功帮助儿童尊重并遵守规则和约束的方法是与儿童共同协商规则和约束，而不是居高临下地把规则和约束强加给他们。为了让学习环境起作用并让所有人受益，儿童可以参与制定他们认为必要的规则。有时，儿童制定的规则会揭示他们的一些有趣看法，这些看法涉及幼儿园中什么重要或不重要，以及什么可能发生或不可能发生。"小孩不能随地吐痰，"一名刚到幼儿园的 4 岁儿童说。那么，他的这个想法是从哪里来的呢？

儿童为自己制定的约束措施非常具有启发性。作为一名园长，我曾努力改变我在幼儿园里管教儿童的角色。我不是只在儿童调皮的时候才去看他们，还会让教师把儿童送到办公室来，和他们分享一些积极的、值得庆祝的事情。这似乎很管用，因此当学前班的孩子协商约束措施，并以"第 6 条：把他们送到费希尔老师那里去训斥"作为一份长长的约束清单的结尾时，我感到很失望。毕竟，我无法在一夜之间改变儿童的认知。

如果规则对儿童来说有意义，并且约束看起来合理，即便从成人的角度来看这些规则和约束不一定"公平"，但儿童仍可能感受到有责任维护这些规则。关于规则的最后一句话，那就是最好保持规则的积极性。如果规则清单上谈论的是儿童可以做什么以及诸如此类的规则，而不是儿童不能做什么以及类似的规则，那么规则对班风的贡献就更大了。

活动顺序

众所周知，有许多重要的理由鼓励儿童从一个活动或体验自主地过渡到下一个活动或体验。根据学前儿童的具体年龄，活动过渡的必要性会有所不同。对三四岁儿童来说，他们被鼓励按照自己的选择从一种活动过渡到另一种活动，这可以由成人发起，也可以由儿童发起。如果教师想要与几个特定的儿童一起进行成人主导的活动，那么教师可以计划在课程开始时进行，以免干扰儿童的自主学习。对年龄较大的儿童来说，即5—6岁的儿童，成人主导的学习可以成功地与更多的自主学习一起进行，正如前面章节所阐述的，每一种活动都会受益于另一种高质量的活动（参见Fisher，2010）。

无论学习期间包含多少成人主导或成人发起的活动，都应该尽可能地给予儿童参与其他学习的自主权。如果教师试图组织"流水线式"教学活动，让所有儿童在一天中完成同样的任务，那么儿童的许多自发兴趣和多数自主发起的学习就会半途而废。不仅如此，采用"流水线"式的方法通常会导致所有儿童同时被终止活动，被迫转换到下一个活动中，而不管儿童的活动或任务是否完成。

让儿童协商活动顺序的前提是教师信任儿童。如果需要5—6岁的儿童完成一些成人发起的任务，那么儿童就必须明白这些任务需要被融入一天中。如果儿童知道教师信任自己，并有机会做选择和决定，那么他们就会知道必须完成任务，因为这是"协商"的一部分。协商永远不可能是单方面的，如果儿童仅做自己的事而不做成人安排的事，那么这样的学习环境不是协商的环境。教师和儿童之间发展协商关系的过程必须包含对选择和决策意味着什么的讨论，涉及儿童有责任履行协商的各个方面，完成成人发起的任务以及儿童自己想要发起的任务。对教师来说，协商意味着不要安排太多成人发起的活动，以至于挤掉儿童发起的活动的时间。计划至关重要。如果已经为各种活动的平衡留出了时间（见第4章和第9章），那么成人要提醒儿童每天或每周中只有 x 时间，同时有 y 件事要做，这是完全合适的。对大多数儿童来说，如果因为被给予做决定的机会而感受到自尊，那么他们也会尊重教师并出色地完成任务——即使有时并不情愿。在协商性早期学习环境中，儿童可以选择进行各种活动的顺序，这是一种有目的的、动态的氛围。如果教师不给儿童协商的余地，也不给儿童发挥主动性的空间，却要求儿童完成成人布置的系列任务，那么在这些教室里，就会经常发生教师劝说和强迫儿童的事情。

不同活动的时长

当儿童协商参加不同活动和利用各种资源的先后顺序时，这意味着他们能够决定自己将花多长时间在这些活动和资源上。许多成人可以有效学习管理时间，但如果儿童有大量自主决定活动时间的经验，那么他们也能发展时间管理技能。如果成人给予儿童足够多掌控时间和学习活动的体验，那么大多数儿童都能学会把控自己的节奏。

正如前文所提到的，儿童需要持续的时间完成工作或参与高质量的、有深度的学习（EYCG, 1992; Early Education, 2012）。在制订计划时，如何有效地平衡儿童的需求与外部计划的要求之间的时间分配问题，取决于教师。一些教师担心，尽管他们会提醒儿童管理时间，或帮助儿童管理时间，但儿童还是整日停留在儿童发起的活动上。如果室内和户外都有很多有趣的、吸引人的活动和机会，那么在任何一天里大多数儿童都会想做很多事情。然而，如果有些儿童真的不愿意变换活动，并且显然在自己选择的活动中有所收获，那么这将告诉我们关于这个儿童的哪些信息？不断重复体验的儿童可能需要一些熟悉的事物来让自己安心。这些儿童可能有不安感或不适感，他们只是觉得重复做一些熟悉的事情能给他们提供安全感。如果儿童的重复行为不合常理且持续存在，那么教师就应该调查行为背后的原因。强迫儿童只会产生疏离感，可能暂时有效，但不会改善儿童的学习态度或方法。正如霍尔特所说，"如果儿童面前的情境、材料和问题无法激起他的兴趣，那么他的注意力就会转向他感兴趣的事物，再多的劝说或威胁都拉不回来"（1982, p.265）。我们可以相信，儿童能自主设定节奏。他们需要成人提供机会来练习管理时间和安排时间，但就像自主学习的所有必备条件一样，这也是值得花的时间。

环境

学习场所

我们选择在哪里活动会对任务的执行产生重大影响。我敢肯定，不只是我一个人有这样的感受，除非待在相对安静的书房里，否则无法写作；除非把腿跷在沙发上，把猫放在腿上，否则无法静下心来阅读周日的报纸。环境可以促进或抑制学习，就像其他任何事情一样，一个人想要的学习地点未必是另一个人想要的。如果按照第5章所描述的方法创设早期学习环境，那么儿童早就可以在室内外自由地寻找资源和使用设备。然而，如果儿童随后被要求回到预先安排的地方完成手头的任务，这种自由就会受到限制。如果一个儿童独自坐着，或躺在地板上，或和朋友一起工作，他才能真正集中注意力，那么教师在设计环境时就应该考虑到这种情况并允许这种学习方式存在。协商的部分作用是证明儿童或成人做的决定是正确的，因此，如果一个儿童选择了不同寻常的学习地点，那么他就需要向同伴和成人证明他的决定的合理性。如果不影响每个人的学习质量，那么这个儿童的决定就是合理的；如果会对他人的学习造成不利影响，那么教师和其他儿童可以自由质疑这个儿童的决定，并提出不同的建议。

有时，当幼儿园中的有些儿童已经习惯自主学习时，另一些儿童却似乎"飘忽不定"，他们要么从一个地方转移到另一个地方却不会长时间地停留，要么跑去看其他儿童却并不加入其中。这种情况对教师来说又是一个学习的机会。"飘忽不定"的儿童一般分为两类。有些儿童对自己不确信，他们需要看到可能的范围才有信心去尝试。这种情况下的飘忽不定非常有价值，因为这意味着儿童通过观察和模仿来获得信心，并且一旦获得信心就会参与。还有一些儿童在走向独立自主的道路上需要帮助。也许，这些儿童在家里几乎没有自主性，他们习惯了让别人为自己做事情，并且需要他人的帮助才能做出决定。在这种情况下，教师需要把这个问题纳入自己的"教学"中，即帮助儿童逐步做决定，一步一步地发挥主动性。其中最重要的一点是，教师要获得父母的理解，以便将儿童的自主性扩展到家庭生活中。

和谁一起学习

当与自己喜欢、信任的人在一起时，我们大多数人都会工作、游戏和学习得更好。只需试着把参加在职培训课程时在同一所幼儿园中一起工作的教师分开，你就能意识到我们有多么喜欢和自己认识的人在一起！如果儿童不是出于特定目的加入成人指导的小组（见第6章），那么一天中的大部分时间，他们都应该可以和自己想在一起的人共同学习。如果儿童正在进行一项任务，或者正在独自游戏，那么谁坐在他们身边都没有关系。然而，在大多数情况下，儿童都会从与他人共同游戏和学习中受益。当他们看到有必要这样做时，他们就会很容易地合作，并围绕某个目的非常有效地组织起来。所以，能够和自己选择的人在一起学习，儿童通常会更有动力。当然，也有一些例外情况。这再次成为协商过程的一部分。如果儿童没有以合作性和建设性的方式与自己选择的某个或某几个人一起学习，那么其他儿童或教师可以建议其他的学习方式。

课程

主题

在第3章中，我对主题教学持一定的保留意见，因为主题可能会被成人操纵，而与儿童没什么关系。我认为，当成人试图以各种不自然、不合逻辑的方式将课程的各个领域联系在一起时，针对儿童的主题可能会抑制和限制他们的学习。对三四岁的儿童来说，其兴趣的跨领域本质既可以通过持续几天的短小主题来体现，也可以通过兴趣持续的时间来体现。对年龄较大的儿童来说，主题可以被用来强化整个课程中各个学习领域与技能和观念运用之间的联系。这个年龄阶段的儿童非常喜欢选择一个主题或说出他们已经知道的主题，为可能学到的内容提供想法，并让家人参与寻找资源和素材并带去幼儿园。在我担任园长的一所幼儿园中，教师会向儿童推荐几个主题，当他们确定班上最感兴趣的主题时，儿童会相应地提出自己想要回答的问题，比如，为什么冬天树叶会从树上落下来？航天器如何确定着陆地点？所有警察都必须知道怎样骑马吗？将这些问题写在大卡片上，挂在教室的天花板上，使其成为接下来几周全班调查的重点。无论有些问题多么离奇或具有挑战性，教师们发现，它们都会"涵盖"教师为儿童计划好的所有技能、概念和知识（而且往往是以更有趣、更引人深思的方式）。

成功标准

为儿童的游戏、工作和学习确定好的、适宜的或充分的内容，是幼儿教师展现控制权的方式之一。儿童往往过于依赖成人的评价来获得肯定和认可，而不相信自己的意见也很重要（Dweck，1978；2006）。教师有时会使用诸如"很好""做得好""很出色"之类的词语，而儿童可能会困惑于为什么这种表现是"很好"，而不是"最好"。一些教师会画笑脸或奖励贴纸，这同样也在传达这样的信息：成人的看法最重要；以成人的标准判断价值和重要性。当儿童以这种方式依赖成人的评价时，他们通常会想确切地知道成人是否满意。

马克·汤普金斯（Mark Tompkins，1991）在一篇名为《越少表扬越好》（*In Praise of Praising Less*）的有趣文章中反对空洞的表扬。文章建议，教师应该根据儿童活动的细节或活动过程给出具体的观点，而不是评判儿童。如果儿童已经协商了工作目的，并理解自己为什么要做手头的事情，那么他们就更有可能给出一个理由，说明什么时候完成某件事情或是否达到了自己满意的程度。在一些优质的幼儿园里，当教师与年龄较大的一些儿童一起工作时，在成人主导的活动或成人发起的活动开始之前，教师会与儿童协商"成功标准"。换句话说，教师会问："你认为怎样才能让这把椅子变成小熊能坐的椅子？""你觉得，所有人合作设计这张地图将会发生什么？""对 4 班的读者来说，怎样把这个故事变得有趣？"

当儿童选择"成功标准"时，如果该标准适合于某项活动，那么儿童就会有一个清晰的框架来评价和回顾自己的努力。然而，这种明确已取得的成就和下一步可能取得的成就的观念，最近被推向了极端，这对年幼的学习者既没有帮助，也没有好处。"促进学习的评价"倡议（Assessment for Learning，Black et al.，2002）的发布，以及最近的儿童目标设定倡议（DfES，2006），导致幼儿园教室里引入了最初为年龄较大的学习者设计的做法，但这些做法并不总会为年龄较小的学习者做出敏锐或富有成效的调整。如果引入得当，这两项倡议都会鼓励儿童阐明自己擅长什么、哪里需要改进以及需要什么帮助。如果这些策略掌握在敏感的幼儿教师手中，那么他们就可以提升儿童的自尊，引导儿童以新的方式思考和学习。然而，对那些屈服于这些做法的人来说，使用这两项倡议都存在真正的危险，比如，在幼儿园教室的墙上展示个人目标，或者使用"交通信号灯"系统说出"我必须""我应该"或"我可以"。如果幼儿园儿童的目标（甚至是"下一步"）在任何意义上都带有贬义，那么教师就不应该将其对外展示。公开展示儿童无法做到的事情很难提升儿童的自尊。如果我们想要自信和具有内在动力的学习者，那么墙上应该悬挂儿童能做到的事情，或已取得的成就。事实上，强加外在的成功标准（因为这就是目标）与促进内在动机的本质背道而驰，而后者是高质量幼儿园教育的基本原则。

儿童努力的结果会怎样

有时，儿童对自己的努力很满意并想要分享。有时，儿童不满意自己的努力，想再做一遍，或者想做其他的事情。如果儿童无法接受自己的努力，那么在任何情况下，他们都有权自由选择放弃。有些儿童会搞砸或毁掉自己一直在做的东西，因为他们过于缺乏自尊，以至于无法相信自己取得了任何有价值的成就。无论满意或不满意的原因是什么,都应该由儿童决定他们的多种努力会带来什么。然而,成人往往自然而然地拥有使用儿童的绘画作品、标记或数字故事的特权,例如,"我只是想用你的作品来展示色彩""你可以在学期末把它带回家""妈妈看到它挂在墙上会很高兴"。"我只是想借用一下这个,把它放在墙上/文件夹里/书里",这会再次让成人牢牢地掌控儿童以及他们的作品。虽然成人想展示儿童的作品有正当理由,但成人应该跟儿童解释清楚这一点。如果儿童决定把作品留给自己,或带回家,或扔掉,那么成人应该允许他们这样做。

结　语

如果儿童在开始进入全新的幼儿园或教室时想再现小时候的成功,那么教师需要确保他们在做一个"儿童"与做一名"学生"之间没有太大的差别。那些被期待以陌生的且与自己无关的方式行事的儿童可能会成为不满的学习者,这种不满通常发生在儿童无法掌控自身活动的时候。当幼儿教师致力于与儿童建立学习伙伴关系时,儿童就会有很多种方式协商学习。协商所赋予儿童的权利和控制权可以给儿童强大的学习动力,并让他们以积极的终身学习态度面对学习和成就(Schweinhart et al., 1993; Dweck, 2006)。有些教师认为,赋予儿童控制权意味着教师将失去控制权。但从我自身的经验来看,事实并非如此。幼儿园里的一位教师和孩子们创建了协商性课堂,她说:"我放弃的控制权越多,就越有控制权。"下一章将结合前几章所提及的许多实用方法,建议教师如何帮助儿童组织自身的学习经验。

思 考 题

1. 你如何帮助儿童（和父母）入园和离园？你是否有信心支持能力较弱的儿童，满足他们独特的学习需求？
2. 你如何确保儿童的学习经历与他们个人相关，且对他们个人有意义？你如何让儿童参与学习？
3. 你会与儿童协商学习的哪些方面？你会与儿童协商学习环境吗？在你所在的幼儿园里，儿童能自由地表达他们的观点吗？

第 9 章

学习评价：理解儿童及其学习成就

谭载璇 6 岁
成都市温江区海科幼儿园

我们已经确定，评价应该在教与学的循环开始（见第 2 章）及结束时进行。它更像一块三明治，其中观察是第一片面包，计划和实施构成馅料，评价和评估是最后一片面包（Fisher，1998a；1998b；1998c）。为制订有效的计划，幼儿教师需要知道儿童已经知道什么和能够做什么，这是通过对活动中的儿童进行严谨的观察评价而确定的。然而，在教与学的循环结束时，评价也很重要，可以用于回顾儿童学到了什么以及取得了哪些进步。

学习前评价与学习后评价

最近，"学习前评价"（Assessment for Learning）和"学习后评价"（Assessment of Learning）这两个术语被用于区分"为计划和实施学习而做的评价"和"在学习之后所做的评价"（Black et al., 2002）。这两类评价有着不同的目的。

学习前评价

"学习前评价"总是发生在良好的早期学习环境中。它植根于对儿童的观察，以及教师所收集的作为儿童发展与进步证据的笔记和持续记录。重要的是，它让儿童参与自我评价。幼儿教师有责任以发展适宜性方式帮助儿童反思他们做了什么，使用了哪些技能和材料，接下来可能会做什么不同的事情，等等。由教师和儿童共同开展的持续评价可确保儿童的发展不断得到回顾、反思，收集的证据随时可供参考，以便为学习环境的创设和儿童个体的学习需求制订持续的计划。这种持续的学习评价通常被称为"形成性评价"。

学习后评价

"学习后评价"通常在儿童被介绍或体验了新事物后进行。它用于确定儿童当前知道什么以及能做什么，也许是在实施新主题之后，或者在引入成人主导的工作之后，如"材料"或"技术的使用"的某些方面。

"学习后评价"也在儿童教育经历的特定阶段结束时使用，即学期末、学年末、过渡到新的幼儿园时。因此，这通常意味着教师正在总结一段时间内收集到的所有证据，以判断儿童当前的发展水平。因而，对儿童的学习成就所做的评价通常被称为"总结性评价"。

评价的不同用途

幼儿教师可以将评价用于两个关键目的——形成性和总结性。

- 形成性评价：教师每天和每周使用，为创设学习环境和满足儿童的个体需求提供依据。
- 总结性评价：用于告知他人，如父母、其他专业人员或儿童将转入的幼儿园的教师，并由教师"总结"儿童在学期末等关键节点的进步。

总结性评价的质量取决于形成性评价的质量。教师若需要总结儿童在某个时间段的成就，如果有持续的形成性评价可供参考，那么教师就可以更容易地做到这一点。此外，定期、系统地观察有助于教师了解儿童，而不会在被要求为总结性目的做出判断时对他们的技能和知识水平感到不确定。我想更详细地探讨评价的两个目的，因为当教师清楚这两种评价类型时，他们就会更容易地收集适宜的、对评价目的更有用的证据。

形成性评价

形成性记录提供有关儿童进步和成就的持续信息。幼儿教师在日常实践中运用大多数形成性评价，旨在"观察儿童的学习，并努力理解儿童的学习，然后充分利用这些理解"（Drummond，1993，p. 13）。《早期基础阶段》（DfE，2012，p. 10，para. 2.1）提道：

持续评价（也称形成性评价）是了解儿童学习与发展过程不可或缺的一部分。它涉及教师观察儿童，以了解他们的成就水平、兴趣和学习风格，然后根据这些观察结果为每个儿童量身定制适宜的学习活动。

形成性记录是必不可少的，它为教师提供了有关儿童知道什么和能够做什么的日常信息，因此可以为制订和调整短期计划提供必要的信息。正如第 3 章所述，短期计划关注的是差异化教学，为了计划适合不同儿童的活动和体验，成人必须详细了解他们当前的学习需求。形成性记录可提供此类信息，是所有良好计划的基础。由于形成性记录聚焦于儿童发展的细节，因此它往往相当冗长，但这些记录并不是为了转发给其他人而记录的。教师基于这些记录来规划学习环境，或对儿童个体的当前学习需求做出决定，抑或对儿童的成就做出总结性判断。形成性评价的记录可以总结如下：

- ✧ 持续积累的笔记，贯穿整个教学日
- ✧ 对于儿童所言所行的叙事性记录
- ✧ 包括父母、儿童以及与儿童一起工作的其他成人的贡献
- ✧ 为未来规划提供依据
- ✧ 包括分析和教育建议

总结性评价

根据定义，总结性评价是对儿童学习成就的总结。通常情况下，它是为了让成人传阅关于儿童的信息而要求的，因此相对简短。在儿童的教育过程中，总结性信息需要被定期给许多不同的人传阅。"早期基础阶段儿童成长档案"（Early Years Foundation Stage Profile，EYFSP，DfE，2012）提道，父母有权收到关于他们孩子进步的年度报告，在合适的情况下也包括成绩。新的幼儿园或下一位教师需要儿童转学时的个人成就总结，以帮助他们制订下一阶段教育计划。人们常常担心有多少人会阅读这些记录。在幼儿园中，完成儿童学习成长档案的教师常常想与下一位教师分享儿童的所有信息。收到记录的教师有时会觉得他们接收到了太多信息，并且不太可能看完所有的报告内容。因此，将信息传阅给下一个机构或下一位教师的教师们需要对哪些内容合理且实用保持敏感。最好的办法是教师们一起探讨，然后确定：儿童将转入的机构和将要接触的教师希望知道什么，哪些信息方便他们管理。

当下一位教师阅读记录时，对于应该何时阅读记录依然会有争论。有些教师表示，应该在见到新入学的儿童之后阅读，这样他们就可以对儿童做出自己的判断，与儿童建立关系。另一方面，如果教师不认识新入学的儿童，也不阅读有关他们离开之前幼儿园时已有能力的资料，那么他们如何为第一天进入新幼儿园的儿童创设适宜的学习环境？除此之外，当儿童的活动进展得不顺利以及需要教师做出提供适当干预和支持的决定时，总结每个儿童的成就也很重要。定期写下关于儿童进步的总结性记录，教师可以很好地了解儿童的强项、弱项、发展模式、知识和理解力方面的差距，所有这些都会为教师评估儿童当前需求的诊断性评价提供基础。因此，总结性评价记录可以总结如下：

◇ 简要总结通过形成性记录获得的信息
◇ 在一年中的固定时间节点，总结一些最重要、最相关的信息，包括

儿童知道什么、理解什么以及能做什么
- ◇ 通常在入学和转学时进行
- ◇ 旨在提示其他人，如父母、下一位教师/下一所幼儿园、外部机构

记录形成性评价与总结性评价

形成性评价

正如我们所看到的，形成性评价是基于幼儿教师对儿童行为的持续观察。观察记录是一项艰巨的任务，但教师如果要为本班儿童规划相关且适宜的课程，就需要将其作为日常教育实践的一部分。

评价的原始记录通常是非正式的。作为观察的结果——无论是计划的还是自发的——教师通常把记录写在便利贴、纸条或笔记本上。同样，教师可能会在相当长的一段时间内（比如20~30分钟）重点观察一个儿童，以便深入了解这个儿童的学习方法和学习成就。许多幼儿园会制订系统的观察计划，依次对儿童进行长期的重点观察，并在预先计划的时间内由一位或多位教师对这些儿童进行轮流观察。在一些教室里，教师会通过长期观察来充分了解那些引起他们注意的、比较特别的儿童，但这也需要教师有更优秀的观察素养和理解能力。当然，最好让每个儿童定期成为重点观察的对象，因为只有经过一段时间的观察，教师才会获得新的见解和认识。

如何使用观察记录取决于观察的类型。长期观察可用于为计划过程提供依据，并在必要时存档以供参考。简要观察可用于分析，并为儿童接下来的学习提供依据。分析一旦完成，这些临时的记录要么被归档，要么（更明智地）被扔掉，因为教师已经确定了教育建议，或者儿童最重要的学习评估结果已经被转为永久性的档案记录。这些永久性记录需要证明儿童的学习进展，它们需要呈现：

◇ 日期
◇ 观察（虽然它可能在便利贴上，然后被扔掉）
◇ 分析（儿童取得的学习成就而不是进行的活动）
◇ 教育建议

日期可以表明儿童的进步速度，并且每一次爆发或停滞都可以被看作儿童整体发展的一部分。观察可以被用于捕捉儿童在具体情境中的言行。教师可以将这些观察信息直接写在记录表上，也可以写在便利贴上，然后再誊抄到记录表上。分析儿童的学习需要教师运用专业判断来识别观察记录中所描述的技能、概念、知识和态度。分析将在观察之后完成，并为教育建议栏提供依据。教育建议是幼儿教师对儿童的个体化学习需求的分析结果（建议与其他负责评估的成人一起完成）。这一部分会促使成人调整短期计划。教师应该反思如下问题：

◇ 这些观察结果对这个儿童意味着什么？是否需要计划一项以不同方式支持儿童学习的活动或体验？
◇ 这些观察结果对环境意味着什么？是否需要额外的资源拓展或恢复儿童游戏与探索的活力？
◇ 这些观察结果对作为教师的我来说意味着什么？对这个儿童来说，我是否在合适的时间出现在合适的地方？在这个阶段，儿童需要我更多地支持他的学习，还是需要我退后，以便他能够更自主地学习或巩固学习？

根据观察结果采取行动，可确保评价对课程产生影响。有时，除了介绍课程的下一步计划之外，不需要采取任何行动。在其他时候，儿童往往会出乎意料地表现出他们知道或不知道某些事情，教师由此需要相应地调整计划。如果对计划过程没有影响，那么对儿童进行观察就毫无意义。英国教育标准局的视察报告一再批评幼儿教师虽收集了大量的观察信息，却束之高阁，对儿童接下来日子里的经历没有任何影响。观察的目的是提高学习质量和教学质量。同样，在写总结性记录时，教师需要使用这些详细、持续的笔记，这就是为什么总结性评价的质量很大程度上取决于形成性评价的质量。

总结性评价

总结性评价的记录更多地取决于评价目的。一旦确定了评价目的，教师就可以设计一种能够最好地捕捉到必要证据的记录表。一份总结性评价最直接的方式是记录：

- 日期
- 评价所涉及的时间段
- 证据总结——涵盖所有学习领域和学习特点（DfE, 2012, p. 7, para. 1.10）

随着电子数据系统越来越多地联网，人们倾向于使用系统中规定的勾选框、格式和公式记录儿童的进步。然而，这些系统最初可能看起来很节省时间，但它们也有其局限性。每个儿童都是独特的，无法用一系列预先确定的特征、技能和知识列表来概括。如果幼儿教师想使用这样的列表观察儿童，那么他们很快就会发现鲜活的儿童拥有列表里没有的品质，并且列表中的一些品质也不能充分描述他们。除了预先设计的检核表（电子等形式）不能展示儿童完整的、全面的个人成就之外，所收集到的信息也很难发挥价值，因为它们不能捕捉儿童的独特之处，也不能为持续的形成性评价提供丰富的证据。如果没有对每个儿童全面、个性化的了解，教师就不可能针对儿童的特定学习需求进行计划。电子评价可以为外部和内部检查提供数据，但它缺乏对儿童个体学习过程丰富而个性化的阐述。

早期基础阶段儿童成长档案

"早期基础阶段儿童成长档案"是儿童在基础阶段结束时需完成的强制性评估。它于 2003 年被推出，取代了小学入学的国家基线评估，并在 2012 年引入最新版的《早期基础阶段》以来进行了修订。"早期基础阶段儿童成长档案"是形成性评价和总结性评价的结合。它要求所有从事基础阶段儿童工作的教师对儿童进行观察，以记录他们的成就和进步。然后，它规定所有教师都有法定责任，在基础阶段结束时根据规定的评估等级对每个儿童的成就做出总结性判断。2003 年，推出这一档案时，国家评估局在描述最适合用于收集档案中所需证据的做法时，给幼儿教师提供了一些有价值的指导意见。在当今时代，这些宝贵的指导意见值得再提一遍。

- ✦ "早期基础阶段儿童成长档案"（就像它当时那样）不是测试。它不像关键阶段 2 结束时的国家考试，不需要所有儿童都在同一天完成。
- ✦ 评价的起点是儿童而不是预先确定的技能清单。
- ✦ 要求基础阶段的儿童使用计算机或小册子回答一系列预设问题的做法，与国家评估局的指导方针相矛盾。除了完成"早期基础阶段儿童成长档案"之外，不需要进行补充评估，也不期望进行补充评估。
- ✦ "早期基础阶段儿童成长档案"不是一次性评价。它不能一蹴而就，因为它依赖长期积累的证据。教师根据各种情境下儿童表现出的一致且独立的行为做出判断与评价。判断需要展示儿童的自信，以及对所评价的具体知识、技能或概念的掌握程度。"瞬间"就能完成的唯一部分是总结性分数，当有高质量的形成性评价时，这将最容易完成。
- ✦ 在根据"早期基础阶段儿童成长档案"进行评估时，教师应利用至少 80% 来自对儿童的了解、观察和逸事记录的证据，以及不超过 20% 来自成人指导或成人主导的评价的证据。

✦ 观察和记录展示儿童能做什么——他们取得的重大成就——而不是他们不能做什么。

✦ 观察儿童是教师日常教学的一部分。

✦ 家长在评价过程中的贡献至关重要。

✦ 让儿童参与进来，并鼓励他们对自己的成就发表看法。

协调

　　评价儿童的成就和进步是一项复杂而艰巨的任务。虽然基础阶段使用基于教师的判断（而非使用更客观的考试）是值得欢迎的，但这种评价模式存在潜在的不足之处，例如，参与评价的教师人数众多，且其中许多人在观察技术方面所接受的培训以及专业知识水平参差不齐。虽然"早期基础阶段儿童成长档案"强调这种评价所需的高超技能，但实施过程反映了参与评价的教师所展示的技能有着显著差异。出于这个原因，"早期基础阶段儿童成长档案"的形成过程包括必要的协调。

　　协调是促使不同教师所做出的评价性判断达成一致的方式，以尝试并确保当观察同一个儿童进行同样的学习时，所有教师都能做出一致的判断。然而，事实上，教师们很难做到这一点。随着幼儿园越来越认真地对待协调，人们意识到，有时在同一所幼儿园中——更不用说在不同幼儿园之间——教师对他们所做的判断难以达成一致意见。当教师经常定期一起讨论儿童、儿童的学习及他们达到的发展阶段时，会容易促成比较好的协调。这意味着，在大多数情况下，首先需要同一所幼儿园的教师达成一致的判断。当同一所幼儿园中的教师达成共识时，该幼儿园需要联系在同一社区工作的其他幼儿园教师，共同协调他们对儿童的评价。

　　重要的是，在早期基础阶段，每位教师都要信任其他教师做出的评价。由于儿童在这一阶段会面临多次过渡（见第 8 章），因此不同幼儿园的教师需要信赖传阅给他们的总结性评价，并且放心地使用它们计划儿童的下一步学习。

使用视频是帮助教师们达成一致意见的一种非常有效的方法。观看其他班儿童的游戏，可以让教师有机会评论和审视自己的想法，即儿童知道什么和能做什么，而不是对这些儿童与自己班的儿童做出评判。当幼儿教师更加自信时，最好的做法是拍摄自己和本班儿童，这样他们对儿童的评价会更全面和更广泛，从而更有助于协调。这种自信的增强需要时间。但重要的是，所有教师都要意识到自己的判断可能是高度主观的，会受到各种成见、偏见和偏好的影响。因此，教师需要接受其他人对这些判断进行的仔细审查，以确保他们的评价是有效的。

谁有助于观察与评价

对儿童成就的评价并非仅仅取决于教师。虽然教师的贡献可能是最关键的，但以下人员都可以而且应该帮助教师创建个体学习者的档案。

儿童

让儿童评价自己的学习是一项重要的发展性技能。研究表明，学习的成功通常基于自尊和自我激励（Dweck，1978；2006）。那些认为自己是有能力的、成功的学习者的儿童，比那些不确定并过度依赖成人和同伴的儿童做得更好。事实是，即使更自信的儿童也未必更能干。自信可以克服专业知识的缺乏，相比那些更有能力但缺乏自信的儿童，自信的儿童往往能够取得更多的成就。德韦克（Dweck）认为，当儿童相信智力是一种可塑的品质——自己可以控制——他们就会对自己想要学习的东西采取"掌握"的倾向。他们相信自己能做到并且确实会做到。另一方面，当儿童认为智力是一个固定的特征时，他们在面对具有挑战性的学习时，往往会感到"无助"。他们的动机不是来自内部的成功动力，而更多的是外部因素，比如成人的表扬或奖励、贴纸或星星。当儿童过度依赖成人来获得自我价值感时，这些"无助"的学习者往往会选择隐藏自己的能力或保护自己免受成人或同伴的负面评价。

如果让儿童相信自己是有能力的学习者，而且让他们依靠自己判断自身的成就，那么他们的学习环境需要支持他们的"掌控感"，而不是制造"无助感"。教师可以思考以下问题：

◇ 我是否过度表扬儿童？我在提高儿童的自尊时，是不是对几乎所有事情说"那很好"？儿童会知道我认为他们哪里做得好以及为什么吗？作为教师，我为什么要重视儿童的成就？

◇ 我是否依赖贴纸或小星星榜单等外部奖励激励儿童？儿童是否变得更急于被教师奖励贴纸，而不是为了满足自己或实现自身价值而做某些事情？

◇ 我是否和儿童谈论他们正在努力实现的目标，他们运用了哪些技能和知识使他们取得了成功，以及他们可能需要更多地了解什么？

◇ 我是否支持儿童在一节课或一天中反思自己的成就和活动？每个儿童是否都有机会定期回顾他们所取得的成就？他们可能需要哪些支持？他们明天可能对什么话题感兴趣？他们觉得进展顺利吗？

所有儿童都需要有机会以发展适宜性的方式评估自己的努力。当儿童仅仅是坐着倾听许多其他同伴谈论自己的活动时，这种方式很难帮助儿童发展自我意识。然而，如果儿童有机会在活动期间或活动结束后与细心的成人交谈——也许当时可能还有其他儿童参与——将会使回顾时间更加相关且有意义。当成人定期与儿童一起回顾他们的努力和成就时，儿童就会开始将其内化，并渐渐地在内心提出成人曾大声问过的问题。

为了进行自我评价，儿童需要清楚他们想要达到什么目标，了解自己的"成功标准"——对他们而言,这项活动或体验的价值在哪里?可能从这些经历中学到什么以及今后如何在此基础上继续努力?

父母与照料者

《早期基础阶段》(DfE,2012)和"早期基础阶段儿童成长档案"(DfE,2012)都强调父母对儿童学习评价所做贡献的重要性。

父母对评价过程的贡献不包括坐在教室里倾听教师讲述他们的孩子。父母或照料者对孩子的看法非常独特。它通常是从与孩子生活的所有经历中获得的,这些看法必须得到尊重和包容。即使家长对孩子的了解是在较短时间内获得的,可能是因为孩子刚被领养或由祖父母或寄养家庭照顾,但家长对孩子特定需求的了解将远远超过教师单方面积累的知识。这可能是因为孩子有情感需求,并且只有父母或照料者知道,但孩子在幼儿园中很好地掩饰了这些需求(O'Connor,2012);可能是因为孩子对家庭学习环境的反应不同,这将有助于教师了解如何在环境中刺激和激励孩子;可能是因为孩子或家庭的文化期望与幼儿园的期望不一致;可能是因为孩子刚刚经历的一些事情——一次旅行、一次探访、一次家庭聚会——为幼儿园中的游戏或活动提供刺激,而教师可能以此为契机规划活动。每个孩子都有一些只在家里才能看到的特点,即使父母的观点与教师的观点不同——很可能这样——教师也绝不能忽视父母的观点。

事实上,我们经常会听到父母说他们对孩子的看法与教师的看法大不相同,反之亦然。鉴于父母和教师所扮演的角色不同,以及对孩子的不同期待,这并不奇怪。然而,教师很容易躲在专业的烟幕后面,担心父母的介入就意味着干预。有时,教师不想知道有另一种观点,因为如果听取这种观点就意味着需要调整自己原有的先入之见、计划和想法。幼儿教师必须对父母的挑战性意见持开放态度,并能够珍视和尊重他们所做的贡献。这样的话,孩子将会看到他们的父母、照料者和教师有着共同的目的，并将共同努力为他们尽可能地提供最好的教育体验。

其他成人

幼儿教师有时认为，评价工作不应该由那些没有受过充分培训的人来实施。然而，重要的是要把评价和观察区分开。所有和儿童一起工作的成人都能够观察儿童在做什么和说什么。幼儿教师的专业性体现在对这些观察结果的分析，以确定它们对环境和课程的未来规划有什么样的影响。关于儿童的观点越多越好，因为这只会丰富教师对"完整"儿童的了解（见案例9.1）。

案例9.1　聚焦式教学与评价1

一位实习教师计划让一群儿童烘焙蛋糕。她的课程计划确定了以下三方面的预期学习目标。

1. 儿童更充分地理解"变化"的概念。
2. 儿童运用观察、假设、预测和调查等科学方法。
3. 儿童以与自身相关的方式记录他们的发现，以便向同伴分享。

这节教学活动安排得很好，孩子们也全神贯注地学习。实习教师提出了开放式问题并回答孩子们提出的问题。然而，在她的档案里，这位实习教师没有记录儿童与课程预期学习目标相关的成就。相反，她记录了孩子们的成功与他们烘焙的蛋糕质量有关。虽然这对那些品尝蛋糕的人来说很重要，但这不是课程的目的，而且当实习教师计划孩子们的下一次科学体验时，这些被记录的信息几乎没有什么价值。

案例 9.2　聚焦式教学与评价 2

一群 4 岁的孩子想设计他们自己的圣诞包装纸。教师预设这次活动的目的是让孩子们在设计中使用模式。教师把各种各样的包装纸带进教室，作为孩子们的刺激物，这样他们就能看到包装纸图案上的不同模式。看了看包装纸后，孩子们把它们放在一边并开始印制自己的包装纸。从那一刻起，教师的支持就失去了重点。但教师没有提醒孩子们注意图案上的模式，也没有展示购买的包装纸以提醒他们，而是鼓励孩子们更多地使用各种颜色或形状来填充空白，并用力按压出更清晰的图案。

换句话说，教师变得更关心艺术成就而不是数学成就，并且失去了强化关键数学概念（活动的目的）的可能性。在对这一课程进行评价时，教师侧重于印画质量，而不是孩子们对模式的理解和应用。

案例 9.3　学习的跨领域特性

在参与烹饪活动时，孩子们可能会获得以下经验：语言（讨论烹饪过程或查阅食谱）、数学（数勺子，比较大小、重量等）、科学（观察变化或物质溶解）、设计和技术（观察某些工具，如搅拌器对配料的影响）、历史（讨论蛋糕混合物在我们使用搅拌器之前是如何被搅拌的）、地理（讨论某些食谱来自世界的哪个地方并在地图上找到它们）、个人和社会发展（了解食物制作的卫生方面，以及哪些食物最健康和最不健康）、音乐（比较或模仿不同器皿发出的声音）、体育（学习如何使用搅拌器、小刀、切刀等）和艺术（讨论用不同工具制作的图案，或者装饰蛋糕或饼干）。

为评价留出时间

第 2 章已经解释了，为什么观察和对话是早期评价的关键策略。这两者都需要幼儿教师的密切关注，而这对忙碌的教师来说是不可能的，除非鼓励儿童成为独立自主的学习者。第 4 章建议，为了让教师腾出观察时间，必须为此规划时间。当与一群儿童一起工作或游戏时，教师肯定会观察，但这还不够。有些观察要求成人独立于儿童，以便重点观察儿童已经知道以及能够独立做的事情。

入学评价

在进入任何学前教育机构时，重要的是确定儿童当前知道和能够做什么，否则教师不可能规划满足每个儿童学习需求的课程，也不可能对儿童在机构中取得了多少进步做出判断。

当儿童离开家庭来到一所幼儿园时，教师收集关于他们当前知道什么、能做什么、对什么感兴趣和喜欢什么的证据尤为重要。

家访

家访是教师收集此类信息的一种关键方式，因为在这个阶段，父母或照料者最了解儿童，并拥有教师需要的所有信息。当有儿童要进入幼儿园时，教师应向这些儿童的父母进行家访，但不应强制要求，因为有些父母出于各种原因会拒绝接受教师的家访。然而，大多数父母和儿童都非常欢迎教师到他们的家里，了解更多关于儿童的信息，但教师不可以滥用家访这一特权。家访是一个倾听他人意见的机会，往往不能按照预定的程序进行。那些对家访很敏感的教师，如果仔细倾听儿童的家人告诉他们的信息，仔细观察儿童的家人展示给他们的东西，以及周围的玩具和书籍，仔细观察家长管理儿童行为的方式以及家庭沟通和联系的方式，就能了解很多信息。这些观察可以帮助教师了解儿童从家庭过渡到幼儿园需要面临多少过渡：家庭和幼儿园对儿童的期望是否相似，使用的语言是否相似，对书籍和游戏的态度是否相似。然而，教师不可以对家庭有轻蔑的感觉或做出轻蔑的评论。家访不是为了显示家庭的"错误"以及幼儿园的"正确"，但它可以显示出家庭文化和幼儿园文化在哪个方面有分歧，这些分歧会使儿童在没有适宜支持的情况下很难进入幼儿园的世界，并且很难在那里取得进步。家访能让教师深入了解家庭生活的不同世界，更好地理解儿童需要做出的调整，例如来自少数族裔群体且母语不是英语的儿童，在他们很小的时候，就要代表父母与他人交流，并转译成人的观点。或许，一个在生活中没有成人陪伴游戏的儿童，可能会发现与其他儿童分享他拥有的东西是一件很有挑战性的事情；那些没有机会接触书籍、没看过父母阅读和没去过图书馆的儿童，可能会发现幼儿园里的书本、故事及其使用的语言难以理解，也比较陌生。所有这些对儿童生活的洞察，都应该引导教师对儿童的在园需求做出专业的判断，而不是对家庭的态度、方法和行为做出有偏见的判断。如果家长能够感受到教师对他们以及他们的家庭和社区的尊重，那么家访就会让家长和儿童马上感受到幼儿园很欢迎并接纳他们，并且能够为所有参与儿童持续学习的人们提供丰富的参考讯息。

其他入学策略

除了家访之外，还有一系列其他方法可以用于收集儿童进入幼儿园或班级的相关证据。以下是在讨论这方面评价时，教师提出的众多建议中的一部分：

- 儿童入园之前拍摄的照片，以便在儿童到来时将这些照片夹在挂钩上一起展示，或制作成展板以迎接新生的到来
- 访问儿童转学前所在的幼儿园
- 儿童的现任教师访问新幼儿园（在这两种情况下，教师都试图缓解过渡中的某些不连续性，参见第 8 章）
- 观察当前幼儿园中的一些儿童，以便为初步计划提供一些依据

- 来自不同幼儿园的教师之间的联合观察，协调他们在基础阶段对儿童的"共同"判断
- 来自先前幼儿园的记录——两所幼儿园中的教师一致认为传阅的总结性信息有用且相关
- 家长与儿童一起做问卷调查，并在儿童入园之前完成
- 在儿童入园之前，与父母谈话
- 来自与儿童一起工作过的其他专业人员的信息和记录，如教育心理学家、学前教师顾问、社会工作者、健康随访员
- 儿童所在区域内所有基础阶段教师之间的本地会议，例如，商定计划和评价的方式，以及讨论行为期望、惯例和程序

观察计划表

以下是一份非常实用的关于形成性评价的计划表：

- 需要什么证据？
- 评价是为了明确儿童已经掌握了什么/可以做什么，还是他们在一段教学时间后能够掌握什么/能做什么？
- 最好在活动期间还是之后收集证据？
- 谁收集证据？
- 哪种观察方法最适合评价目的？
- 如何记录证据，由谁记录？

收集儿童学习的证据

需要什么证据

获取有关儿童学习的信息和收集他们学习的证据不同。我们从以下三方面收集有关儿童学习的信息：

- 先前的总结性记录
- 家长咨询

- 与儿童的谈话

先前的评价很重要，但还不够。信息可能会过时或被误解。有效的计划要基于当前的证据，并通过多种方式收集证据：

- 收集实物作品
- 通过影印图片、字迹、标记等
- 拍照
- 制作音频、视频记录
- 观察儿童做的事情
  - 学习过程
  - 学习风格和策略
  - 知识和理解
  - 技能和态度
- 记录儿童说了什么
  - 不断发展的理解力
  - 错误认知
  - 解释
  - 热情

谁收集，和谁一起收集，在哪里收集，何时收集

- 谁收集（成人）
  - 教师
  - 与儿童一起工作的其他成人
  - 父母/照料者
- 和谁一起收集（儿童）
  - 单个儿童
  - 小组中的儿童

- ▲ 有成人陪伴的儿童
- ▲ 没有成人陪伴的儿童
- ◇ 在哪里收集
  - ▲ 室内和户外
  - ▲ 大厅（在合适的情况下）
  - ▲ 在家里（父母和儿童）
- ◇ 何时收集
  - ▲ 儿童进入幼儿园（确定基线）
  - ▲ 当儿童在幼儿园中时定期收集（跟踪进度）
  - ▲ 儿童在幼儿园的结束时间（判断成就和进步）
  - ▲ 在教学之前或之后（学习前评价或学习后评价）
  - ▲ 与一个或一群儿童一起工作
  - ▲ 一个或一群儿童自主工作

哪种观察方法最适合评价目的

有各种各样的观察方法，每种方法都有价值。教师需要决定哪种观察方法可以提供所需的证据。请参阅德拉蒙德等人（Drummond et al., 1992）、巴塞洛缪和布鲁斯（Bartholomew & Bruce, 1993）以及哈钦（Hutchin, 1996, 1999）关于不同技术及其用法的出色描述，如时间取样法、频率取样法、磁带录音、录像和目标观察法。

建立儿童作为学习者的档案

记录儿童在整个基础阶段的学习过程并非只是完成一系列检核表。预先确定的技能列表难以展示儿童作为学习者的复杂性和丰富性。

有些证据可以作为直接证据。字迹、照片、录音带和影印件只需要备注，就可以成为儿童发展阶段的重要证据。备注很重要，如果没有备注，我们就可能忘记具体的学习情境，并且几乎看不到儿童一点一滴的进步证据。创建档案不是随机选择一些纸张和照片，而是通过文字和图片展示儿童的学习旅程。儿童档案中的证据应注明：

- 儿童的姓名
- 日期
- 学习情境
- 儿童的评论（如果有）
- 成人或其他儿童（如果有）的支持水平
- 发展阶段——参考《发展很重要》（Early Education，2012）

在不同的国家，人们对收集证据的关注带来了对评价过程的关注，这可以丰富我们对英国评价过程的理解和思考。特别是新西兰学者玛格丽特·卡尔（Margaret Carr）和她的同事们关于"学习故事"的工作，以及意大利瑞吉欧·艾米莉亚的教师们关于教学档案的工作。

学习故事

学习故事是对幼儿园中儿童进行的日常叙事式观察，旨在提供"累积的系列定性'快照'，或儿童的书面案例"（Carr，2001，p. 96）。因此，它听起来与英国幼儿教师创建的成长档案相似。但如果教师要完成一个学习故事，证据资源库必须聚焦一些非常特殊的学习特征。卡尔和她的同事们建议评价应该集中在5种特定的心智倾向上，他们认为这5种心智倾向是其他所有学习领域成功的基础，而不是在课程的各个领域中积累证据。为了形成学习故事，我们需要将这5种心智倾向转化为行动：

- 对某一事物感兴趣
- 参与其中
- 在遇到困难、挑战和不确定的情境时继续坚持
- 表达观点或感受

◇ 承担责任或接纳另一种观点

卡尔提出，这 5 种心智倾向可以展示儿童的准备程度（他们的学习倾向）、愿意程度（他们对周围事物以及可探究事物的敏感性）和优化学习机会的能力程度（他们拥有的技能库）。正如我们在本章前面所看到的，那些受内在自我信念激励的儿童往往比那些更有能力但可能因自我怀疑而受到抑制的儿童更能取得成功（Dweck，1978；2006）。

完成学习故事需要很多人一起协作：

◇ 儿童
◇ 教师
◇ 家长

每个"讲故事的人"都被认为有独特的贡献，重点是每个人的参与和共享。学习故事为教师会议以及教师与儿童和家长的会议提供了一个讨论点。与其他所有形成性评价一样，学习故事的目的是支持教师决定如何规划儿童接下来的学习。

学习故事包括照片、影印制作和其他记录工作，以及儿童与家长的评论。学习故事强调儿童手头的活动或任务，它还包括学习背景、讲故事的人（完成学习故事内容的人）的解释，重点是有关兴趣（新的或持续的）、参与、挑战、沟通和责任的证据。卡尔（2001，p. 95）认为，学习故事需要"捕捉情境学习策略和动机的复杂性"。通过这样做，他们就会"了解发展的不可预测性，并认为这可以比表现性指标更好地反映儿童的学习"（p. 101）。

教学档案

从一系列重要人物那里积累丰富的证据，也是瑞吉欧·艾米莉亚幼儿园教学档案的一大特点。教师在活动期间收集用于记录的材料，并且像学习故事一样，在活动结束后阅读和解释教学档案，以便对儿童的下一步学习做出判断。瑞吉欧·艾米莉亚的教师们认为，与其将发展中的儿童视为自主的学习者，不如把教育视为一种公共活动，儿童之间以及儿童和教师之间通过协作共享文化。教师运用教学档案合作反思证据所展示的儿童的学习与发展，并通过核查"理论、假设和结果"之间的联系，支持儿童的学习过程（Rinaldi，2001）。

无论何时，只要事情还是新鲜的，我们就可以开展日常的调查会议。在一起讨论时，我们可以比较每个人的解释和假设，从而获得新的看法与意义。（Malaguzzi，1997，p.31）

教师需要重复使用证据资源库，重读、重温和重构儿童的经验，以充分理解证据所暗含的意义（Rinaldi，2001）。证据的形式可以是视频、录音、笔录或绘画。教师、家长、儿童和社区成员都可以贡献自己的想法。做教学档案的主要目的之一是支持幼儿园对意义的集体探索，以及儿童对意义的个人探索。做教学档案的过程源于使幼儿园中的教与学变得可见的愿望，为此，教学档案最后会被公开展示在所有幼儿园的墙面上，教师、儿童、家长和社区成员可以阅读儿童的学习过程，并贡献他们的想法和感受。尽管教学档案可能源于给儿童提供一个评价自身工作的机会，以及让家长更好地了解幼儿园的活动，但大家很快就发现，做教学档案是"一个让教师重温和重新审视自己的工作的特殊机会，非常有助于教师的专业发展"（Malaguzzi，1997，p.11）。

瑞吉欧·艾米莉亚的教师们认为，教学档案留下了幼儿园的历史实例，使他们的幼儿园有一种厚重感。但是，教学档案当然不是简单的记录或存档材料，因为它向儿童展示了他们的贡献，并鼓励他们在这个过程中做出贡献。教师不仅可以用积累的证据评价儿童现在知道什么和能做什么，还能评价他们"如果……能做什么"。因此，它建立在维果茨基和布鲁纳的研究的基础上，赋予成人促进和支持儿童学习的关键作用。

瑞吉欧·艾米莉亚的教师和其他人一样，强调评价儿童学习旅程的复杂性（Drummond，1993；Carr，2001）。他们着重阐述了，了解和理解儿童在想什么是一件非常困难的事情，并怀疑那些以线性思维描述儿童发展的教学档案。他们认为，教育中起作用的往往是那些没有被拍照或录音的东西，因为它们属于可能的解释世界：

> 如果我们有兴趣探索儿童在面对现实世界时所采用的建构方式的起源和发展，如果我们想更多地了解个别儿童在学习过程中运用的思维和行动程序，那么我们不仅要记录儿童周围发生的事情，还要记录发生在儿童身上的事情。（Malaguzzi，1997，p. 11）

利用评价来指导计划

观察、评价和分析儿童的学习，旨在创设学习环境。在优质的学习环境中，儿童能以有意义的、适宜的方式学习，教师也能够为儿童制订个性化的教育计划。上文关于学习故事和教学档案的段落已经强调教师合作反思实践的重要性。在许多幼儿园中，教师们会共同讨论和分析他们的计划对创设学习环境以及满足儿童个体需求的影响。

创设学习环境

在每天或每周的教职工会议上，教师们会分享他们对学习的一些看法，这些学习是由室内和户外环境中计划的或偶然发生的同伴互动所引发的。这些讨论引导教师通过以下方式拓展儿童的学习：

- 增加已经充分流动的游戏资源
- 移除一些资源，以便为其他人提供更多空间和可能性
- 计划符合当前兴趣和关注点的新活动
- 将室内活动与户外活动联系起来（反之亦然）

为儿童个体制订计划

单独制订计划

所有幼儿教师都要制订小组计划。有时，小组由 8 个或 10 个儿童组成，但教师通常要为整个班级的 30 个儿童制订计划。教师需要每天查看笔记和便利贴，这些记录是在他们有计划或自发地观察儿童时收集的。如果计划不能满足个体儿童的当前需求，教师就需要修改计划。计划需要被提前写下来。即使提前几天或一周，教师也不可能完全准确地预测所有儿童的需求。因此，教师必须有足够的灵活性来改变他们的计划，并在需要时代替原有计划。

与教师团队一起计划

许多幼儿教师非常有幸能够与同事进行团队合作。在这种情况下，班级的主班教师将不是观察儿童和收集证据的唯一人员。如果有一个团队，那么所有教师都可以分享他们对儿童的看法，因为他们都可能曾与某个儿童一起工作或观察过他的游戏。每位教师都可以携带便利贴和观察笔记，并支持主班教师为儿童个体或小组制订适宜的计划。

然而，即便教师团队一起讨论儿童以及共同制订后续计划，也仍需记住，这并不意味着幼儿园中同一年级组的所有教师最终都会有相同的计划。虽然同一年级组的儿童有权参加同样的课程（见第 8 章），但这并不意味着教师必须（或应该）通过相同的活动、主题或经验来教授。这些活动应该与每个班级的儿童相关，并且在多数情况下可能与隔壁班不同。活动、经验或主题只是学习课程的工具，而观察与评价能让教师每天微调计划，以满足特定班级的需求。

无论教师使用何种策略共享信息和证据，最重要的一点是不要浪费观察与评价的信息。如果教师不能很好地利用这些证据，那么收集有关儿童学习历程的信息就毫无意义。评价和计划这两个关键过程应该密不可分地联系在一起，缺少任何一个过程，另一个过程都不可能有活力。

为成人支持而制订计划

观察与评价可以揭示儿童个体或小组所需要的支持水平。当幼儿教师观察儿童如何处理一项活动、儿童能否独自完成计划的学习以及小组的合作水平时,他们就可以决定接下来的学习过程中儿童需要成人支持的程度。教师可以做出以下决定。

- 儿童独自处理得很好,目前不需要我。
- 儿童理解了今天所教的概念,所以我要观察他们明天如何运用这一概念。
- 这个儿童今天很吃力……明天我会密切关注他。
- 这个小组在自主协作方面有困难,明天我需要支持他们进一步学习合作与协作的技能。

在观察与评价能真正为活动计划提供依据的幼儿园中,评估成人支持的水平和类型是其显著特征。

结　　语

对幼儿教师来说,对儿童的学习进行评价是一项具有挑战性的任务。教师必须挤出时间仔细观察每个儿童,因为如果没有时间观察,评价就会是肤浅的,对计划儿童接下来的学习几乎没有价值。教师必须清楚不同类型评价的目的,以便收集适合该目的的证据。无论是"学习前评价"还是"学习后评价",评价的质量都取决于观察的质量。观察与评价都很耗费时间,如果教师不把了解到的情况用于为儿童的个体需求制订相关的、有目的的计划,那么这些时间就会被浪费。但是,优秀的幼儿教师不仅观察儿童,而且把重点放在自己的身上。他们反思自己的实践及其对儿童学习和生活的影响。在本书的最后一章,我们将阐明教师需要了解自己以及自己的实践，以满足儿童的发展需求并拓展儿童的学习。

> **思 考 题**
>
> 1. 你的形成性评价对于你计划儿童的学习是否有价值？你的总结性评价对家长、照料者、下一所幼儿园的教师等其他人来说是否相关且重要？
> 2. 你的评价记录是否清晰地展示了儿童的进步？
> 3. 无论是在你所在的幼儿园还是在其他幼儿园中，你如何确保你的判断有效，并与其他教师意见一致？
> 4. 儿童和家长是否对儿童成长档案做出了重要贡献？是否可以把他们的贡献用于为儿童量身定制今后的学习活动？

第 10 章

反思与评价：了解教师的实践、资源和自我

侯凯文 5 岁
成都市温江区海科幼儿园

优秀的幼儿教师会不断地反思自己的实践。由于早期学习环境是多层次、多方面的，因此教师需要有不断质疑的头脑，才能评估儿童经验的质量以及自己对儿童学习的贡献的质量。

反思性教学

优秀的幼儿教师不会错过任何挖掘学习潜能的机会，甚至会在最意想不到的地方和情境进行反思，例如，在洗澡时、在火车上、在沙滩上散步或在超市闲逛时，不断寻求以更适宜的资源、更有趣的方式介绍数学概念，以更具挑战性的方式扩展儿童的体能。有时，这种反思与儿童的情感需求有关，例如，怎样才能鼓励戴维和其他孩子一起玩时不那么有攻击性？当乔治娅为失去奶奶而感到悲伤时，我怎样才能支持她？当桑迪普还不会用英语交流时，我该如何鼓励其他孩子邀请他共同参与游戏？所有这些问题，以及更多数以千计的问题，都会在教师的头脑中不断涌现，它们往往出现在潜意识中，而且往往是在准备入睡时。这种不断的反思是必要的，因为我们的工作环境既不重复又不可预测。我们可以精心计划儿童的学习，但儿童可能会打乱这种计划，走向我们难以预料的方向。我们可以参观其他幼儿园——甚至其他国家——以了解不同的教育实践，但只有当这些想法被应用于我们的孩子和学习环境时，我们才能评估这些补充、调整和改变是否有效。当然，这也是学前教育行业能够一直让教师对工作充满兴趣和热情的主要原因之一。但这意味着我们永远不会完全"正确"。从来没有一个时刻，我们可以说"我现在已经解决这个问题了。我可以永远这样做"。学习环境即使今年是有效的、具有挑战性的、适宜的，明年也可能需要根据一群新的、拥有不同需求和期望的儿童进行全面的重新评估。

我们在第 2 章、第 3 章和第 9 章中已经说明，观察个体儿童是早期计划过程的核心。然而，有时教师会在幼儿园中进行其他与个体儿童发展不直接相关的观察。这些观察涉及幼儿园运营的顺利程度，幼儿园是否充分利用了空间和资源，以及是否以最适宜和最有效的方式支持儿童的学习。

观察资源

这一观察可以提供不同的儿童对关键资源的反应的证据，如水盘或积木。它显示出资源是否仍然被有效使用，或者是否变得相当"破旧不堪"，以及儿童是否在进行重复性游戏：

◆ 不同的儿童如何有效地使用该资源？
◆ 对于不同类别的儿童是否有针对性的资源，例如，男孩与女孩、年幼的孩子与年长的孩子、有特殊需要的孩子、英语作为第二语言的孩子？
◆ 现有资源对能力较强的儿童来说是否具有足够的挑战性，使他们能够创造性地思考、研究和游戏？
◆ 是否缺少零件？建构玩具还能很好地拼搭在一起吗？资源是否有点磨损、弯曲或"破旧"？需要更换吗？
◆ 现有资源是否提高了游戏质量？
◆ 现有资源是否能巩固儿童的技能和理解力并挑战和激励他们？
◆ 现有资源种类是否合适？它们是否吸引儿童进行选择？
◆ 现有资源是否充足？

观察室内外环境

这一观察计划强调空间、资源供应和自主性问题：

◆ 室内和户外的学习环境中是否有足够的空间让儿童进行主动学习？

- 是否有方便儿童进出户外的学习区域,这个区域是否被经常使用?
- 户外区域是否安全可靠?
- 户外设备是否适合儿童的年龄?
- 室内游戏区域是否随时可用?
- 是否使用了桌子和重型家具(如橱柜),或者是否浪费了一些空间?
- 儿童是否容易获取资源——无论是室内资源还是户外资源?
- 儿童是否在恰当的位置拿取并归还资源?
- 儿童是否能独立进行自我管理?

观察儿童的经验

以下是关于满足儿童学习需求的计划和教育资源的综合质量评定依据:

- 所计划的课程是否基于《早期基础阶段》?
- 课程计划是否充分考虑到儿童的性别、种族、能力和需求?
- 课程计划是否让儿童有机会与发起活动的成人一起工作以及自己发起学习?
- 室内和户外都有完整的课程吗?
- 所提供的活动是否能刺激儿童、激发儿童的兴趣、吸引儿童的注意?
- 儿童是否有足够的机会巩固和拓展学习?
- 儿童是否有持续的学习机会,且没有不必要的干扰?
- 所计划的课程是否具有灵活性,以便对儿童的兴趣和关注点给予自发的回应?
- 课程是否具有包容性,充分考虑到每个儿童的需求?
- 课程经验是否注重过程而非结果?

观察人际关系和学习态度

- 儿童是否与成人和其他儿童建立了积极的关系?

- 儿童是否能够专注并坚持进行成人发起和儿童发起的学习？
- 儿童是否表现出主动性？是否承担了责任？
- 儿童是否有信心和动力去追求自己的游戏目的、想法和兴趣？
- 是否每个儿童都能够在一天中的照料、常规和作息节律中感受到自己被关注和支持？
- 儿童自尊、自信和相互尊重等品质是否能够通过日常实践得到培养？儿童的权利是否得到充分保障？
- 儿童是否有冒险、犯错和从错误中学习的自由？
- 所有儿童的不同需求、能力、差异和付出是否都得到了考虑、重视与尊重？

观察教师——由教师进行

这也许是所有观察中最具挑战性，但也可能是最有启发性的部分。许多教师现在使用摄像机来记录他们与儿童的互动，以评估以下情况：

- 我的时间都花在什么地方了？
- 我说话的时间比儿童长吗？
- 我是否倾听儿童，并主动发起对话？
- 在决定是否干预之前，我是否倾听儿童以及他们的想法？
- 我是否积极回应——无论是在肢体语言还是言语上？
- 我是否通过提问来表现出对儿童的思考和学习感兴趣？
- 我是否恰当地回答了儿童的问题？
- 我是否挑战和拓展了儿童的思维？
- 我正在使用什么策略让儿童更自主？
- 我工作得开心吗？孩子们玩得开心吗？

行动研究

有些教师选择以更系统的方式反思他们的实践,其中一种方式是在他们的课堂上开展行动研究。"研究"工作听起来令人生畏,但行动研究对教师的要求非常简单。在幼儿园中,行动研究为教师提供了一个框架,即沿着以下自我反思环节进行研究(Carr & Kemmis, 1986; Whitehead & McNiff, 2006):

- ✧ 计划
- ✧ 行动
- ✧ 观察
- ✧ 反思

为了开展行动研究，首先，幼儿教师需要制订相关计划，包括他们当前的实践或学习环境中有哪些方面需要调整和改良；评估他们现在正在做的事情以及儿童现在取得的成就，并将此作为评判任何变化所造成影响的基准。然后，教师采取行动，对当前的工作方式进行干预。比如：他们可能决定在整个教学活动过程中开放户外区域，而不是只在区域活动过程中开放 1 小时；也可能决定给予儿童更大的自主选择权——去哪里玩或和谁玩；还可能决定提出更多开放式问题，看看是否能提升儿童的思维能力。行动研究的主题可以是教师认为在自己所在的幼儿园中需要完善的任何方面。

接下来，教师会观察干预措施所产生的影响，确定干预需要持续多长时间才能看到变化。当干预时间足够长后，教师会观察儿童、小组或环境，看看儿童现在的行为与研究开始时的行为有何不同。

最后，教师反思已经发生的变化——如果有，那么需要进一步探究评估产生了什么影响。这一分析过程不仅要探讨是否发生了变化，还要思考可能发生的变化以及干预措施是否产生了令人意外的效果。这种反思可能会导致新一轮的行动研究，或者进入变化逐渐消失之后的一段巩固期。

在牛津郡，大约有 76 位幼儿园教师参与了由英国社会科学院院士盖伊·克拉克斯顿（Guy Claxton）教授领衔的为期一年的行动研究项目（Fisher et al.，2005）。他们在第一学期（夏季）开展初步研究，在第二年的秋季和春季学期完善研究。该项目的研究目的是提高儿童的"学习力"（Claxton，2002），让他们在学习中变得更加机智和独立。该项研究中有许多证据表明：儿童天生在学习方面既富有智慧又独立。该项目发现，往往是教师阻碍了儿童能力的发展，因此，教师必须改变他们计划和组织学习的方式，以保障克拉克斯顿所称的"学习力"迅速提升。

作为"为生活而游戏"（Playing for Life）研究项目的参与者，每位教师都在自己的幼儿园或教室里进行了行动研究，并将其作为个案研究。这些个案研究报告的标题可能会对希望迈出行动研究第一步的其他人有所帮助。

- ◇ 研究重点：关于你的实践，你所提出的问题是什么？对于作为学习者的儿童的发展，你预计有何影响？
- ◇ 研究背景：你在什么样的幼儿园中工作？是否有什么特殊的情况？
- ◇ 初步研究：你是如何开始的？你最初对什么感兴趣？为什么？
- ◇ 初步发现：当你在夏季学期仔细地研究儿童时，你开始发现什么样的事情？这些发现是如何改变你的研究问题或研究重点的？
- ◇ 主要研究：在秋季和春季学期，研究的重点是什么？你希望给孩子们带来学习上的哪些变化？你使用了什么方法和干预措施？你是如何评估是否有任何变化的？
- ◇ 主要发现：你观察到孩子们的学习态度有哪些变化？你能从研究中得出什么结论？
- ◇ 对教学的影响：你的研究结果将如何改变你未来的教学？
- ◇ 反思自己的学习：这个项目对你自己的思维和成长有什么作用？

该项目揭示了大量关于行动研究的信息。第一，最难的事是决定你想研究什么，并坚持下去。第二，不要让研究的范围过于宽泛。时间紧迫，研究重点需要集中。第三，改进实践的好办法通常来自他人——阅读的书籍、期刊文章和参加的培训。没有一位教师可以拥有所有的想法和所有的专业知识，教师需要不断升级和更新专业知识，了解其他人进行的研究以及其他人尝试过的想法。如果医生说他不知道最新的医学研究，因为他在手术室里忙着给病人看病，那么我们都会非常担心！最后，我们了解到，在现实世界中进行研究并不容易。正如艾莉森·普赖斯（Alison Price）在已发表的研究项目中所写到的（Fisher et al.，2005，p.7），参与项目的儿童可能会离开幼儿园或班级，或搬离该地区，教师怀孕了，助教生病了……这一切都意味着研究者不得不修改计划，调整思路。当然，任何对实践的系统性审视都会挑战教师的现有理论和信念。波拉德和坦恩（Pollard & Tann，1993）曾指出，在行动研究中，教师必须准备好在他们目前的实践和可能获得的新见解之间探索其中的差异。无论使用何种方法，自我评价的概念对教师和儿童来说都是至关重要的。反思应该带来新的工作方式（Adelman，1985），为了实现这一点，幼儿教师需要与儿童一起成为探究者和好奇者。

使用视频进行自我分析

在我最近的研究项目中（Fisher，2012a，b，c，d），从事6个月至6岁儿童工作的教师评估了他们在幼儿园中与儿童互动的质量。该项目的研究方法也基于行动研究，但其核心是使用视频技术记录互动，以便在闲暇时对其进行分析和反思。虽然使用了其他研究方法，比如写教师日记、详细记录一段时间内的思考，但教师们说，录像资料对他们的实践影响最大。教师们很少有机会在工作环境中看到自己正在工作的状态。起初，它让人望而生畏，但随着时间的推移，教师们发现它揭示了许多关于习惯性动作、举止、语气、方法和风格的宝贵案例，任何其他方式可能都永远无法令教师们知晓这些内容。在这个特殊的项目中，每位教师都参与拍摄了两年多，收集到的大量录像资料不仅为个体研究提供了基础，也为集体行为和实践的分析提供了依据。拍摄对一些项目参与者的影响很大，他们将这种工作方式带回幼儿园，并将其用于促进全体员工的专业发展。一位园长说："没有什么比使用录像来分析实践更能如此迅速地改变我们的实践，并产生如此积极的影响。"

不言而喻，对一位教师来说，允许他人观看和分析自己的视频需要勇气。在我们的项目中，教师一开始更担心他们的声音或样子，而不是互动质量和对儿童学习的支持，但他们的注意力很快转移到儿童身上，越来越善于分析他们自己与儿童的对话是促进还是干扰了儿童的学习。当项目参与者同意将他们的个人视频片段展示给更大的群体时，会再次出现信任危机。所以，一开始，其他教师都非常大方和友好，且只做出正面评价。但随着时间的推移，当参与者感到更加安全并建立起信任感后，其他人就会觉得能够提出改进建议或应该讨论的要点，这有助于整个项目团队完善他们对实践的思考和理解。只有勇敢且坚定的教师才会愿意让自己站在镜头前，但就自我评价而言，这是极其有效的策略之一（Fisher & Wood，2012）。

自 我 评 价

反思幼儿教育实践的另一个非常有效的策略是设计一份结构化的自我评价方案。使用有质量保证的方案或为个别幼儿园制定自我评价策略可以为幼儿园的发展带来丰厚的回报，尤其是在需要通过教师合作以评判教育资源、工作流程和实践的质量时。

自我评价旨在确定幼儿园生活或环境的各个方面。根据幼儿园的规模和儿童年龄范围，教师可能负责该过程的一个部分或许多方面。但是，自我评价过程的有效性在于分析幼儿园正在做的事情的影响，而不是描述正在做的事情。如果分析是有效的，那么它就会提供一个明确的方向，即下一步如何做可以促进幼儿园更好的发展。

良好的自我评价或质量保证方案有助于建立一个专注于改进并致力于实现其未来愿景的幼儿园。在牛津郡（OCC，2005），质量保证方案中的《质量合作伙伴》（Partners in Quality）侧重于10个"质量维度"：

1. 互动和关系
2. 态度和品质
3. 机会和经验
4. 成人的支持
5. 儿童的身心健康
6. 包容性

7. 与父母、照料者和社区合作

8. 环境

9. 师资和专业发展

10. 领导和管理

与《早期基础阶段》一样,《质量合作伙伴》以国家标准为基础,包括《0—3岁很重要》(DfES,2003a)的原则和《基础阶段课程指南》(Curriculum Guidance for the Foundation Stage,DfES,2000)。它引导教师完成以下过程。

- ◇ 审查:我们现在在哪里?我们的证据是什么?
- ◇ 行动:我们目前做得好的方面是什么?我们想发展什么?谁来做这件事?我们计划什么时候完成目标?
- ◇ 评估:我们取得了哪些进展?它对我们的幼儿园质量有什么影响?未来我们将如何进一步完善幼儿园这些方面的发展?

与所有良好的质量保证方案一样,《质量合作伙伴》自始至终都强调教师共同做出判断和收集证据。自我评价不是一次性的过程,而是一个持续的、有计划的循环,一旦某个因素被评估和反馈,下一个因素就会被置于聚光灯下。自我评价是一个非常自由和有力量的过程,因为它给教师提供了对自己幼儿园做出判断的证据基础,并使教师能够挑战任何可能与自己的观点相矛盾的外部评估。外来人员,如巡视员和顾问,可能会有不同的视角,并得出不同的判断。但是,自我评价使教师能够利用他们自己的发现和证据基础对他们认为不准确的任何判断进行辩驳。

接下来,我们借鉴牛津郡政务委员会早期学习和儿童保育服务中心提供的10个"质量维度",供教师们讨论自己所在的幼儿园中的"质量"标准。

1. 互动和关系

- 幼儿园的目标和价值观是开放且包容的。所有儿童和成人都应该能够参与幼儿园的工作，并为之做出贡献。
- 定期对儿童和成人进行观察，以改善幼儿园内部以及家园之间社交互动和关系的质量。
- 谨慎地处理儿童过渡问题。
- 教师提供良好的行为榜样，并在积极的行为策略方面向家长和照料者提供支持、鼓励和指导。
- 教师在执行行动计划和步骤时与家长分享进程。
- 教师了解儿童的社会性和情绪情感发展，并重视他们所照顾的儿童的年龄和所处的发展阶段。

2. 态度和品质

- 教师互相分享自己对儿童的观察，并利用这些观察记录支持儿童形成积极的态度和自尊。
- 教师提出开放式问题，并鼓励儿童自己尝试和提问。
- 教师提供一个安全稳定的环境，让儿童有信心尝试新事物并从活动中获得学习。
- 幼儿园有灵活的一日作息安排，让儿童有时间发展他们的兴趣。

3. 机会和经验

- 教师非常了解儿童的发展需求。
- 基于对儿童的观察创设环境、提供活动。
- 教师灵活回应儿童个体的需求和兴趣。
- 儿童有时间参与游戏和学习。
- 有很多机会展示儿童及其家庭的社会和文化经历。

4. 成人的支持

- 所有教师都参与规划广泛而平衡的活动与体验并进行观察和评估。
- 教师要给父母和照料者分享日常计划和观察，当父母和照料者告知教师关于孩子的信息后，教师要给予回应。
- 教师基于对每个儿童的了解来规划活动。
- 教师确保所有儿童都有机会获得经过精心计划的早期基础阶段课程或符合其年龄和发展需求的计划性活动或经验。
- 教师通过游戏支持和拓展儿童的学习。
- 教师参与持续的专业发展。

5. 儿童的身心健康

- 所有教师都为制定和执行法定政策与要求做出贡献，例如儿童保护政策。
- 为儿童的健康饮食、睡眠和锻炼提供资源。
- 儿童每天都有机会在室内和户外进行游戏和学习。
- 教师了解每个儿童的个人情况，并对其做出敏感的回应。
- 教师回应儿童在身体和抚慰方面的需求。

6. 包容性

- 协调员已经与全体教师讨论过关于机会平等和特殊教育需求的培训问题。
- 教师了解个别家庭的文化、社会背景和个人情况。
- 实施和评估全纳/机会平等和特殊教育政策。

7. 与父母、照料者和社区合作

- 幼儿园与父母、照料者和当地社区合作，确认并满足所有儿童的需求。

- 为父母和照料者提供有关幼儿园的最新信息。
- 教师了解每个儿童家庭的文化、社会背景和个人情况。
- 所有家长和照料者都感到自己是受欢迎的,并被邀请参与幼儿园的日常工作。
- 幼儿园对儿童、父母和照料者的意见与顾虑做出回应。

8. 环境

- 提供的设施能够支持儿童在室内和户外的所有区域进行探索、游戏和学习,并重视有特殊需要的儿童的需求。
- 教师审核和评估所有区域中的资源的质量、安全性以及是否被合理运用。
- 所有教师都遵循健康、安全和安保方面的程序。

9. 师资和专业发展

- 所有教师都参与自我评价过程。
- 教师拥有共同的愿景和价值观。
- 教师承诺参与持续的培训。
- 所有教师都有机会为儿童活动的计划做出贡献,并提出改进建议。
- 支持教师履行他们的角色和职责。

10. 领导和管理

- 制定了任命教师、委员会成员或领导层成员的程序。
- 定期审查各项政策。
- 定期向父母和照料者提供幼儿园的相关信息。
- 监测保教质量,并制订行动计划,以保持和提高质量。
- 支持教师履行他们的角色和职责。

他人评价

自我评价通过为教师提供可用于解释和证明最佳实践的证据而赋予他们权利。越来越重要的是，幼儿教师必须通过这种方式来评价教育实践，因为用于评价幼儿教育实践的标准并不总是反映幼儿教育的优先事项或原则（见第 3 章），而那些有权评价、监测或评判质量的人往往既没有接受过培训，也没有与儿童打交道的经验。虽然这是一种令人遗憾的情况，但这意味着幼儿教师需要聪明、自信、大胆地捍卫他们认为最有利于儿童的一切。

评价工具

直到最近，幼儿园在接受英国教育标准局检查前都必须填写一份自我评价表。这些表格现在已经被取消，但自我评价的要求仍然存在。教师可以借鉴上述质量保证列表确定自我评价的框架，但将英国教育标准局为评估教与学的质量而设定的标准纳入其中始终是明智的。目前，这些标准可以在《学校督导框架》（Framework for School Inspection，Ofsted，2012a，2012b）中找到。

对幼儿教育工作者来说，问题在于教育标准局的标准是通用的，旨在涵盖"0—19 岁"儿童和青少年的学校审查。描述实践情况所使用的语言并不总是适用于幼儿教师，或者说，实际上不能涵盖所有专家希望看到的良好教育实践的所有方面。尽管如此，《学校督导框架》将学校督导的一个原则确定为"考虑学校的自我评价"（Ofsted，2012a，p. 11）。因此，幼儿教育专业人员有责任确保他们已经对自己的教育实践进行了严格的评估，并以一种能够被教育标准局督导员接受和认可的方式。我鼓励幼儿园深入了解教育标准局的标准，确定通用标准对儿童的意义，找到符合这些要求的学习证据，然后确定缺少什么——可以假设幼儿教育专家、教育标准局和其他外部评价者应该会寻找、倾听和注意的方面。

专栏 10.1 给出了目前学校在教学质量方面达到"优秀"的标准，即教育标准局授予的最高等级（Ofsted，2012b，p. 12）。

✏️ 专栏 10.1　教育标准局"优秀"等级描述：学校教学质量

评 价 计 划

2012 年 1 月

大部分教学工作……都非常出色，而且从未低于一贯的良好水平。因此，几乎所有学生都取得了快速而持续的进步。教师总是对所有学生抱有很高的期望。凭借丰富的学科知识，教师在系统、准确地评估学生已有技能、知识和理解力的基础上，精心计划并布置具有挑战性的任务。他们经常通过采用判断力强且富有想象力的策略，再加上明确重点、及时支持和干预，从而精准地匹配个体需求。因此，学生在整个课程中都学得非常好。阅读、写作、交流和数学的教学效果显著。教师和其他成人对参与和投入儿童的学习非常有热情。教学有助于学生在处理具有挑战性的活动时保持高水平的抗逆力、自信心和独立性。教师在整个课程中系统而有效地检查学生的理解情况，预测他们可能需要干预的地方，这样做对学习质量有明显的积极作用。学生善于利用时间，并利用一切机会成功地提升关键能力，包括在其他科目中使用读写和计算能力。适当且定期发布的家庭作业，对学生的学习大有裨益。教师和学生经常批改作业，并提供具有建设性的意见，学生的参与程度和兴趣都明显提高。

为了将上述标准应用于儿童，我和许多教师一起从这个标准描述中

找出了需要进一步思考的内容（见表10.1）。你不妨自己思考一下这些标准，看看是否有你认为比较过时的或遗漏的地方，以及你认为需要为非幼儿教育专业人员的督导员、顾问或园长进一步解释的内容。这些内容旨在激发教师之间的讨论，特别是幼儿教师与那些进入他们的幼儿园和课堂对教学质量进行评价的人员之间的讨论。

表 10.1 教育标准局等级描述与解释

教育标准局等级描述	《早期基础阶段》的补充与解释
"快速而持续的进步"	学前教育中的"进步"需要日积月累： • 我们可能多年看不出学前教育经验的影响，所以评估专家在教室审查时往往看不到儿童的"进步"； • 在学前教育阶段，每一次的巩固与拓展一样重要，因此，学前教育阶段中"进步"的定义是学习更深入，而不是学习水平更高
"教师总是对所有学生抱有很高的期望"	无论是成人主导还是儿童主导，教师都应该对儿童抱有很高的期望，认为他们是有能力的、自信的学习者；幼儿教育课堂上的每项活动都应该引人入胜（对儿童和成人）
"凭借丰富的学科知识"	幼儿教师需要成为所有学习领域发展方面的专家，尤其是儿童发展领域
"教师精心计划"	在学前教育中，这意味着灵活且积极回应（见第3章）
"布置具有挑战性的任务"	不需要总是这样做，儿童需要巩固和拓展他们的学习，"挑战"可能是重复和练习儿童已经知道的内容，但任务应该总是鼓励参与和投入
"在系统、准确地评估学生已有技能、知识和理解力的基础上"	所有的计划都应该建立在日常观察与评价的基础上，这些观察与评价用于指导计划，计划应体现整个工作流程的实际情况（见第3章）；"已有技能等"可以在幼儿园、家庭等很多地方获得

（续表）

教育标准局等级描述	《早期基础阶段》的补充与解释
"明确重点，及时支持"	对儿童学习的支持应该是有计划的、自发的；支持儿童主导的学习不能"突出教学重点"（如果这意味着预先计划），因为学习是不可预知的；对儿童主导的学习的支持应该是灵活的、敏感的，它确实应该是"及时的"，但这可能意味着教师会等到"时机成熟"时才进行干预，或者可能决定根本不干预
"精准地匹配个体需求"	高质量的早期教学基于日常观察的质量，应确保计划与个体需求相匹配
"阅读、写作、交流和数学的教学效果显著"	交流和语言是儿童的基本发展领域，读写与数学需要依靠交流和语言（也包括身体发展以及个人、社会性和情绪情感发展）来"培养学习能力"（EYFS, p.4）并保证学习"非常有效"
"教师和其他成人对参与和投入儿童的学习非常有热情"	优秀的教师会致力且热衷于教育儿童，并对他们的思想和学习历程着迷
"教学有助于学生在处理具有挑战性的活动时保持高水平的抗逆力、自信心和独立性"	幼儿教育一直致力于促进积极的学习态度和学习品质；儿童在熟悉的环境中巩固自己的学习，并在应对挑战性活动时发展抗逆力、自信心和独立性
"教师在整个课程中系统而有效地检查学生的理解情况"	教师需要观察和倾听儿童，以了解他们的想法，这促使他们能够决定是否以及如何"检查"儿童的理解情况（见第6章）
"预测他们可能需要干预的地方"	对儿童学习进行干预很容易导致干扰，教师需要谨慎判断干预是否会促进学习以及何时干预最有价值（见第6章）
确定干预"对学习质量有明显的积极作用"	在学前教育阶段，很难判断干预的有效性，有时，可以看到成人的干预产生立竿见影的效果，但儿童经常会"带走"成人所说的话，仔细琢磨，然后在相当长的一段时间内将其"搁置"，几天或几周后才会回过神来思考；他们的思路不会立即变得清晰，当儿童在未来某一时刻为学习经验建立联系时，也许只有那些非常熟悉这个儿童的成人才能看到明显的教育影响

（续表）

教育标准局等级描述	《早期基础阶段》的补充与解释
"善于利用时间"	儿童需要持续的时间进行不被打扰的学习，尤其是为了发展高质量的游戏时；游戏时间不应被不必要地打断（见第2章）；修订作息时间表可以延长教师和儿童的教与学时间
"利用一切机会成功地提升关键能力"	教师通过观察儿童以及与他们一起工作能够了解完成任务所需要的技能，包括成人设置的任务和儿童自己设置的任务
"打分"	儿童对口头"打分"的反应大于书面"打分"，虽然书面信息更有意义，但儿童往往很难读懂；如果教师用五角星或贴纸"简化"信息，儿童就可能依赖成人的认可和外部奖励，这是不可取的（见第9章），在适当的时候，口头反馈是最好的
"教师的建设性回应频繁且一直高质量"	避免空口称赞（见第9章），年幼的儿童需要理解他们自己为什么"成功"以及如何提高，而不仅仅是被视为"好女孩/男孩"，教师应该提供观点而不是判断
"儿童的建设性回应频繁且一直高质量"	在设定成人发起的学习的成功标准时，让儿童参与进来，以便他们理解自己正在努力实现的目标；在游戏中，儿童设定自己的成功标准，而教师要了解和支持儿童的努力
"引发高水平的参与和兴趣"	学前教育的特点应该是成人与儿童的高度参与和兴趣——在成人主导和儿童主导的情境下都是如此

如果评价是由那些几乎没有幼儿教育经验或专业知识的人做出的，那么他们就会诉诸自己所知道和理解的知识，即根据容易衡量和观察的内容进行评价。但是，高质量的幼儿教育既复杂又具有挑战性。它既不容易测量也不容易观察。每位教师都应该负责解释和证明他们的做法是合理的，并以儿童学习、发展和进步的确凿证据来支持他们所使用的策

略。积极主动总是最好的。在园长、课程协调员、顾问和督导员对你的实践做出评价之前，可以与他们交谈，告诉他们你的幼儿教育哲学，向他们展示要评价的内容并解释他们可能无法"看到"或理解的内容，告诉他们应该期待什么，并解释他们可能无法"看到"或理解的东西。大胆一点不会有什么损失，但如果把质量的评判权交给那些经验不足的人，可能会损失很大。

儿童应该由知识渊博、善于表达、勇敢和忠诚的教师来教育。作为幼儿教育专业人员，我们每个人都有责任引导和指导那些缺乏专业知识的人员，以便对教育质量做出更加明智的判断，从而保障教育系统中最幼小的儿童接受高质量的教育。

结　　语

无论幼儿教师选择如何评价他们的实践，有一点是可以肯定的——这是一个永远不能停止的过程。那些不断质疑自我并反思实践的教师能够使儿童的活动更加富有趣味、吸引力和启发性。在本书中，我们一直在称颂儿童是有能力的学习者，探讨成人在敏感地回应儿童学习需求方面的核心作用。我们明白，如果要为每个儿童的终身学习打下坚实的基础，那么成人的计划和准备就必须建立在对儿童的日常观察上。如果儿童的学习经验是相关且有意义的，那么所有幼儿园的教与学内容都需要从个体学习者出发，即从儿童出发！

思 考 题

1. 你是一位反思型教师吗？你是否不断评估和完善你的工作？
2. 你是否处在一个批判性思考者的群体中？如果这在你所处的幼儿园中是不可能的，那么你是否可以加入一个支持你和你的思想的组织或团体？
3. 你是否有信心阐明你的幼儿教育理念，并向那些可能没有相同价值观的人解释你选择某种做法的原因？

参 考 文 献 *

Adams, S. and Moyles, J. (2005) *Images of Violence*. Lutterworth: Featherstone Education.

Adelman, C. (1985) Action research, in S. Hegarty and P. Evans (eds) *Research Methods in Special Education*. Windsor: NFER.

Anning, A. (1991) *The First Years at School*. Buckingham: Open University Press.

Athey, C. (2007) *Extending Thought in Young Children*, 2nd edn. London: Paul Chapman Publishing.

Ball, C. (1994) *Start Right: The Importance of Early Learning*. London: RSA.

Bandura, A. (1977) *Social Learning Theory*. London: Prentice-Hall.

Barnes, D. and Todd, F. (1977) *Communication and Learning in Small Groups*. London: Routledge and Kegan Paul.

Barrett, G. (ed.) (1989) *Disaffection from School? The Early Years*. Lewes: Falmer Press.

Bartholomew, L. and Bruce, T. (1993) *Getting to Know You*. London: Hodder and Stoughton.

Biddulph, S. (1997) *Raising Boys*. London: Harper Collins.

Bilton, H. (2002) *Outdoor Play in the Early Years*, 2nd edn. London: David Fulton.

---

* 为了环保，也为了节省您的购书开支，本书参考文献不在此一一列出。如果您需要完整的参考文献，请通过电子邮箱1012305542@qq.com联系下载，或者登录www.wqedu.com下载。您在下载中若遇到问题，可拨打010-65181109咨询。